小学优质心理课设计汇编

吕剑晨 ◎ 主 编

张 碧 ◎ 副主编
何佐钦

人民邮电出版社
北 京

图书在版编目（CIP）数据

小学优质心理课设计汇编 / 吕剑晨主编 . -- 北京：
人民邮电出版社，2024. -- ISBN 978-7-115-65197-6

Ⅰ．G444

中国国家版本馆 CIP 数据核字第 20242MH062 号

内容提要

　　小学阶段是时间跨度最长的学习时段，基于这一阶段学生身心快速发展的特点，小学阶段又分为低年级、中年级、高年级三个时段。小学生心理健康教育需要从不同年龄阶段学生的身心发展特点出发，做到循序渐进，设置分阶段的具体的心理教育内容。

　　本书汇集了 35 节极具特色的小学优质心理课，涵盖自我认识、情绪调适、人际关系、社会适应、学会学习、生涯规划、生命成长 7 大经典主题；以及 3 篇心理课设计经验分享。书中课程都是一线心理教师在实践中经过多次打磨而成的精品，课程设计精巧、形式丰富、内容有趣，很多课程在各种评比中屡获殊荣。读者可以从作者的设计思路、教学过程、设计意图、课程迭代、教学反思，以及最后的专家点评中，了解、学习如何设计、实施和打磨出有体验、有情感、有智慧的小学心理课。

　　本书为小学心理教师提供了良好的示范，适合小学心理教师、班主任及学生家长阅读。

◆ 主　　编　吕剑晨

　　副 主 编　张　碧　何佐钦

　　责任编辑　黄海娜

　　责任印制　彭志环

◆ 人民邮电出版社出版发行　　北京市丰台区成寿寺路 11 号

　　邮编 100164　　电子邮件 315@ptpress.com.cn

　　网址 https://www.ptpress.com.cn

　　三河市中晟雅豪印务有限公司印刷

◆ 开本：787×1092　1/16

　　印张：20　　　　　　　　　　　　　　2024 年 10 月第 1 版

　　字数：352 千字　　　　　　　　　　 2024 年 10 月河北第 1 次印刷

定　价：89.00 元

读者服务热线：（010）81055656　印装质量热线：（010）81055316

反盗版热线：（010）81055315

广告经营许可证：京东市监广登字 20170147 号

编　委　会

主编

● 吕剑晨，香港中文大学教育学硕士，杭州观成教育集团心理辅导站站长。曾获杭州市拱墅区教坛新秀、杭州市心理论文一等奖、杭州市心理微课一等奖，主持杭州市首批心理健康重点研究课题，著有《青春期心理成长知识星球》丛书。

副主编

● 张碧，心理学硕士，北京市朝阳区人朝分实验学校心理教师，北京林业大学心理系特聘"MAP 行业导师"。曾获北京市青年教师教学基本功比赛一等奖、中小学心理健康优秀成果赛一等奖、"扬帆杯"新任教师教学技能比赛一等奖，著有《青春期心理成长知识星球》丛书。

● 何佐钦，香港岭南大学应用心理学硕士，福州市晋安榕博小学心理教师。曾获福州市心理健康教学设计一等奖，福建省《心理健康教育（高中）》教材副主编，著有《青春期心理成长知识星球》丛书。

编委会成员

● 刘亚茵，北京师范大学心理学硕士，北京潞河中学成长指导教研室主任。曾获北京市第三届"京教杯"青年教师基本功大赛一等奖、北京市第一届"成均杯"中小学心理教师基本功大赛特等奖。

● 韩婷，北京师范大学硕士，宁夏回族自治区银川一中心理教师。曾获宁夏回族自治区心理优质课一等奖、空中课堂课例评选一等奖、骨干教师示范课一等奖，参与编写《心理健康教育教学参考（高中）》《成长教育》等图书。

- 张鹏，香港大学教育学硕士，广东省深圳市龙岗区龙城高级中学心理教师。曾获评深圳市龙岗区先进教育工作者、龙岗区青年教师教学能力比赛一等奖、龙岗区青年教师基本功比赛一等奖。

- 周芸婷，华中师范大学心理学硕士，江苏省无锡市梁溪区教师发展中心心理教研员。曾获江苏省心理优质课评比一等奖、无锡市心理学科能手。

- 姚项哲惠，上海师范大学心理学硕士，上海市敬业中学心理教师。曾获上海市心理健康教育活动课一等奖、上海市学校心理健康教育先进个人、黄浦区教育系统百名新秀教师等。

推荐序一

心理学自诞生之日起，就肩负着三项重要使命：其一，使人健康，疗愈人的心理疾病；其二，使人幸福，帮助人生活得更加快乐、有意义；其三，使人卓越，发掘并培养人的潜能与优势。而心理课作为教师培育学生形成健全的人格、提升学生心理健康水平的主阵地，对推动心理学完成这三项使命起着不可替代的重要作用。

苏霍姆林斯基曾说，每个孩子内心的角落都有一根琴弦，一旦拨动这根琴弦，它就会发出声音。而一节节充满生活气息的，有体验、有情感、有智慧的课，都会成为拨动这根琴弦的力量。

因此，心理课的设计与实施需要教育研究人员、一线心理教师的密切关注与深入研究。在研读这套优质心理课设计汇编的过程中，我感受到心理课的发展速度是前所未有的，展现着全新的面貌与活力。期待通过这套书，我们心理教育工作者可以共同探索一节优质的心理课究竟应如何构思与推进，共同为推动学生的心理成长贡献智慧与力量。

心理课的目标

在中小学阶段，心理课以《中小学心理健康教育指导纲要（2012年修订）》（以下简称《纲要》）为方向。心理教师的使命是将《纲要》的总目标——提高全体学生的心理素质，培养他们积极乐观、健康向上的心理品质，充分开发他们的心理潜能，促进学生身心和谐可持续发展，为他们健康成长和幸福生活奠定基础——落实到每一节课中。

同时，学情作为设定心理课教学目标的关键因素不容忽视。由于地域、学校、学段之间的差异，学生面临的心理挑战各不相同。以学会学习这一主题为例，部分学生可能需要增强学习动力或获取学习方法上的指导，而另一部分学生则可能需要调整面对考试的心态或学会正确面对同伴间的竞争压力。

因此，心理教师在遵循《纲要》总目标的前提下，还需细致分析学生的心理发展阶段和具体需求，以确保教学内容能够精准匹配学生的实际情况，从而确保心理课的针对性和实效性。

心理课的理论

在设计心理课时，心理学理论发挥着至关重要的作用，它们不仅为课程提供了坚实的逻辑支撑，还为构建整个教学架构提供了理论基础。在设计时选择科学性和专业性强的心理学理论至关重要。例如，自我认识主题下的乔哈里窗理论、3I理论，学会学习主题下的具身认知理论、心流理论等。这些理论来源于心理学家的研究和探索，也经过了多次严谨的实验论证，能够有效帮助学生掌握相应的方法，达到预期的学习效果。

近年来，"心理味"一词被反复提及。心理味指心理课既包含心理学科的专业性，同时还注重心理课堂上的互动、体验与感受，更注重学生的主体性和课堂生成。当一节心理课具备了心理味时，它便超越了传统的单向信息传递的教学模式，进而可以营造出一个充满心理支持与温情的教学环境。为了激发课堂的心理味，心理教师将前沿的心理治疗理论巧妙地融入教学设计与实际教学中，比如人际关系主题下的非暴力沟通技术和身体雕塑技术，社会适应主题下的隐喻方式等。这些新颖而富有吸引力的理论与技术，不仅可以让学生在课堂上产生共鸣，而且为他们完善人格、提升心理健康水平提供实质性的助力。

心理课的内容

《中国学生发展核心素养》（以下简称《素养》）认为，学生的核心素养包括文化基础、自主发展、社会参与三个层次，其中自主发展素养强调个体的自主性，并在文化基础素养和社会参与素养之间搭建了桥梁。这提醒心理教师，中小学心理健康教育课的教学内容应立足学生核心素养，按要点、模块、主题、学段进行教学。例如，中学生智力发展核心素养强调提升元认知核心能力，那么中学心理课就应该紧密围绕元认知能力展开，通过改进学生的计划策略、监督策略和调节策略，加强学生的元认知能力，提升学生的学习效率，帮助学生实现学习目标。

同时，心理教师应当保持敏锐的洞察力，将与时俱进落实到思想和行动上，捕捉时事热点，持续对课程内容进行更新与优化。无论是校园内的事件（如校运会等集体活动、校园欺凌等危机事件），还是社会层面的新闻动态（如人工智能技术、对校园里中小学生手机使用的管控政策等），抑或新兴的文艺作品（如电影、电视剧和小说等），都可以成为心理课讨论的主题或作为课堂上的生动素材。这些元素的融入将使心理课充满活力，从而激发学生的学习兴趣。

这套书为心理教师课堂实操提供了良好的示范。首先，书中所涵盖的心理课主题系统且全面，包括自我认识、情绪调适、人际关系、社会适应、学会学习、生涯规划、生命成长 7 个主题，基本覆盖了《纲要》和《素养》对中小学心理健康课的教学要求。其次，每节课都能做到切口细微、目标精确。以生涯规划主题为例，小学阶段的课程聚焦于自我探索，包括性格、兴趣、优势、目标和能力等；初中阶段的课程聚焦于信息整合，包括如何收集和整合个体内部和外部的信息等；高中阶段的课程聚焦于生涯决策，包括了解并选择升学路径、如何进行职业决策等。书中的课例经编者和作者多次打磨，设计精巧、形式丰富、内容有趣，为我们开展心理课教学提供了新的视角。

总之，这套书凝结了诸多心理教师的智慧结晶，相信这将成为广大心理教师提升教学能力的宝贵资源，为他们在专业道路上不断前行提供有力的支持。

让我们一起以爱为笔、以智慧为墨，帮助每个学生描绘出成长的蓝图！

程忠智

正高级教师、北京市心理学科带头人

推荐序二

心理课很好玩。

"在心理课上，我们可以敞开心扉、畅所欲言""在游戏中获得知识，在欢笑中懂得道理""心理课很少，但上完每一节课我们都有很大的收获""这门课真正走进了我的'心世界'"……心理课，绝对是学生最喜欢的科目之一。

于教师而言，心理课是拥有生命力和治愈力的。和学生们在一起时，我常常忘记年龄、忘记烦恼。当他们或大声或轻声地说"老师，想你一周了""老师，你的喉咙好些了吗""老师，我很喜欢你""老师，以后我也要成为你这样的人"时，我觉得不是我在给他们上课，而是他们在丰富我的生命。

所以，无论是学生还是老师，我们都很享受好玩的心理课。

但是，心理课又很不好玩。

对教师来说，心理课不仅是我们的立身之本，更是基于情感的动态心理档案。当站在讲台上时，我们该如何与学生共度这生命中不可重来的几十分钟，学生们是否愿意投入课堂并表达真实的内心，是否愿意找站在讲台上的我们倾诉，这都取决于我们是否与他们建立了情感联结——"这个人可亲近吗？这个人可信任吗？这个人会让我有安全感吗？"

我时常思考：心理课的灵魂是什么？什么是开放、灵动，又有温度、深度的心理课？怎么让不同学段的学生都有心可动、有情可触、有思可想、有话可说？说实话，上好一节让学生动心、开心、入心的心理课，真不是一件容易的事。

2023 年，某出版社的编辑曾对我说，有老师打电话来询问我们写的《心理课怎么玩》一书有没有配套的详细教案。那时《心理课怎么玩》的重心放在了第一版的教学初设计如何通过反思和打磨进阶到第 N 版的"渔"上，囿于篇幅，"鱼"比较小。当时我就笑说："要不出个详细案例补充集？"没想到，年轻的吕剑晨、张碧、何佐钦等同仁敏锐地捕捉到了广大心理教师的需求和我的遗憾（其实他们并不知道这件事），推出了这套"鱼"与"渔"兼具的实用参考书。

这是一群平均教龄在十年左右的一线心理教师，他们在教学实践中勤于思考、勇于探索、用心提炼，为大家带来了小学、初中、高中三个学段共 105 节优质心理课课例、9 篇心理课设计经验分享。书中选取的课例大部分都是获奖的优质心理课或公开展示的课程，在实践中备受好评。这些详细的课例介绍，不仅提供了一个个可学习、借鉴的教学范本，更提供了教学脚手架。我们可以从作者的设计思路、教学过程、设计意图、课程迭代、教学反思及最后的专家点评中，学习、了解如何设计、实施和打磨一节心理课。作者的思路构想及经验分享，给了我们在教学实践中举一反三、从临摹走向创新的启示，也为我们的课题研究提供了素材和方向的指引。

正因为一个又一个、一群又一群心理教师的用心思考、潜心钻研和无私分享，不好玩的心理课才越来越好玩。

天道酬慧、天道酬勤，平凡而走心的坚持，如见光芒。

周隽

正高级教师、上海市黄浦区心理学科带头人
华东师范大学专业学位研究生行业产业导师

自 序

　　"这样设计心理课，内容上会不会超纲？"

　　这是我们在进行某次教研时，一位心理教师提出来的问题，这个问题引发了大家的激烈讨论。事实上，心理课正走在一条"众人拾柴"的路上。从兼职到专职，心理教师的队伍逐渐壮大。从不开设心理课到心理课进课表，大家不断地摸索、推进、创新，使得这堆名为"心育"的篝火烧得越来越旺、越来越温暖。

　　心理课是学校心理健康教育的主阵地，但是心理课到底该怎样上、上什么，依旧存在很多争论。教育部印发的《中小学心理健康教育指导纲要（2012 年修订）》（以下简称《纲要》）指出，开展心理健康教育的途径和方法可以多种多样，不同学校应根据自己的实际情况灵活选择、使用。这种"因地制宜"的开放性为心理课的蓬勃发展提供了肥沃的土壤，但也让教师对如何设计心理课感到困惑。单从心理课的课程名称上来看，现在有心理健康课、心理辅导课、心理辅导活动课、心理活动课等多种叫法，而每一种叫法又影响相应的心理课的设计与实施。例如，全国知名心理健康教育专家钟志农老师曾结合团体动力理论，提出心理辅导课的"起承转合"架构，深刻地影响了许多心理课的设计。

　　另外，心理课也从"碎片化"开始走向"线性化"。以前的心理课会基于学校各班级的需求来设计，比如班级学习氛围不好便设计一节考试辅导课，班级有同学闹矛盾便上一节人际关系课，可以说是"东一榔头，西一棒子"。若想让心理课越来越科学、专业，需要更加体系化的心理课整体设计。2019 年浙江省教育科学院制定了《浙江省中小学心理健康教育课程标准（试用稿）》，在推动心理课的发展方面迈出了重要一步。浙江省的这个课程标准提出心理课的设计需围绕"一个主旨、一条主线、两大素养、六大板块"展开。其中"一个主旨"指以提高学生心理健康素养为主旨，"一条主线"

指以学生心理发展为主线，"两大素养"指学会学习和健康生活两大素养；"六大板块"指社会适应、学习心理、情绪管理、人际交往、自我意识、生涯规划。该课程标准不仅成为浙江省心理教师设计心理课时的必备工具，也为全国范围的心理教师提供了重要的参考依据。

回顾近几年的优质心理课评比，许多教师开始跳出原有的心理课框架，为心理课设计增添许多新意。在这些设计中，表达性的课程愈发得到教师们的认可。表达性课程的特点是利于学生在课堂上自然生成。在教师的引导和陪伴下，学生能够创造出各种令人惊叹的作品。因此有些地区在组织优质心理课评比时，甚至会把"学生有无自然生成"纳入评价标准中。那么，心理课就应该这样上吗？好像又不尽然。与电子产品经常更新换代一样，心理课似乎也在"赶潮流"。前几年流行在心理课上带学生做游戏，这几年流行让学生看视频、画画、做手工，那以后会流行什么呢？这很难预测。但可以肯定的是，随着越来越多心理学专业的毕业生进入中小学任职专职心理教师，心理课一定会越来越专业、越来越有活力。除了表达性课程外，我们也看到了各种心理学理论、心理科研成果、心理咨询技术与心理课的巧妙结合，这些都离不开每一位"心育"工作者的奇思妙想。

更令人惊喜的是，围绕心理课的讨论从未停止。

心理课要考试吗？

心理课要使用统一的教材吗？

心理课要讲心理学理论吗？

积极心理学如何在心理课中体现？

……

对上述问题，"一千个读者眼中会有一千个哈姆雷特"，但正是因为这种辩论、研讨的过程，心理课才让人如此着迷。例如，心理课是否有"超纲"一说？虽然《纲要》为心理课划定了界限，但也写明了"因地制宜""因人而异"的要求。类似的讨论正在全国各地的心理教研中展开，而这些问题虽只是缩影，但足以让我们看到心理课和学校心理健康教育的深化与发展。

从"如何上心理课"到"如何上好心理课"，心理教师在教学过程中必然会遇到这些问题，但市面上与之相关的书籍并不多，于是这套书应运而生。本套书的主编、副主编和编委会成员皆是在一线任教多年的专职心理教师，他们或是各类优质心理课的获奖者，或是心理教研员，他们竭尽所能地筛选优质的心理课课例，以期让读者有所收获。

本套书包含小学、初中、高中三个学段，总共收录了105节优质心理课，这些课在教学实践中受到诸多好评。在书中，读者会看到各种出彩的表达性心理课，也会看到教育戏剧、空椅、卡牌等技术在心理课中的应用，同时也可以看到融合了"剧本杀"活动等更加新颖、有趣的心理课形式。值得一提的是，遍览三个学段的课例，读者会对"心理课应依据学生心理发展特点设计"这一要求有更直观的认识，也会看到同一个心理学理论在不同学段的心理课中的不同运用方式。

为了使读者更好地将书中的课例迁移到教学中，我们在编排课例时不仅详细展示了一节课的教案，也让执教教师记录了课程迭代的情况及教学反思。在每本书的最后，我们还邀请了部分编委会成员分享了自己的心理课设计经验，介绍了隐喻方式、情境认知理论、大单元架构等内容在心理课中的运用。但是，一节好课是教师和学生相互成就的结果，书中收录的课例并非十全十美，我们也期望读者能够给予我们建议和指正。

在过去的十年里，心理课发生了很大的变化，它变得更专业、更有温度。我常常问自己，十年后的心理课又会是什么样子呢？它会有新一轮约定俗成的上课模式，还是更加百花齐放？非常期待能和读者一起奔赴下一个十年。

愿本套书不负您所期。

吕剑晨

目 录

第一章

自我认识

本章的主要目标是帮助学生全面、客观、深入地认识和理解自己，提升他们的自我认知与自我管理能力。通过探索、反思和评价，使学生明晰自己的优劣势，发现自己的独特性，增强自我接纳和自我调节的能力，进而更好地应对生活中的压力和挑战。最终目标是让学生学会用客观、全面的视角看待自己，成为一个更自主、更自信、更有追求的人。

自我认识主题包括自我觉察、个性特质、情感管理、价值观及自我激励等。这些主题旨在引导学生深入了解自己的内心世界，提升自我认知的深度，拓展自我认知的广度，逐渐明晰自我价值，了解自身的特点与潜能，树立积极的自我形象，从而更加自信地面对生活中的挑战。

小学生处于初步探索自我认知的阶段。他们开始对自己的外貌、性格、能力等方面产生好奇心，可通过参与各种活动来了解自己擅长什么、喜欢什么。在这个阶段，学生认识自己的渠道主要是与同龄人的互动及家长和老师的评价。由于年龄和阅历的限制，他们对自己的评价往往较简单和片面，容易受外界的影响。

本章中的《性别木头人》课例关注性别刻板印象主题，用木头人的形象做比喻，启发学生正向看待自身的性别特质。《王小小的星球梦》通过"教育戏剧"的形式，以"星球"情境为主线，引导学生积极地转化负面标签和负面评价。《外号集结大改造》创设盲盒情境，用演绎的方式引导学生学会以积极的态度看待外号。《照亮我的美》以绘本故事为载体，鼓励学生不断发掘个人优点以提升自我认同感。《会发光的魔法瓶》依托积极品质模型，以"魔法瓶"为表达性艺术疗法的载体，增强学生对积极品质的认知。

本章的课例是极具启发性的。教师采用多种多样的教学方法，融合教育戏剧技术，精准选择切口，对常规主题进行创新。课程主题螺旋式深入，既具有立体感又贴近实际教学需求。

性别木头人

上海市第十中学 宋孝玲

【驱动问题】

如何引导学生正向看待自身的性别特质？

【基本信息】

适用学段：六年级

准备道具：学案纸、带磁贴的词条

【设计思路】

六年级学生刚刚迈入青春期，身心快速发展，处于成长的重要阶段。处于这个阶段的学生已经有了明显的性别意识。对于性别议题，很多学生会好奇男女之间的差异，包括除了生理结构之外的其他不同。因此，在这一阶段引导学生树立健康的性别观念，对于学生塑造良好的性别角色尤为重要。

本节课主要围绕悦纳性别、性别认同，以及互相欣赏展开，从标签线索入手，帮助学生初步意识到性别刻板印象的存在。再将木头人的形象引入课堂，对性别特质展开讨论，随后从现实情境切入，引发思考和讨论，最后介绍"性别马赛克"概念，让学生感悟每个人都可以描画出各自独特的色彩，引导学生消除性别刻板印象，正向看待自身已有的特质。本节课既有对自我的发现，同样也有对人际关系的讨论。

【教学目标】

1.情感目标：识别两性特质，尊重性别多元表达。

2.认知目标：认识性别刻板印象及其影响，理解个体差异。

3.行为目标：培养双性化特质，发展和完善自我形象。

【教学思路】

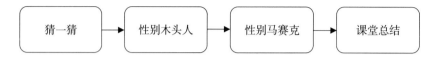

猜一猜 → 性别木头人 → 性别马赛克 → 课堂总结

【教学过程】

一、猜一猜（5分钟）

老师：一看这个课题，大家就知道今天要讨论关于性别的话题了，但是木头人是干什么的呢？先请同学们来看一看这个木头人，根据下面几条标签线索，同学们能够判断木头人的性别吗？

老师追问不同立场的学生，并请学生给出选择的根据。

标签线索[1]：

①喜欢玩竞技类游戏。

②放学后喜欢在操场踢足球。

③最喜欢粉红色。

④看到虫子立刻就尖叫起来。

⑤喝奶茶要点全糖。

学生思考并投票选择立场——男生、女生、弃权，说明选择理由。

教师小结：大家根据自己的经验，形成了自己的猜测。人们对某一性别的性格特征、外貌、行为、角色的普遍看法，可能会变成一种刻板印象[2]。大家根据上面这些标签线索会做出自己的判断，这个判断便符合性别刻板印象。有时候，我们对事物固有的认识可能让我们的世界变得更简单，更高效，但对于另一些人来说或许会成为某种限制，变成难以摆脱的标签。

设计意图：通过"猜一猜"活动帮助学生体会男女性别差异带来的影响，也让学生初步体会性别刻板印象的存在。

二、性别木头人（10分钟）

老师：生理构造决定了我们是男还是女，但木头人没有生殖器官，所以无从判断其性别，这也意味着我们可以运用木头人自由地创造理想化的男性或女性形象。在意识到刻板印象的影响后，请同学们以小组为单位，每个小组创造一个理想的男士木头人或女士木头人，在学案纸上写出其静态的外貌和性格特质、动态的语言和行动特质。完成后，请每组派一名代表分享。

每个小组抽取一张男士木头人或女士木头人学案纸。小组成员自由提出男士和女士的理想特质，与木头人是相同性别的小组成员用黑笔书写，反之则用蓝笔书写。小组代表分享讨论成果。

教师有意识地用不同颜色的粉笔区分异性（针对木头人的性别而言），形成对班级内理想男士木头人与女士木头人形象的描述，并询问大家从中发现了什么。

学生思考，谈谈自己的看法。

教师小结：通过理想特质的书写，我们进一步察觉到，我们对男性和女性的期望不一样。但在现实中，有些人可能和我们期望的形象不符，此时我们该怎么与他们相处呢？

设计意图：从静态和动态两个维度引导学生感受不同视角下的性别差异。

三、性别马赛克（22 分钟）

（一）性别的烦恼

教师分享案例"小欣和雯雯的烦恼"[3]。

小欣：我的一些喜好和别的男生不一样，比如我对艺术和化妆品感兴趣，我很担心别人会嘲笑我。

雯雯：有点矮、有点黑的女生总是会被评论，女孩子好不好看就这么重要吗？

老师：你怎么看他们的烦恼？如果你是他们的同学，你会怎么看待他们？

学生思考并回答问题。

老师：可能有些同学也曾有过和他们一样的烦恼，或许毛戈平和张伟丽两个人的事例可以帮助大家。（教师自行在网上搜索毛戈平和张伟丽的事例，并向学生讲解）大家觉得性别在这两个人成功的道路上扮演了怎样的角色？

学生思考并回答问题。

老师：其实他们在成长过程中也听到过他人对他们性别的质疑。但当他们足够强大时，他人的言论便无法阻碍他们前进的脚步了，他们已经用实际行动证明，性别不会成为一种限制。那么不同的性别到底意味着什么？接下来我们一起看看科学研究的结果。

（二）特质对对碰

教师播放视频《性别马赛克》（截取自NHK纪录片《社会性别科学（一）男女性别差异的真相》）。

视频简介：研究人员通过核磁共振发现，男性的大脑和女性的大脑在某些领域存在差异，但当聚焦到个体身上时，只有10%的人呈现出所谓的男性脑或女性脑，而剩下90%的人都是混合的马赛克脑。

老师展示班级学生通过课前问卷得出的性别马赛克的结果：没有一个同学完全符合视频中提到的男性脑或女性脑，每个人的结果都是不同的。对照性别量表[4]（见表1-1。此表在原量表基础上有删减，课前调查的主要内容是调查学生此前青春期课程的情况、学习的途径、对青春期的态度及联想、存在的疑惑），你是不是也兼有男性化特质与女性化特质呢？

表 1-1　性别量表

男性化特质	乐于冒险的	有领导风范的	大度的	冷静的
	沉稳的	有判断力的	心胸开阔的	理性的
	豪放的	慷慨的	有组织能力的	勇敢的
女性化特质	有亲和力的	勤俭的	文静的	善于倾听的
	细腻的	能体谅人的	乐于安慰人的	有爱心的
	文雅的	温柔的	温顺的	善解人意的

学生根据性别木头人学案纸书写，寻找男士木头人与女士木头人身上是否存在男性化特质与女性化特质。

老师：如果我们将理想化的男士木头人与女士木头人身上的特质相互交换，将会发生什么呢？你会怎么看待这个新的木头人？

学生思考并回答问题。

教师小结：即便做了交换，特质本身并没有发生改变，只是放在了不同性别的个体身上，对方身上好的特质依然是值得我们欣赏的，性别不分优劣。

设计意图：通过案例让学生感受到，不存在男生或女生必须做的事情，性别不应该成为一种限制。将"性别马赛克"概念引入课堂，让学生认识到男女之间虽然存在性别差异，但个体是不应该被定义的。进而引导学生对照男性化特质和女性化特质，感悟到每个人都可以展现出各自独特的色彩。

四、课堂总结（3分钟）

老师：经过这节课的分享与讨论，希望大家在未来的生活中也能够打破性别刻板印象，多看见每个个体，去尊重每一种表达。（将木头人周围的标签撕去）要知道，性别不应该成为一种限制。性别是与生俱来的，没有优劣之分。有研究发现，具有积极的双性化特征的个体在心理上更健康、更快乐，一些异性特质同样值得我们欣赏、学习[5]。

设计意图：总结本节课的内容，帮助学生认识到异性身上有值得欣赏和学习的地方。

【课程迭代】

本节课在《初中生心理健康自助手册（试验本）》（上海市统一心理教材）的基础上做了几次修改，最开始的版本基本延续了之前的框架，只是将"最棒的异性形象"换成了"理想木头人"。也设计了相关课前调查，以了解学生对性别的看法和困惑，让教学内容更贴合学生的实际情况。但是在实际授课时发现，大家在讨论男性化和女性化特质时还是比较空洞的，没有抓手。恰巧笔者看到了日本人拍摄的关于马赛克大脑的纪录片，通过非常直观的色彩来呈现性别大脑，又有科学实证，作为课堂素材再合适不过了。性别马赛克使整节课趋于丰满。

在实际授课后，笔者也对这节课做了很多改动。与之前版本相比，最令人头疼的部分就是案例，因为性别刻板印象并不那么容易打破。针对之前所选的案例，学生的回答浮于表面，但是换成毛戈平和张伟丽的案例后，学生的感受就有了很大的变化，当一个人的特质和成就足够耀眼时，我们会用"优秀的人"而非"优秀的男人/女人"去形容他，当然，仅靠一节课无法消除性别刻板印象，但可以减弱性别刻板印象对学生的影响。不设限、不嘲笑、不否定，就是接纳的开始。

【教学反思】

其实性别刻板印象对学生而言并不陌生。在第一个环节结束后，学生就会开始有意识地觉察，并不断地辨别周围存在的刻板印象。关于性别的讨论贯穿始终，是一个由浅入深，不断探索自我的过程。

本节课趣味性强，案例贴近现实生活，学生能够紧紧跟随课堂，投入对当下问题的讨论中。本节课将理论渗透在课程中，以"实践—理论—实践"的方式帮助学生加深认识。在授课过程中需要注意以下几点：

首先，在分组时需要调整男生和女生的比例，因为这在很大程度上会影响学生讨论的积极性。其次，本节课的内容安排较多，在某些环节要控制学生的发言。最后，在特质交换环节，可能有些学生无法接受交换特质后的木头人，这时候需要老师加以引导，让同学认识到，即便他人与我们不同，我们也应对他人保持应有的尊重和礼貌，不取笑、不否定。

【专家点评】

这节课的题目很吸引人，"性别木头人"这一话题会激发学生探索"性别"这一概念的好奇心，让学生从另一个视角去看自己的性别。教师在课堂结构上层层递进，让学生先从给"性别木头人"贴标签开始，探索对不同性别的刻板印象，帮助学生撕下木头人的标签；再利用在现实生活中学生遇到性别刻板印象带来的烦恼，结合视频《性别马赛克》、对照性别量表等进行探索，让学生感受到特质本身并没有发生改变，只是放在了不同性别的个体身上，好的特质依然值得我们欣赏和学习。

使用"性别木头人"这一工具，同时将"性别马赛克"的知识引入课堂，增加趣味性与互动性，尤其将班级同学的性别马赛克表呈现在幻灯片上，能够非常直观地让学生感受到原来性别给大脑带来的差异在个体身上并不明显。

在课堂设计上，本节课逻辑清晰，有讨论，有视频，所以课堂效果令人满意；在内容呈现上，有小测试，有案例，也有关于不同性别大脑没有太大差异的研究数据，紧贴当下学生常遇到的问题。总体来说，这是一节有思考、见深度的好课。

（点评嘉宾：周厚蓉，上海市心理健康教育高级教师）

执教教师曾因该专题系列课程获第三届上海市中小学教育信息化应用推进活动"教学资源制作能手"荣誉称号

【参考文献】

［1］方刚.中学性教育教案库［M］.北京：中国人民大学出版社，2015.

［2］Office of the High Commissioner for Human Rights. Gender stereotyping OHCHR and women's human rights and gender equality［EB/OL］.［2024-3-14］.

［3］吴增强，张跃进.初中生心理健康自助手册［M］.上海：上海教育出版社，2012.

［4］钱铭怡，张光健，罗珊红，等.大学生性别角色量表（CSRI）的编制［J］.心理学报，2000，32（1）：6.

［5］李方强，郑寒芳.双性化人格理论及其对学校教育的启示［J］.东北师大学报，2002（4）：6.

【学案纸】

性别木头人

姓名:_____ 班级:_____ 学号:_____

男士 / 女士木头人

静态特质

外貌上:_____

性格上:_____

动态特质

语言上:_____

行动上:_____

王小小的星球梦

广东省深圳市龙岗区布吉街道中心小学 汪萌霞

【驱动问题】

如何引导学生正确面对负面标签和负面评价？

【基本信息】

适用学段：六年级

准备道具：学案纸、小帽子

【设计思路】

《中小学心理健康教育指导纲要（2012年修订）》明确指出：要帮助小学高年级学生正确认识自己的优缺点和兴趣爱好，在各种活动中悦纳自己。小学六年级学生正处于青春期早期，又称"初中预备期"，他们身上兼具小学生和初中生的特点。由于心理不成熟，他们的情绪感受波动较大，他们也非常容易受到他人的影响，尤其是他人评价的影响。笔者在学校心理辅导工作中发现，很多同学对自己不满意，表现在体型、外貌、学习成绩、个人能力等多个方面；不少学生对自己有较多的负面评价，有的学生甚至会出现极度自卑及抑郁倾向。有研究发现，积极的自我观念或积极的自我评估是心理韧性的核心部分[1]。

《义务教育课程方案和课程标准（2022年版）》提出，充分发挥戏剧课程的艺术效能，引导学生认识自己、发展自己，在互动中提升积极向上的心理品质[2]。本节课依据团体动力学理论，以戏剧游戏中常见的"教师入戏"和"定格雕塑"范式，通过引导学生进入角色的某个情境状态，用身体姿态、表情去感受角色的感受，并暂停维持动作形态，进行的引导活动[3]。让学生在情境中感受他人和自己的世界，进而学会面对负面标签和负面评价，从而提升学生的心理韧性，促进学生心理健康。

【教学目标】

1. 情感目标：在活动中感受同伴的共鸣、感受同伴的支持，提升自己积极转化"负面标签"的掌控感。

2. 认知目标：认识"负面标签"对人的影响，了解应对"负面标签"的方法。

3. 行为目标：通过自我探索和小组赋能，将应对"负面标签"的方法运用到生活中。

【教学思路】

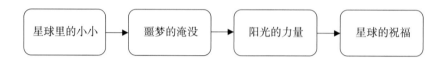

【教学过程】

一、星球里的小小（5分钟）

老师播放音频"奇怪的声音"。

老师：同学们，刚刚大家有没有听到奇怪的声音？我听说这是遥远的57号星球的召唤。现在，这股神秘的力量把我们都带到了这个星球上，它到底让我们来干什么？让我们一起走进这个神秘的星球，一探究竟吧！（呈现课件内容——一个女生被灰色气团笼罩，并且身边出现了很多黑色的方块）

学生观察图片。

老师：这个小女生的名字叫"王小小"，她是57号星球里和大家一样的六年级学生，这些方块（课件上呈现的负面标签，例如胖、内向、追求完美等）都是她身上的"负面标签"。今天这节课，就让我们一起走进"王小小的星球梦"，看看她身上到底发生了什么事情吧。

设计意图：通过情境引发学生的好奇心和兴趣，引出主题。以学生常见的"负面标签"为切入点引起学生共鸣，并为接下来的"教师入戏"做准备。

二、噩梦的淹没（10分钟）

老师：同学们，这里有顶神奇的帽子，当老师戴上这顶神奇的帽子时，我就是王小小同学，当我摘下帽子时，我又会变回老师，大家清楚了吗？

老师以"教师入戏"方式扮演王小小。

（台词）我是王小小，今天班上换座位了，我被安排到了单人单桌，我是全班唯一一个没有同桌的人。虽然老师说每个人都会轮到单人座位，但我还是很不开心，我觉得是因为没有人愿意和我一起。可能老师也觉得我不够优秀吧。我有点胖，跑步也不快，也不太敢举手发言，我觉得就是因为我的这些缺点，或者说我不像大家那样好，大家才不喜欢我。也许，我就该被安排到单人单桌！反正我也觉得没人愿意和我一起坐。

老师：同学们，如果你是小小，你会有什么样的感受和想法呢？接下来我们进行一个有趣的定格活动，请全体同学起立。请大家想象一下，如果你是小小，经历了这件事情，身上有那么多的"负面标签"，你的感受是什么样的？请大家用一个动作表现小小的姿态和表情，并在我数到 3 时定住。同时请大家思考小小心里的一句话，当我走到你身边拍你的肩膀时，勇敢地说出来。学生表演"定格雕塑"，并进行分享。

教师小结：同学们，刚刚大家都进入了主人公小小的世界，看到她内心非常的难受，甚至开始怀疑自己，觉得自己什么都不好、什么都不行。小小想请教大家，如果你们遇到这样的情况，你们会怎么做呢？

设计意图：通过"教师入戏"和"定格雕塑"环节，让学生深入了解主人公小小的内心，进而切身体会小小的"负面体验"，激发学生帮助主人公的动力，为后面的助人、自助环节做铺垫。

三、阳光的力量（20 分钟）

（一）"阳光使者帮帮团"

老师：同学们，接下来让我们化身阳光使者，帮帮小小吧！请拿出小组学习单，以小组为单位，选择其中一个"负面标签"进行头脑风暴，看看有没有什么好的方法可以帮助她。做完后老师会邀请小组来分享你们认为最好的两个方法。

学生以小组为单位进行分享。老师总结应对"负面标签"的方法。

- 转移优点法：关注身上的优点——虽然小小很胖，但是她成绩很好。

- 展望未来法：关注未来的变化和发展——虽然小小很胖，但是未来她可能会变瘦。

- 寻找对策法：关注自己能做到能改变的部分——虽然小小现在很胖，但是她可以通过少吃多运动进行调整，肯定会有变化的。

- 积极赋义法：关注"负面标签"背后积极的一面——虽然小小有点胖胖的，但是脸圆圆的很可爱[4]。

（二）"阳光力量回自身"

老师：同学们，刚刚我们积极地帮助小小，她非常感动。现在，请大家回归自身，看看自己有没有什么负面标签。接下来，我们拿出个人学习单，请大家用应对负面标签的4种方法来帮助自己。第一步，进行自我探索，找出自己身上的一个"负面标签"，写在个人学习单的圆圈部分；第二步，进行应对负面标签的练习，学会改写负面标签；第三步，在4人小组内进行分享并相互补充赋能，同伴之间再次改写负面标签，为同学找出更多的应对方法。

学生先独自完成个人学习单，然后完成小组学习单，这是小组内的探索与赋能。接着老师邀请学生上台分享，并引导在座的同学如果有人写了一样的负面标签可以举手，让分享的同学感受到自己并不是一个人，这是班级赋能。

设计意图：通过帮助小小、自己及他人的活动学会应对"负面标签"的方法。

四、星球的祝福（5分钟）

（一）前后对比

老师：同学们刚刚的精彩分享主人公小小都看在眼里了，而且她也悄然发生了变化，她身边的灰色气团消失了，出现了很多积极的黄色标签，这些都是她身上一直拥有的积极方面，只不过她之前太关注自己的消极方面了。她周围也出现了阳光般温暖的光芒。同学们，还有一个地方有个小变化，大家发现了吗？是的，"追求完美"本来是小小的"负面标签"，现在竟然变成了她的"正面标签"。大家课后可以思考一下为什么会有这样的转变。

（二）星球的祝福

老师：今天我们不仅帮助了小小，还帮助了自己和身边的同学。57号星球非常感谢各位阳光使者，给大家带来了星球祝福卡，请大家收下这份心意和祝福。现在，请大家回答两个问题，"这节课你发现了什么？未来的你在受到'负面标签'的影响时会怎么做？"（使用4F反思法[5]提问）

学生回答问题并得到课堂礼物。

老师：请大家收下 57 号星球的心意和祝福，积极地面对生活吧！

设计意图：通过设置 4F 反思法，再次带领学生感受本节课的收获，同时引导学生在课后也积极使用自我关怀的方法，把知识融入生活。[4F 反思法，也称"动态引导反思法、4F 回顾复盘法"，四个（F）是提问重点，即 Facts（事实）、Feelings（感受）、Findings（发现）、Future use（未来的运用）[5]]

【课程迭代】

本节课更新过多个版本。使用戏剧教育方法是充满困难的，不仅考验老师对范式的熟悉程度，还考验老师应对课堂突发情况的能力。第一版的课程不仅包含本节课使用的"教师入戏""定格雕塑"，还有"墙上角色""专家外衣"等，虽然课堂氛围好且活动有趣，但过多的范式不仅导致课程内容无法完成，还导致课堂内容偏离了目标，因此最新版本保留了"教师入戏""定格雕塑"两个最主要的范式，这两个范式能更好地让学生进入设定的情境中，引导学生通过换位思考体验主人公的内心感受，体验负面标签对人的影响。

另外，总结部分使用的星球祝福卡在早期版本中是简单的祝福卡，写着祝愿同学们在今后能更好地与自己和谐相处等祝福语。后来为了引导同学们将所思所想落到实处，我们将 4F 反思法用到了祝福卡上。

【教学反思】

本节课是心理韧性系列课中"提升自我积极概念"的部分，同时也是"认识自我"中"接纳自我"的内容。本节课通过帮助学生学会转换"负面标签"的方法提升他们处理"负面标签"的能力，促进他们积极悦纳自己，从而提升他们的心理韧性。用教育戏剧的方法开展课堂活动，有利于同学们在安全的氛围中学会助人和自助，通过前后对比、4F 反思提问法带领同学们将所思所想落到实处。

本节课由于用到了"教师入戏""定格雕塑"等范式，教师需要讲清楚规则，并融入角色进行表演和展示，这对教师的表演展示能力有一定的要求。同时教师需注意课堂纪律，在"定格雕塑"活动中如果没有把控好课堂纪律，可能出现很多混乱场面。在"负面标签"的自我转化过程中，可能涉及学生的个人隐私问题，需要强调学生对隐私的尊重和保密，否则会给分享的同学造成一定的伤害。本节课最难的是让学生思考自己的"负面标签",这需要教师在前期多做调查,了解学生的学情和困扰。教师做好调查后在课堂上展示出来以引发学生的共鸣,学生思考应对方法时就会更加顺畅。

【专家点评】

小学六年级学生处于青春期早期,这个时期人的生理和心理会发生很多变化,他们逐渐变得敏感多心,在不断增进自我认识的过程中很容易受到外界的影响。基于此,在该阶段开设本课,具有重要的现实意义。可以说,本节课紧贴该阶段学生发展的实际需求——我认为这是一堂好课必备的基础。在课程设计上,以下几个亮点我非常欣赏。

1. 课程切入点"小"且"准",情境创设生动有趣,紧密切合课堂主题,第一时间将学生带入课堂情境。

2. 将教育戏剧引入心理课堂,符合学生年龄特点,学生兴趣浓厚,学习效果自然好;让学生在安全的氛围中全员参与活动,在体验与分享中感受同伴的共鸣,实现助人与自助。

3. 本课"起承转合"脉络清晰,环节间层层递进,衔接自然,由帮助"王小小"到帮助现实生活中的自己,水到渠成,实效性高。

4. 课堂能进一步延伸。好的心理课一定不仅局限在一堂课中,而是有意识地延伸到学生的日常生活中。本节课在结束环节,教师引导学生用 4F 星球祝福卡对课程内容进行回顾,并将课堂所思所获通过接下来具体的行为迁移到日常生活中,真正实现了心理课堂由学生生活中来,到学生生活中去,达到了心理课的育人实效。

(点评嘉宾:王婧,广东省深圳市龙岗区心理学科带头人、深圳市优秀教师)

该课曾获广东省深圳市龙岗区心理学科青年教师教学能力比赛一等奖第一名

【参考文献】

[1] 张婵,李佳忆,杨勇.青少年自杀意念的影响因素及干预对策[J].中小学心理健康教育,2023(9):4-8.

[2] 中华人民共和国教育部.义务教育艺术课程标准(2022年版)[M].北京:北京师范大学出版社,2022.

[3] 庄续玲.具身认知视角下"课—剧"融合的心理课教学新范式[J].中小学心理健康教育,2023(35):19-22.

［4］黄丹蕾.改写消极自我标签——夸尔特村的故事［J］.中小学心理健康教育，2021（12）：
　　39-41.

［5］林丽斯.聚光灯背后的战士——基于自我决定论的教育戏剧与心理课程融合课例［J］.中小学
　　心理健康教育，2022（15）：28-30.

【学案纸】

王小小的星球梦

姓名：_____　　班级：_____　　学号：_____

小组学习单

```
┌────────┐                    ┌────────┐
│        │         ⬤         │        │
└────────┘                    └────────┘

┌────────┐                    ┌────────┐
│        │                    │        │
└────────┘                    └────────┘
```

大家一起来帮帮小小吧！你的语言充满力量呢！

个人学习单

　　　　　　个人探索　　　　　　　　　　　　小组赋能

```
        ┌──────────────┐      ┌──────────────┐
        │ 转移优点法    │      │              │
        │              │      │              │
        └──────────────┘      └──────────────┘

        ┌──────────────┐      ┌──────────────┐
   ⬤   │ 展望未来法    │      │              │
        │              │      │              │
        └──────────────┘      └──────────────┘

        ┌──────────────┐      ┌──────────────┐
        │ 寻找对策法    │      │              │
        │              │      │              │
        └──────────────┘      └──────────────┘

        ┌──────────────┐      ┌──────────────┐
        │ 积极赋义法    │      │              │
        │              │      │              │
        └──────────────┘      └──────────────┘
```

外号集结大改造

北京林业大学心理学系 陈歆聿

【驱动问题】

如何引导学生积极地看待外号？

【基本信息】

适用学段：六年级

准备道具：学案纸、展示板、便利贴

【设计思路】

积极的自我认识对学生发展健康的心理、健全的人格具有促进作用，对学生的学业表现、人际交往、自我发展也很重要。学生自我认识不足，甚至消极发展可能埋下暴力行为的种子。《中小学心理健康教育指导纲要（2012 年修订）》提出，中小学心理健康教育应帮助学生了解自我，认识自我。教育部 2016 年发布的《关于防治中小学生欺凌和暴力的指导意见》要求中小学认真开展预防欺凌和暴力的专题教育，提高学生对欺凌和暴力行为严重危害性的认识，增强自我保护意识和能力，自觉遵守校规校纪，做到不实施欺凌和暴力行为。

小学高年级学生正处于学段转换阶段，他们迎来了自我意识发展的高峰期，发展自我认识的需要推动个体进行探索。但是如果缺乏系统的指导，学生的某些探索行为会对自己、同伴造成一定的伤害。

外号是自我认识的重要线索，外号的来源多种多样，不同的外号界定了个体不同的角色，给学生带来不同的情绪感受，促使学生进行不同的自我评价。笔者通过对学生的观察发现，学生间取叫外号的现象非常常见，其中不乏侮辱性的外号，这可能会对学生的心理健康产生较为深远的影响。

本节课依托团体动力学理论，旨在帮助学生以积极的心态加工不同外号，积极看待外号的影响。首先，帮助学生认识外号及发现不同外号让人产生的情绪差异；其次，面对消极外号，帮助学生用积极的方式对消极外号进行加工，尽力消除消极外号的伤害。总之，本节课将带领学生认识外号，发现并体验不同外号给人带来的情绪，最终让学生学会用积极的外号激励自己、照亮他人。

【教学目标】

1. 情感目标：体验外号带来的不同情绪。

2. 认知目标：掌握外号的概念、认识外号的多面性。

3. 行为目标：学会积极地看待外号，能够尊重他人、换位思考。

【教学思路】

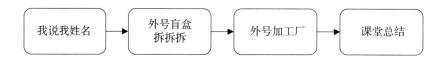

【教学过程】

一、我说我姓名（5分钟）

老师：我们的名字可以有许多不同的呈现方式。老师准备了一些图片，这些图片中的信息藏着某个名人的名字（名人的艺术化形式），让我们一起猜猜他们是谁吧！

学生举手回答教师呈现的图片代表哪位名人。

（孔丘，即孔子）　　　　（马云）

教师小结：通过刚刚的活动，我们发现，外号可以用图片、谐音等各种方式来表示。事实上，所有可以代表你身份的符号、图案、词语，都可以是你的外号。正如刚刚我们共同浏览的图片。除了名字，我们还可能有许多外号，其形式也多种多样，代表我们不同的身份、角色。

设计意图：了解外号的定义，通过多元呈现方式帮助学生拓宽视野。

二、外号盲盒拆拆拆（12分钟）

（一）外号介绍卡

老师：通过刚刚的学习，我们初步了解了外号的概念。那么，你有什么独特的外号吗？例如，长辈取的小名，自己取的网名，朋友取的昵称，等等。请大家根据老师给的提示，从"父母取的、朋辈取的、自己取的、其他"四个方面填写"外号介绍卡"。

学生填写学案纸"外号介绍卡"。

老师：你有没有不喜欢的外号？为什么不喜欢？（只需要分享不喜欢的原因，无须说出具体的外号）这些不喜欢的外号有什么共同点吗？

学生举手回答。

老师：通过同学们刚刚的分享，我发现每个人都有自己喜欢的和讨厌的外号。这些外号有一些共同点，我们或许可以通过这些共同点找出一定的规律——外号与情绪之间的奇妙规律。那么，它们之间有怎样的联系呢？

（二）外号盲盒拆拆拆

老师：接下来，让我们进一步探索情绪与外号的关系。请同学们两人一组，每组抽取一个盲盒。盲盒里有一个情境，需要你们共同演绎。注意：情境中有一些对话需要你们发挥想象力，自己补全。

盲盒内的情境词条如下。

"＋"代表积极情境，"－"代表消极情境，"○"代表中性情境，"→"代表性质的转化。

1. 体育课……你回到教室后，发现书桌上写了你最不喜欢的外号，你的同桌对你说……你感到好了一些。（－→＋）

2. 你很喜欢喝可乐，同学叫你"可乐"，你感觉……（○）

3. 你总是在英语课上正确回答问题，老师夸你是"活词典"，你感到……（＋）

学生以小组为单位抽取盲盒，并与搭档分配情境中各自要扮演的角色，然后共同

演绎盲盒描绘的场景，补全情境中不完整的词条。

老师：可以请大家分享一下最初的情境带给你的情绪体验吗？

学生举手分享。

老师：在情境中，有一些内容需要你们自己补充。可以向大家分享一下你是如何补充这些内容的吗？演绎过程中你的心情有什么变化吗？

学生举手分享。

教师小结：通过刚刚的拆盲盒活动，我们发现，不同情境下的外号可能会给我们带来不同的感受。表达赞美、爱和认同的外号往往更容易让我们感到开心；客观描述个性特点的外号可能不会引发我们的情绪波动；而带有嘲弄、讽刺意味的外号则会使我们感到愤怒甚至伤心。因此，老师要提醒大家，要慎重对待外号，慎重对待给同学取外号这件事。老师来给大家分享一首小诗："随取随叫不费事，尊重他人不可少。取叫外号要谨慎，为人思考很重要。"

设计意图：让学生了解外号与情绪的关系，通过情境演绎加深学生对外号的认识。

三、外号加工厂（20 分钟）

老师：每个人都可能有自己不喜欢的外号，那么我们为什么不尝试赋予它们积极的寓意，把我们不喜欢的外号转变为我们喜欢的外号呢？请大家尝试对自己不喜欢的外号进行加工，并把加工后的外号写在便利贴上。如果你没有不喜欢的外号，可以写上你喜欢的外号。写好后将自己的便利贴张贴在班级展示板上。

学生对不喜欢的外号进行改造，在便利贴上写下改造后的外号或喜欢的外号（无须写出改造前的外号，避免原外号传播）。张贴便利贴至展示板，并浏览其他同学张贴的便利贴。

老师：在刚刚的加工过程中，我们都尝试将自己不喜欢的外号进行了加工，有了自己的"加工法宝"，成功地将原本引起我们伤心、愤怒的外号改造成了我们认可的外号，老师为你们骄傲。接下来，老师向你们介绍老师的"加工三宝"。

- 联想法：联想自己与消极外号相关的积极品质进行加工。例如，"小眼镜"可以联想到眼镜蕴含的"博学"意义。
- 谐音法：联想与消极外号相关的积极谐音词汇进行加工。例如，"书呆子"可以通过谐音联想到"书袋子"。

- 新编法：赋予消极外号新的含义、新的故事和寓意。例如，"大熊"可以想象成一只积极、好学的熊的形象。

老师：通过外号加工方法的学习尝试，我们一起总结属于我们自己的"加工三宝"。

学生总结并完成学案纸上的"加工三宝"部分。

老师：有没有同学愿意分享自己的"加工三宝"，并说说你是如何提炼它的？

学生举手分享。

教师小结：恭喜同学们，你们都拥有了独特的积极资源——属于自己的"加工三宝"。"加工三宝"是我们自我保护的工具，可以帮助我们积极面对消极外号，指引我们在面对这类情境时坚信"我可以！"。

设计意图：总结应对消极外号的方法，帮助学生用积极的方法进行自我保护。

四、课堂总结（3分钟）

老师：本节课，我们一起学习了外号的概念。一起认识了外号是什么、外号的多种类型，以及外号的不同来源。正如课堂上我们一起发现的那样，不同的外号也会给我们带来不同的感受：与我们对自己的认识相符的外号可能让我们感到开心，甚至加深我们对自己的认识；与我们对自己的认识不相符甚至带有攻击、嘲弄意味的外号则会让我们感到愤怒、难过。因此，我们要慎重对待外号。同时，遇到对自己造成伤害的外号时，也希望同学们可以使用自己的"加工三宝"积极应对，拥抱积极的自己。

【课程迭代】

本课在理论及实践层面打磨了多次，加入了课堂演绎环节。一方面，在实际试课过程中，情境演绎可以最大限度地调动学生的积极性；另一方面，情境演绎与目前提倡的体验式教学理念相契合，能帮助学生在安全的环境下更加充分地体验情绪，让学生能够真正做到换位思考，理解取叫外号行为的后果。

另外，最终版在之前版本的基础上加入了学生自主总结应对方法的环节，帮助学生在安全的环境下实践如何面对消极外号。此外，在最终版中，学生从直接获取知识，变为在自己总结的基础上整合已有经验与知识，这更好地促进了学生对知识的理解。

最后，与之前的版本相比，最终版对课程各环节的顺序进行了调整，使课堂更具连贯性。将外号的概念、分类等内容提前，不仅能帮助学生"带着问题进入课堂"，还能让学生在之后的情境演绎中直接利用刚刚学习的概念对情境进行分析、判断。学生经过情境体验、总结经验、形成应对策略几个环节，经历了从思考到实践再到反思的过程，课程理念得以真正落地。

【教学反思】

本节课的重点在于对学生自我认识的引导。从课程设计、课堂氛围、学生学情三方面综合考虑，笔者建议将本节课安排在六年级开展。

课程设计方面：本节课设置了许多学案任务及自我探索、情境演绎环节，需要学生具备相应的自我意识和思维能力，并拥有一定的配合度。

课堂氛围方面：六年级学生属于小学高年级学生，有相对丰富的课堂活动参与经验，语言表达能力强，能够准确地进行自我表达；同时，本节课加入了情境演绎、盲盒抽取等活动，与常规课程活动有所区别，更能吸引学生的注意力。

学生学情方面：与低年级学生相比，六年级学生处于自我意识和抽象概括能力发展的关键期。自我探索过程需要在安全的环境中进行，高年级学生经过长期相处有更深的互相了解，为开展自我认识话题创建了更加安全的环境，有利于学生进行自我表达。因此本节课更贴近他们的实际情况。

在实际的授课过程中，笔者发现，本节课值得肯定的地方很多：1.契合学生的需要，该学段学生已经在面对与外号相关的议题，可分享的内容充足，课程实践性强；2.操作灵活度高，可以根据具体班级、学段情况调整盲盒词条，以契合学生群体的特点和需要；3.课程具有一定的延续性，展示板的设置使课堂内容延续到课后。

但是，本节课依旧存在不足之处。由于外号具有一定的敏感性，可能会唤起学生的负面体验，需要教师及时制止、澄清，教师需要根据体验式教学的原则及时化解。

【专家点评】

这节课的亮点主要体现在以下三个方面。

1.选题新颖，符合学生成长需要。给人取外号或自己被叫外号是学生生活中比较常见的一种现象。本节课选取生活中司空见惯的现象进行深入探索，可促进学生自我认知的发展，树立学生对他人的尊重意识，让学生对外号有全面的认识。同时，辨识不良外号的危害，有助于预防校园霸凌。

2.目标清晰，教学设计层层推进。本节课围绕外号这一选题，在认知、情感和行为三个层面上着力，教学目标清晰聚焦。从一开始的"我说我名字"到"外号盲盒拆拆拆""外号加工厂"，整体教学设计清晰连贯、由浅入深、层层推进。

3.活动有趣，总结精要，成效持续。情境演绎、盲盒抽取等活动符合学生的认知水平，可充分激发学生的积极性。教学中分享的小诗和"加工三宝"活动提出的方法均十分精要，便于理解。展示板设计巧妙，一方面清晰地展示出本节课的教学成果，另一方面学生还可在课后继续浏览并丰富展示板内容，课程学习就从短短的一节课延伸到了课下，教学成效具有较好的持续性。

（点评嘉宾：丁新华，北京林业大学人文社会科学学院心理学系副教授）

【学案纸】

外号介绍卡

姓名：_____　　班级：_____　　学号：_____

加工三宝
1、_____
2、_____
3、_____

照亮我的美

北京市朝阳区中国人民大学附属中学朝阳学校　许琴

【驱动问题】

如何引导学生通过挖掘个人优点来提升自我认同感？

【基本信息】

适用学段：三年级

准备道具：学案纸、彩笔若干、8开白纸

【设计思路】

《中小学心理健康教育指导纲要（2012年修订）》指出要提高全体学生的心理素质，培养他们积极乐观、健康向上的心理品质。其中，在小学中年级阶段，教师需重点帮助学生了解自我，认识自我，树立自信。《中国学生发展核心素养》[1]中"健全人格"和"自我管理"的相关内容指出，学生要具有积极的心理品质，自信自爱，正确认识和评估自我。

小学阶段是自我意识发展的重要时期，正确认识自己、悦纳自己会对学生健康个性和健康心理的养成产生积极影响。笔者通过访谈发现，不少中低年级学生不了解自己的优点，甚至不认为自己有优点，或者简单地把优点局限在成绩优异方面，自我评价维度比较单一。三年级作为小学的转折点，学业难度的增加会影响很多同学的学业信心，直接降低他们对自己的评价。因此，帮助学生提升自我认识，引导他们看到自己的优点，学会更加多元地评价自己，有利于增加他们的自信心，帮助他们更好地投入学习与生活。

帮助学生建立积极的自我概念可以从两方面入手：一是教会学生发现优点的具体方法，二是通过创设相互赞赏的环境，让同学们相互给出积极评价。因此，本节课注重引导学生认识自己的优点，鼓励学生在班级中积极发挥自己的长处，给他人带来温暖和帮助，在亲社会行为中进一步提升自我认同感。

【教学目标】

1.情感目标：感受自我肯定和同伴肯定带来的积极情绪体验，激发自我认同感。

2.认知目标：掌握发现个人优点的方法，学会用自评和他评的方式了解自身优势。

3.行为目标：积极看待自己，发现自己的优点，并不断发挥优点的价值，提升自我认同。

【教学思路】

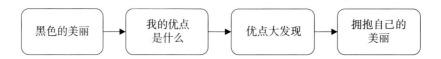

黑色的美丽 → 我的优点是什么 → 优点大发现 → 拥抱自己的美丽

【教学过程】

一、黑色的美丽（5分钟）

老师：大家喜欢什么颜色？为什么？

学生举手回答。

老师：现在各小组都有一盒彩笔，每人挑选一种喜欢的颜色。

学生选择彩笔。

老师：我很好奇为什么选黑色的人比较少？

学生举手回答。

老师：这里有一支黑色的笔，它看着其他颜色的笔被同学们拿去画画，心想自己怎样才能和大家一起完成绚丽的图案呢？它想到一个主意，在大家的画上涂抹起来，涂啊涂啊，整个画面都变成了黑色。（老师出示黑色刮板画，随后在画板上划动笔尖，随着笔尖的移动黑色渐渐被刮了下去，转眼间，画板上开出好几朵大大的花。[2] 老师听见很多同学发出"哇"的叫声）请问大家"哇"的原因是什么？

学生举手回答。

教师小结：我们原本以为不能绘制绚丽画面的黑色，也能创造出美丽的画面。中国的水墨画就是用黑墨画的，或气势磅礴，或意境幽远，或栩栩如生，呈现出不一样的美丽。黑色充分展现了自己的优点，给大家带来了不一样的美。我们每个人也一样，都有自己的优点，只要不断发现并积极将它们展现出来，一定也能展现自己独特的美丽。

设计意图：通过学生熟悉的美术材料，带领学生感受黑色的美丽，为课题展开做铺垫。

二、我的优点是什么（10 分钟）

老师：有个小女孩最近比较苦恼，老师说每个人都有优点，可是她始终没有发现自己的优点。让我们跟随绘本《我的优点是什么》[3]，看看她的故事吧。

绘本简介：小爱同学觉得自己没有优点，然后她在好朋友朵朵的帮助下找到了自己最大的优点——为他人着想，用热乎乎的双手给他人带来温暖。

学生阅读绘本。

老师：（在"看来，我果然一个优点都没有"处暂停）小爱的感受是什么？ 为什么？

学生举手回答。

老师：没有优点真是一件让人难过的事情，让我们继续阅读绘本，感受发现优点的快乐。（在"手暖就是我的优点"处暂停）当朵朵发现了小爱的优点时，小爱是什么感受？

学生举手回答。

老师：我听到有的同学小声说，手暖也算优点吗？我也好奇，同学们觉得手暖算不算优点？

学生举手回答。老师让学生继续阅读绘本，在"小爱冬天为班里手凉的同学捂手"处暂停。（层层递进地进行提问）

①如果你是小爱的同学，手凉的时候有小爱帮你捂手，你的感觉怎样？

②那手暖算优点吗？

③原来手暖就是一个人的优点。请问，人的优点还包括哪些呢？

④朵朵的优点是什么？

学生举手回答。

老师：回答得真好，是呀，优点包括很多方面，手暖是，善于发现他人的优点也是。现在请大家进行"优点大海报"的制作，小组成员共同在白纸上写下你们在班里同学身上发现的优点。

学生制作"优点大海报"，小组成员用彩笔在白纸上写下自己发现的优点。老师选一组进行分享。学生分享"优点大海报"。

教师小结：就像大家写的一样，优点体现在很多方面，那些能给自己或大家带来帮助和价值的品质都算优点。当我们能不断发现自己的优点时，我们会感觉特别开心。

设计意图：利用绘本引发学生感同身受的情感联结，让学生跟随故事的主人公感受找不到优点时的伤心以及发现优点时的开心，同时引导学生加深对优点的理解。

三、优点大发现（22 分钟）

老师：（继续阅读绘本，在"小爱优点不见了"处暂停）小爱的优点不见了（手不暖了），小爱有什么感受？你有什么方法可以帮助小爱吗？

学生举手回答。

（一）我有一个优点——点亮我的优点星星

学生拿出学案纸，在"我的优点星星"的星星中写上自己的优点，并进行涂色，优点词汇可参考各组制作的"优点大海报"。每一个星星代表一个优点，星星越大，表示这个优点越突出。

（二）你有一个优点——装点你的优点星星

学生在小组内依次传递自己的优点星星图；每个成员在其他 3 个成员的"我的优点星星"图的星星中，帮助补充两三个优点，并涂色。

老师：当你看到小组成员帮你发现和补充的优点时，你有什么感受？

学生举手回答。

老师：是的，我们原本就有这么多优点，只是我们还没有发现。我希望每个同学都能积极地发现自己的优点，同时也帮助他人发现优点。

（三）优点放大镜

老师：大家想知道在小爱优点不见时，朵朵用了什么方法帮助小爱吗？让我们继续欣赏绘本。朵朵告诉小爱，小爱自己的手都已经不暖了，还在拼命为大家暖手，这种为他人着想的品格就是最大的优点！原来朵朵用了"优点放大法"，将"手暖"这个优点上升到"为他人着想"，这样小爱就不会再因为手变凉而伤心了，因为她有了更棒的优点——"帮助他人"。这个优点会始终伴随她，她乐于助人的行为也会体现在生活的各个方面。请大家思考，在我们的优点中，哪些优点可以变成伴随我们一生的习惯、品德，或者可以温暖他人的行为，每个人用彩笔在对应的优点星星旁画出爱心标记。

学生在学案纸上对应的星星旁边画出爱心标记。

老师：看着同学们画的爱心，老师感觉特别开心，就像看到了你们正在温暖他人的画面。请同学们分享自己标记了爱心的优点！

学生举手分享。

教师小结： 看到同学们积极发现自己的优点，并把优点转化成帮助自己或他人的具体行为，老师特别感动。当优点变成伴随我们一生的习惯、品德，给他人带来帮助时，我们就不会再害怕它消失，同时还可以让其创造出更大的价值，变成我们成长的力量，照亮我们的生活。

设计意图： 通过对"小爱的优点不见了"这一问题进行探讨，带领学生进行"我有一个优点——点亮我的优点星星""你有一个优点——装点你的优点星星"和"优点放大镜"活动，发现优点，感受优点带来的愉悦体验，鼓励学生把优点转化为具体行动。

四、拥抱自己的美丽（3分钟）

老师：这节课我们不仅帮助小爱解决了问题，也找到了自己的优点，感受到了优点带给我们的美好。每个生命都蕴藏着丰富的宝藏，只要我们肯挖掘，就会挖出让我们惊讶不已的东西。希望大家多多关注自己的优点，学会欣赏自己，并不断放大自己的优点，给他人带去帮助和温暖并成为更好的自己。就像每种颜色都有自己的美，我们每个人也有自己的优点，只要我们努力探索，发现自己的优点，拥抱自己的美丽，就能创造属于自己的人生美景，而当我们所有人的美丽交织在一起时，就会创造出一个更美丽的世界。

设计意图： 总结本节课，鼓励学生发现自己的美丽，照亮更美的世界。

【课程迭代】

在初版"优点大发现"课程的授课中，笔者发现课堂容易出现两个问题：一是部分同学把优点理解为特别的长处和很棒的表现，觉得自己没有优点；二是部分同学觉得自己优点特别多，自我感觉很好，但是忘了停下来思考优点如何转化为具体的、能提升自己和温暖他人的行动。因此，如何加深学生对优点的理解以使学生进一步发现自己的优点，如何引导学生思考优点给自己带来的成长，是课程的重点和难点。

在查阅资料时，笔者发现绘本《我的优点是什么》非常贴近校园生活，很容易走进学生的内心，于是将其融入课程设计中。在读到"原来手暖就是优点"时，很多同学感到豁然开朗，意识到个子高是优点——可以帮助同学拿高处的东西，爱讲笑话是优点——可以在同学不开心时逗他开心，等等。班级发现优点的氛围热烈，学生突破成绩、特长等限制，主动积极地寻找并认可自己的优点。在优点转化部分，引入"优点放大镜"活动代替说教，让学生切实感受到用优点帮助他人、温暖他人的美好，引导学生主动利用优点实现自我提升和自我成长。

【教学反思】

本节课以绘本为载体，通过一系列活动，带领学生认识什么是优点，并发现自己的优点，感受积极自我带来的美好体验。课堂气氛活跃，学生参与度高，教师能有效达成教学目标，取得较好的教学效果。

1.课程设计方面：课程结构完整，逻辑清晰。尤其是教学素材的选取，很贴近学生，增加了课堂代入感。通过学生感兴趣的刮板画和水墨画吸引学生注意，引导学生感悟"每个人都有优点"，然后通过绘本故事中不知道自己优点的小爱同学引发学生的思考，最后通过对"手暖"的优点探讨和"优点放大镜"活动帮助学生认识优点，加深对优点的理解，促进学生发现自己的优点，感受发现优点带来的积极体验，在层层递进的课程设计中引导学生思考并在问题的解决中发现优点。

2.课堂氛围方面：课堂活跃，学生情绪唤起度较高。有对刮板画的惊叹，有对小爱同学没有发现优点时失落的共情，有发现优点时的开心，有对"手暖"这个优点的疑惑，有对"优点不见了"的好奇，以及最后对优点转化的惊喜。通过情绪的把握带动学生的课堂参与度，提高了学生在自我探索时的投入度，有效达成了课堂目标。学生在愉悦的体验中看到自己的优点，提升自我认同，并努力将优点转化为亲社会行为，共同营造积极美好的班级氛围。

本节课依然存在需要改进的地方。

1.课堂节奏可以把握得更好。当同伴写出很多自己之前没有发现的优点时，有些同学表示开心，有些同学则表示疑惑，但授课时教师没有对有疑惑的同学进行追问。教师可以让同伴举出对应的具体事例，来提升这些有疑惑同学的信心，同时加深学生"没有发现不等于没有，保持对自己的期待和探索"的意识，在发现优点的过程中不断认同自我、欣赏自我。

2.因为课程内容较满，分享环节时间有限，所以在"优点大海报"环节，只有一组同学的海报进行了分享，且缺少"个人优点"的展示、分享时间。考虑到这一点，后续笔者与班主任进行了沟通，将大家写有优点的学案张贴在班级侧板进行了展示，营造班级整体的"优点大发现"氛围，将课堂向课后延伸。

【专家点评】

这节课以自我认知为主题，聚焦学生自我优势的挖掘和积极心理品质的提升，课堂实效性好，具有很强的示范性和推广价值。

1.学情分析准确，符合学生的年龄特点和实际需求，结合学生现状进行原因分析、设定教学目标，针对性强，能切实帮助学生增强自信，同时整体提升班级的心理健康教育氛围，营造积极的同伴关系。

2.合适的绘本是很好的心理健康教育素材。绘本《我的优点是什么》具有丰满的故事情节，不仅能激发学生的阅读兴趣，还能引发学生的情感共鸣，让学生有代入感，加强学生对自我的思考。此外，课程将问题融入绘本故事中，带动学生去思考和探究，真正体现了学生的主体作用，促进了教学目标的有效达成。

3.教学活动设计逻辑清晰，问题设计环环相扣，在层层递进的问题设计中引导学生发现更好的自己，前后呼应。此外，通过多种活动形式，如小组讨论、自我分析、可视化展示等，推动学生产生积极的情绪体验。课程具有很好的现实意义。

（点评嘉宾：单红雪，北京市朝阳区教师发展学院心理健康教研员）

该课曾获北京市优秀课程一等奖，被评为市级示范课

【参考文献】

［1］核心素养研究课题组.中国学生发展核心素养［J］.中国教育学刊，2016（10）：1-3.

［2］中屋美和.蜡笔小黑［M］.北京：北京联合出版公司，2008.

［3］楠茂宣，古姓瑶子.我的优点是什么［M］.武汉：湖北教育出版社，2014.

【学案纸】

照亮我的美

姓名:_____ 班级:_____ 学号:_____

我的优点星星

会发光的魔法瓶

苏州大学　方美欣

江苏省苏州市华中师范大学苏州实验中学　孔梦雅

【驱动问题】

如何引导学生发掘自己的积极品质？

【基本信息】

适用学段：六年级

准备道具：学案纸、彩笔

【设计思路】

"积极心理学之父"马丁·塞利格曼认为，真实的幸福源于发现自己的优势和美德，源于提升自己的精神层次。他同时认为，人有智慧、勇气、仁慈、正义、节制、精神卓越六种美德，这些美德又可细分为创造力、好奇心、开放思想、热爱学习等24种优势[1]。根据积极心理学理论，东北师范大学盖笑松教授提出了中国青少年积极品质模型[2]，该模型包括12个因素，可以概括为个人与"三个世界"的关系：与他人的关系，与自己的关系，与自然世界和任务世界的关系。

自我认识包括对身高、体重等生理状态的认识和对兴趣、性格、能力等心理状态的认识。小学生在高年级阶段已进入青春期初期，对自我的关注逐渐增强，开始关注自己的内在感受与想法。但是，当前社会仍有很多人采用"唯成绩论"的单一性评价模式，这使很多同学可能难以关注到自己除成绩之外的积极品质，自我评价较低，缺乏自信。塞利格曼指出，发现和了解自己最好的品质是获得持久幸福感的重要因素[1]。学生的积极品质还会影响其学习成绩，形成积极的自我认知有助于学生自我动机的强化及心理健康的发展。

"表达性艺术疗法"将艺术作为媒介，让个体通过创作表达自己，增进自我认识，进而改善人际关系，以应对生活中的挑战和压力。这种疗法能够帮助人们提升认知能力，养成积极乐观的生活态度，同时享受艺术创作的乐趣[3]。本节课基于中国青少年积极品质模型，用"魔法瓶"作为载体，将积极品质用可视化的方式呈现，帮助学生看到自己身上多样的积极品质，客观地评价自己，形成和加强积极的自我认识。

【教学目标】

1. 情感目标：感受积极自我认知带来的积极体验与变化。

2. 认知目标：认识并了解积极品质的类型，挖掘自己与他人的积极品质。

3. 行为目标：学会在日常生活中发现自己与他人的积极品质，完善对自我的积极认识。

【教学思路】

【教学过程】

一、闪光角色秀（5分钟）

老师：同学们，有没有一个人或一个角色出现的时候，让你感觉他在闪闪发光？你为什么喜欢他？他的身上有什么品质吸引你呢？（挑选并展示一些近期流行、学生感兴趣的影视人物，可以是动漫、电视剧中的角色，可以事先调查学生的喜好，根据学生的喜好寻找素材进行展示）

学生挑选自己喜欢的角色，回答为什么喜欢他，并描述其吸引人的品质。

教师小结：一个人的外形特征只是吸引我们的一方面，其实更吸引我们的是他的品质，因为他的光芒是从内而外发出的，比如有的同学说到 ××（某动漫主人公）的坚定和勇敢等品质。那么为什么这样的人物会吸引我们呢？因为他们身上有一些大家都喜欢的特点，我们把这称为"积极品质"。正是这些"积极品质"吸引了我们，也令他们闪闪发光。

设计意图：导入主题，一方面激发学生的兴趣，另一方面从影视人物的闪光点引入学生对积极品质的思考。

二、闪光魔法瓶（14分钟）

老师：积极品质都有哪些呢？心理学家在研究中国青少年的积极品质后发现，中国青少年的积极品质可以分为三类，共12种（见表1-2）。

老师介绍积极品质模型[2]，解释并举例。

表1-2　中国青少年积极品质

与他人的关系	与自己的关系	与自然世界和任务世界的关系
乐群宜人	独立自主	兴趣和好奇心
领袖品质	自我控制	灵活创新
诚实正直	挑战困难	热爱学习
关爱他人	积极乐观	
	稳重谨慎	

老师：刚刚我们聊到的那些角色的优点都符合哪些积极品质呢？

学生举手回答。

老师：同学们，想一想，我们自己身上有这些积极品质吗？老师看到，有些同学点头，也有些同学摇头。其实，这些积极品质不仅在我们喜欢的人身上存在，实际上，在我们自己身上也能发现它们的痕迹。我们每个人身上都有一些闪闪发光的东西，今天就让我们一起来找一找自己身上的积极品质吧。如果把12种积极品质画成12个充满魔法的小瓶子，那么你的魔法瓶会是什么样子呢？让我们一起把自己的魔法瓶画出来吧。

绘制规则如下。

①如果你觉得你身上有这个积极品质，就用手中的彩笔在魔法瓶中填涂，涂得越满表示这个品质在你身上体现得越突出。

②如果你觉得你还有除了这12个品质以外的其他积极品质，也可以补充在后面空白的魔法瓶里。

③填涂完毕后，你还可以对这些魔法瓶进行其他创作。

④展示并介绍自己的魔法瓶。

学生制作自己的"闪光魔法瓶"，完成后举手，并展示自己的作品。老师根据学生实际填涂的情况进行提问。示例如下。

①你的××魔法瓶填满了，可以与大家分享一件能体现这一积极品质的比较典型的事件吗？或者可以举个例子吗？

②几乎每个魔法瓶都被你涂上了颜色，可以告诉大家你在填涂的时候有什么感受吗？

③你只在很少的魔法瓶上涂了颜色，对你来说完成这个任务似乎有些困难对吗？

学生举手回答。

教师小结：同学们都完成了自己的"闪光魔法瓶"，刚刚通过大家的分享，我们发现，有的同学的魔法瓶丰富多彩，那么恭喜你找到了许多属于自己的积极品质。老师也发现有一些同学有很多魔法瓶还没有被涂上颜色，可能这些同学觉得完成这个任务有点困难，好像很难从自己身上找到积极品质。没关系，有的时候当局者迷，旁观者清。下一个环节，我们请其他小伙伴帮我们一起寻找积极品质。

设计意图：为学生讲解积极品质模型，让学生看到积极品质的多样性，鼓励学生从生活小事中发掘自己的积极品质，从而提升对自我的积极认知。

三、积极传送带（18分钟）

老师：下面，请大家通过"积极传送带"，一起来发掘小伙伴们的积极品质。

①每个学生在学案纸上先写下自己的名字，教师将学案纸统一收上来，然后打乱并随机分发下去。

②同学们拿到别人的学案纸时，请写下一个能描述学案纸主人的积极品质，并举一个简单的例子；写完后依次向后传递，直到每一位同学写完5～8位同学的学案纸后，在班级里取回自己的学案纸。

③为避免混乱，教师要控制时间，每人一两分钟，不可提前传递。

④在这个过程中，教师应强调以下规则：只能描述积极品质，不能做负面评价，也不能带任何负面情绪；专注写传到自己手上的学案纸，思考学案纸主人的积极品质，不要只是紧盯自己的学案纸。

学生完成学案纸；进行小组讨论，分享他人给自己写的积极品质。

老师：当你的学案纸传回你手上时，同学们都给你写了哪些闪光点呢？例子是什么？有没有哪些积极品质是你自己平时没有发现的？当你看到自己没有发现的积极品质时，你有什么感受呢？

学生举手回答。

教师小结：有的同学说其他同学给自己写的积极品质自己也发现了，那说明这些积极品质在你身上很突出，你可以在自己的魔法瓶上多涂一点；还有的同学说感到很感动也很惊喜，之前没有发现自己有这些积极品质，有很多小事自己都没有意识到，原来在同学的眼里，自己真的也是闪闪发光的；也有同学可能暂时还不太能接受小组同学的评价，但老师相信，总有一天，你会看到自己由内而外散发的光芒。

设计意图：让学生通过他人评价，完善对自我的积极认识，同时也学会发现他人的积极品质。

四、闪闪发光（3分钟）

老师：同学们，还记得我们在课堂开始时说的积极品质模型吗？今天我们在自己和同伴的身上都能找到这些积极品质，说明它一直都在我们身上，所以在生活中大家要做一个有心的人，不断地寻找积极品质的痕迹。现在你有一个新的魔法瓶，想一想你要把这个魔法瓶送给谁，可以是班上的任何一个同学，或者是你最好的朋友，或者是爸爸妈妈，也可以是你自己。在未来一周内，每天记录魔法瓶赠予对象的一个品质，并把对应的小事简单记下来，用积极品质来装满它。你还可以画上好看的图案，一周后将它赠送出去。如果是自己，就仔细回顾和发现自己的积极品质。希望大家在日常生活中都能带着一双慧眼去发现自己或他人的积极品质，希望我们每个人都能闪闪发光。

设计意图：将对积极品质的发现和挖掘延伸到课堂外，让学生积极地看待自己、他人和生活。

【课程迭代】

本节课逻辑清晰、层层递进，从"闪光魔法瓶"中的自评，到"积极传送带"里的他评，都能帮助学生更全面地看待自己。不过课堂效果与学生的分享密切相关，最初版本的课堂导入环节仅为视频播放，较难激发学生的分享欲，因此改成"闪光角色秀"活动，让学生拥有分享的自主选择权，可以自己选择喜欢的动漫或影视人物来介绍，这种"接地气"的、学生熟悉的话题能有效地打开学生的"话匣子"，有助于后续课堂活动的推进。

在备课和磨课过程中，笔者也对教师引导语进行了调整，希望营造温暖、安全、积极的氛围，这样的氛围有助于学生更真诚、放心地分享，也能让学生更专注、更投入，紧跟课程节奏。同时，在实际授课中笔者发现，部分学生由于非常期待他人对自己的评价，全程紧盯自己的学案纸，敷衍地完成对他人的评价。因此，笔者对规则部分也进行了调整，在"积极传送带"的引导语上加入了"帮助他人"的提示，并直接强调"专注自己手中的学案纸"，使学生更加投入。

【教学反思】

在学校环境中，学生成绩是他人评价和自我评价的主要标准之一，学业困难的学生往往会对自己产生较低的自我评价。为了帮助学生发现自己的优点，本节课引入了积极品质模型，展示了 12 种不同方面的积极品质，通过这种方式，学生可以意识到，在学习之外，还可以从很多方面发掘自己的优点。

同时，本节课从自评和他评两方面入手，希望通过这种方式帮学生看到自己未被发现的闪光点，给学生带来正能量和认同感。在自评环节，有部分学生涂得较少甚至不愿下手，这时教师无须强制学生涂画或做任何评价，应允许学生暂时未发现优点这一情况的存在。对六年级学生来说，他们已经相处了较长时间，彼此之间有一定的了解，在有趣的"积极传送带"的他评过程中，学生很少出现没话说的情况。需要注意的是，传送带活动之前务必强调规则，规则越清晰，学生体验越好。在实际授课过程中，本节课给很多同学带来了积极能量。正如一位学生所说："我们不是缺少积极品质，只是缺少发现积极品质的眼睛。"

本节课仍有一些不足之处。首先，本节课的学习体验与课堂秩序息息相关，如果授课教师控场能力不足，课堂容易出现混乱局面。其次，传送带环节会有学生因私人关系不好而故意写嘲讽甚至贬低他人的话语。因此，在导入和转换环节，教师需要努力创造温暖和安全的氛围，同时严肃强调规则和纪律。

【专家点评】

本教学设计中的魔法瓶的设定非常有意思，充满了神秘感、趣味性，吸引学生去主动探寻自己和他人的"闪光点"。本课依托积极品质模型，以魔法瓶为载体，通过表达性艺术疗法引导学生对自己、对他人进行积极评价。

热身阶段的影视角色展示，不仅契合学生喜好，能活跃课堂气氛，更能借助分析角色所具有的品质，使学生了解"积极品质"，为后面的自我探索做铺垫。转换阶段用填涂积极品质的方式，将抽象的概念进行可视化呈现，便于学生进行理解、获得感悟。"积极传送带"环节设定了传送环节，每位学生的学案纸经过小组的传送，带回来满满的积极品质，让每位学生都能感受到自己的价值和优点。最后将课程延伸到课外，引导学生在日常生活中发现自己和他人的积极品质，拥有一双发现积极品质的眼睛。这种延伸也能够培养学生积极评价的习惯，促进积极品质的发展。

相信通过本次课堂活动，每个学生都积攒了汇聚诸多美好品质的"魔法瓶"，怀揣愉悦的心情，走向闪闪发光的人生，为自己的人生注入更多的积极力量。

（点评嘉宾：许颖，上海市曹杨第二中学附属学校心理高级教师）

【参考文献】

［1］马丁·塞利格曼.真实的幸福［M］.沈阳：万卷出版公司，2010.

［2］张婵.青少年积极品质的成分、测量及其作用［D］.长春：东北师范大学，2013.

［3］陈丽峰.表达性艺术疗法在心理治疗中的整合运用［J］.黑河学刊，2011（12）：2.DOI：10.3969/j.issn.1009-3036.2011.12.009.

【学案纸】

会发光的魔法瓶

姓名：_____ 班级：_____ 学号：_____

闪光魔法瓶

积极传送带   闪闪发光

第二章

情绪调适

情绪调适单元的主要目标是帮助学生觉察和识别情绪，管理和表达情绪，发展健康的方法来应对情绪困扰，培养自己创造积极情绪的能力。通过学习本单元内容，学生能够学会调节自己的情绪，积极地面对学习、生活中的挑战。

在情绪调适单元中，常见的心理课主题包括觉察与识别情绪、管理和表达情绪、处理各类消极情绪、创造积极的情绪体验等。这些主题旨在引导学生全面认识情绪，在情绪出现时能够识别情绪；学会有效管理情绪，避免情绪波动影响自己的学习和生活；掌握应对消极情绪的方法，了解创造积极情绪的策略。这些都能够让学生更加从容地应对生活中的情绪困扰。

小学生的情绪体验非常丰富，情绪表达直接且真实，但此时他们也有冲动的特点，对外界刺激较为敏感。同时，他们缺乏情绪调节的能力，常常表现出情绪化的行为。因此教师要引导小学生学习觉察和表达情绪，控制和管理情绪，使他们能有效应对各种情绪困扰，获得积极的情绪体验。

《情绪的觉察与表达》通过情绪轮盘的方式帮助学生感受情绪的丰富性，运用情绪的"冰山理论"启发学生，引导他们提高表达情绪背后的需求的能力。《合理表达愤怒》通过探讨表达愤怒情绪的方式，引导学生选择更合理的表达自己愤怒情绪的方式。《"Z心球"探索记》将与作业相关的情绪比喻为"Z星球"，通过小力和心心博士互动的过程，引导学生觉察、接纳、纾解与作业相关的"不愉快情绪"。《做快乐的自己》让学生通过对身体、快乐事件的探索发现自己的快乐，从而有意识地在生活中收集快乐记忆。《幸福盲盒》借助盲盒活动和五感探索的形式帮助学生探索幸福、分享幸福。

本单元呈现了多角度的情绪调适心理课，目的是教会学生认识情绪、探讨如何与消极情绪相处、如何提升积极情绪等。单元所选编的课例运用多种方式，为读者展现了丰富多彩的课堂活动内容。希望读者能够从这些心理课中获得关于课堂设计的启发，并根据学生的特点对教学活动进行灵活调整。相信通过课堂学习和生活实践，学生们能够更好地拥抱自己的情绪，并能使用一种或多种策略调节情绪，在生活中为自己创造更多的积极情绪体验。

情绪的觉察与表达

北京市育英学校　熊玥悦

【驱动问题】

如何帮助学生觉察和表达自己的情绪？

【基本信息】

适用学段：四年级

准备道具：彩笔、绘本视频、学案纸

【设计思路】

《中小学心理健康教育指导纲要（2012 年修订）》指出，教师需要引导小学中年级学生学会体验情绪并表达自己的情绪。北京市教委印发的《北京市中小学心理健康教育内容要点》中明确提出，小学中年级心理健康教育的内容要点包括引导学生在学习和生活中学会合理表达自己情绪的方式和方法。

情绪管理不仅是指对情绪的调节与控制，还包括更广泛的觉察、识别、表达和监控情绪等内容。情绪智力理论认为，感知、评估和表达情绪的能力属于情绪智力的组成部分[1]，具体包括"通过生理状态、感觉和思维辨别情绪的能力""通过语言、声音、表情和行为辨别情绪涵义的能力""准确表达情绪、表达相关情感需要的能力""评估情感表达时的准确性和诚实性的能力"。情绪表达与情绪觉察紧密相关，它们是一个整体加工过程，情绪表达需要基于情绪觉察，情绪表达的重点在于内容准确和方式恰当。一个人只有清晰地觉察自己的情绪，才能更好地管理它。了解自己的情绪，可以帮助我们向他人表达完整的自我，帮助自己接纳情绪，更好地与他人沟通，维持人际关系。

研究表明，学生的不良情绪与其攻击行为之间存在一定的关系，情绪管理能力与人际交往水平存在高度相关性[2]。情绪练习活动有助于促进学生形成积极心态、提高学生的自我控制能力和亲社会社交能力，有助于帮助学生减少攻击行为、削弱同伴矛盾等。合理的课程设计能够很好地促进儿童情绪管理能力的提升，尤其在帮助儿童提高情绪知觉能力这一维度最为明显。

小学四年级是从低年级向高年级转换的过渡期，学生的情绪体验和情绪表达更丰富，但随着自我意识的增强，学生开始表现出情绪的不稳定性，因而这个阶段是对学生进行情绪管理能力培养的最佳时期。在日常教育教学实践中，笔者发现小学四年级学生在对心情进行描述时普遍可以用"开心""伤心""生气""紧张"等词汇表达自己的基本情绪，但很难具体细化自己觉察到的情绪，只有少数学生可以较细致地对情绪进行描述，如"我会因为×××而感到×××"或"当×××的时候，我感到×××"，而且学生们普遍不太善于表达自己情绪背后的内心需求。在具体的情境中，有些同学缺乏合理表达情绪的能力，例如，不能在合适的场合、合适的情境、对合适的人表达情绪。笔者在心理辅导中发现，小学生常见的一些心理问题和不当行为的产生都与情绪密切相关。学生比较关注为什么会有情绪和情绪变化，为什么生气时总是很愤怒，如何调节情绪等。因此，教师需要及时引导学生学会有效觉察并合理表达情绪，为提高情绪管理能力奠定基础。

基于此，本节课以小学四年级学生的成长状态为立足点，以培养学生的健康心理为主线，以引导学生觉察情绪、表达情绪为主要内容，通过情境创设、绘本分析、绘画表达等多种形式，培养学生的情绪觉察能力及良好的社会适应能力。

【教学目标】

1. 情感目标：感受不同情境下的情绪体验。

2. 认知目标：能够准确地觉察和判断自己的情绪状态，明确表达情绪的重要性，丰富情绪词汇。

3. 行为目标：提高洞察情绪的能力，学会判断自己情绪背后的内心需求，并掌握恰当表达情绪的方法。

【教学思路】

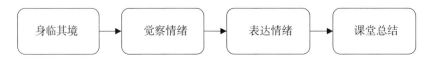

身临其境 → 觉察情绪 → 表达情绪 → 课堂总结

【教学过程】

一、身临其境（5分钟）

老师：如果遇到以下情境，你会有什么样的感受？

情境1：过生日的时候，收到了喜欢的礼物。

情境2：跟好朋友吵架或闹矛盾。

情境3：得知下周一将代表班级在升旗仪式上发言。

情境4：路上一条大狗向你冲过来。

学生结合情境分享自己感受到的情绪。

老师：同学们真厉害，分享了这么丰富的情绪词汇。当我们的情绪词汇越丰富时，我们越能清晰地了解自己、表达自己，并能更好地与人沟通，保持良好的人际关系。

老师介绍情绪轮盘。

情绪轮盘的内环是七种基础情绪：开心、愤怒、恐惧、悲伤、惊讶、轻蔑、厌恶；中环是对基础情绪的进一步细分，外环包含可能伴随该情绪的实际的身体感觉，或是情绪的进一步细化。轮盘应从外向内进行识别，例如，我感觉担忧，这是一种焦虑的情绪，其实是恐惧的一种。

设计意图：营造氛围，让学生在情境中初步觉察情绪，激发学生参与活动的积极性；通过情绪词汇轮盘引导学生认识到情绪的普遍性和多样性。

二、觉察情绪（14分钟）

老师：当这些情绪混在一起时，我们可能会陷入烦恼。接下来，老师将给大家呈现一个小怪兽的故事。同学们在看小怪兽的故事时，还要观察和思考：小怪兽用什么方法解决了心情糟糕的问题？

故事简介：一只小怪兽早上起来心情很糟糕，它的朋友教它如何分辨自己的情绪。通过学习，它发现情绪并不是看不见、摸不着的，它学习用不同的颜色区分不同的情绪，并用"情绪整理瓶"给自己的不同情绪进行了分类。

学生阅读绘本，并回答问题。

老师：原来是小怪兽把各种各样的情绪按照颜色进行分类，装进了不同的瓶子里。黄色是开心，蓝色是伤心，红色是生气，黑色是害怕，绿色是平静。这个分类整理的过程就是情绪觉察的过程，心理学中"觉察"的意思是感觉和观察。刚刚，我们见证了一只情绪小怪兽解决自己糟糕混乱的情绪状态的过程。接下来，我们也来试一试，通过不同颜色区分自己最近感受到的情绪，在学案纸上画一画"我的情绪小瓶子"。

活动步骤如下。

①回忆最近一周自己的情绪感受。

②在小瓶子下面补充情绪词。

③选择自己喜欢的颜色，为"情绪小瓶子"涂色。颜色涂得越多，代表这种情绪越强烈、出现的次数越多。

学生阅读活动步骤，然后绘制"我的情绪小瓶子"。

老师：你补充了哪些情绪？哪种情绪体验最多？

学生举手回答。

教师小结：同学们都顺利完成了"我的情绪小瓶子"的绘制，精准地对自己的情绪进行了识别和分类，这就是我们觉察自我情绪状态的过程。

设计意图：通过阅读绘本，引导学生学习给情绪分类的方法。而后通过绘画的方式，指引学生觉察自己在学习和生活中的真实情绪，为下个环节做铺垫。

三、表达情绪（20分钟）

老师：在我们准确地觉察到自己的情绪之后，还要学会恰当地表达情绪。其实，我们的情绪就像浮在水面上的冰山，水面下还有看不见的部分，那部分就是我们的内心需求。例如，有的同学说自己感到孤单，因为爸爸妈妈最近工作很忙，经常加班，没有时间陪伴自己。其实孤单的背后是内心需要陪伴和爱。还有的同学说自己最近很暴躁，因为好朋友们总是不认真听自己说话，其实暴躁是因为他内心有被倾听的需要。我们既要看到自己的情绪，也要看到情绪背后的内心需求。

案例简介：有个男生在课间准备动手打人，他看上去非常气愤。这时老师走到他跟前及时制止，并询问他的情绪状态。男孩说他感到很愤怒，因为有一位同学没有经过他的同意就把他的手工作品拿去玩，而且还弄坏了。他需要对方的尊重，希望这位同学给自己道歉，并改正。男孩在老师的陪伴下跟同学心平气和地表达了自己的真实情绪和内心需求，他俩的问题迎刃而解。同学们想一想，如果我们感到气愤时就动手打人，那么冲动之下，造成的后果将不堪设想。后来这位同学学会了用"情绪冰川"表达自己的情绪。例如，有一次数学测验他发挥不太好，心情很沮丧，担心被爸爸妈妈批评。回到家，他勇敢表达了自己的情绪，跟爸妈说自己需要他们的鼓励和帮助。最后在父母的帮助下，他分析了错题，并坚持努力，最终取得了进步。

老师：同学们，最近困扰你的情绪是什么呢？让我们一起用"情绪冰山"来化解吧。请大家用"情绪冰山"描述最近困扰自己的一种情绪："我感觉……因为……""我需要……我希望……"

学生绘制"我的情绪冰山"，然后进行小组讨论并分享。

老师：刚刚老师跟同学们一起经历了情绪觉察的过程。现在，请大家轻轻放下手中的笔，静静地看着自己的"情绪冰山"，回忆一下你的这种情绪感受和背后的内心需求。今天，我们的心理课堂上来了一个神奇的小喇叭，通过它说出来的话，能被更多人听见，你也会变得更勇敢。你愿意试一试吗？请你勇敢地说出："我感觉……我需要……"

学生举手表达，"我感觉……我需要……"

教师小结： 大家刚刚尝试分享了自己的情绪和情绪背后的内心需求。非常棒！但是请不用担心，无论你是难过、伤心，还是气愤、害怕，你都能在身边找到支持你、陪伴你的人！

设计意图： 通过情绪表达练习，引导学生逐渐敢于用恰当的方式表达自己的真实情绪。

四、课堂总结（1分钟）

老师：同学们，情绪是陪伴我们每个人成长的好朋友，情绪没有好坏之分。当情绪来敲门时，我们要敞开心扉，允许并接纳它的存在，去感受它、整理它、表达它，与它和谐相处，这样就能更好地了解自己并与人更好地相处。

设计意图： 鼓励学生在学习和生活中觉察情绪、表达情绪。

【课程迭代】

本节课经历了多次优化和迭代，在这个过程中，笔者始终坚持一个原则：让课程内容更符合四年级学生的认知水平，帮助学生理解和表达自己的情绪，使他们更好地面对生活中的挑战。在早期的版本中，课程聚焦于情绪知识和情绪案例的学习，缺少学生自己的情绪体验过程。在最新版中，课程大幅增加了学生自身情绪感知的内容，如情景模拟、绘画、表达练习等，让学生通过多种方式觉察和表达自己的情绪。此外，本节课的案例进行了多次更新，且都来源于学生的真实生活，可引导学生更有效地内化和应用情绪知识。

【教学反思】

本节课聚焦于情绪的觉察和表达，课程比较注重学生的体验，关注学生的自我表达。课程注重创设符合学生实际生活的心理情境，选择与学生的实际生活联系最紧密的话题，找到他们最渴望得到解决的问题，唤醒学生内心深处存在的自我意识。课堂中出现的生活事件，如学业学习、同伴交往等，都能带给学生丰富的情绪体验。

但本节课存在两点不足之处，需要完善和提升。第一，在活动后的分享环节中，教师还需注重学生之间的互动。例如，一名学生分享之后，可以邀请其他同学反馈听完这位同学的分享之后自己有什么感受。第二，课堂中，教师应注重多通道感知学生的课堂状态，追求课堂生成。让学生自主地进行活动，并在活动过程中让学生多想、多动、多参与、多感悟。教师不做过多的讲述、讲解，而是把更多的课堂时间留给学生，让学生把课上获得的关于情绪的知识运用到实际生活中。

【专家点评】

总体来看，本节课专业性、针对性很强，特色亮点主要体现在三个方面。

1. 内容适合学生，目标明确具体，聚焦心理发展。教师通过学情调查发现学生的情绪波动事件主要在学习学业、课余活动、人际交往、家庭等方面，于是在课堂活动中恰当引入了学生常见的情绪波动事件。通过情境创设、绘本分析、绘画表达、案例分析等多种形式，引导学生觉察情绪、表达情绪，这既能激发学生参与活动的兴趣，还能在分析实际问题的过程中提高学生的情绪觉察力，培养学生良好的社会适应能力。

2. 活动串起课堂，体验层层深入，内化辅导目标。本节课结合学生的生活实际设计了"身临其境""我的情绪小瓶子""我的情绪冰山"活动，分别让学生体验情绪的普遍性和多样性，觉察自己在学习和生活中的真实情绪，看到自己情绪背后的内心需求，并练习用"我感觉……我需要……"的方式表达情绪，这不仅触动了学生的内心，还促进学生在活动中获得感悟，并愿意在生活中去运用学习成果。

3. 学习评价的设计兼顾过程和结果，可提升课堂实效。教师对学生的学习评价能从过程和结果的角度出发，结合三个活动任务，将学习目标分为态度、行为和成果表现三个维度，明确每个维度不同层面表现的评估要素，并用等级描述学生的不同表现水平。在真实、开放的学习和评价任务的驱动下，学生会非常愿意参与活动，在课堂中释放活力，获得觉察情绪、表达情绪的心理体验和感悟。教师也可以通过观察学生的课堂表现、倾听学生分享的感受和感悟、梳理学生的作品、统计学生的学习评价表的填写情况等方式来评估本节课的辅导效果，有针对性地进行反思与改进。

（点评嘉宾：王玉萍，北京市海淀区教师进修学校心理健康教研员）

该课曾获北京市海淀区教学设计二等奖

【参考文献】

［1］徐小燕，张进辅.情绪智力理论的发展综述［J］.西南师范大学学报（人文社会科学版），2002（6）：77-82.

［2］杨奕.中小学生情绪管理、人际归因与攻击行为的关系研究［D］.武汉：华中科技大学，2013.

【学案纸】

情绪的觉察与表达

姓名：_____ 班级：_____ 学号：_____

我的情绪小瓶子

开心　　愤怒　　恐惧　　悲伤　　厌恶

我的情绪冰山

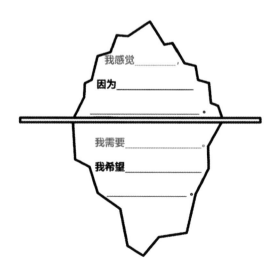

我感觉_____，

因为_____

我需要_____。

我希望_____

学生学习评价表

评价主题	情绪的觉察与表达		
评价维度	态度表现（态度、信念）	行动表现（自我认知、定义问题、问题解决方法与改进）	成果表现（改变、作业、成果）
A 层表现	充分理解情绪的多样性、合理性并积极觉察自己的真实情绪，选择合适的方式来表达情绪，与情绪和谐相处	充分认识情绪的丰富多样，能结合分类识别方法，觉察自己的情绪，坚持在生活中记录自己的情绪，并用习得的方法合理表达情绪	能高效率、高质量地完成"我的情绪小瓶子"和"我的情绪冰山"并将觉察方法和表达方法落实到日常的学习和生活中，逐渐提升情绪管理能力
B 层表现	比较好地意识到情绪的多样性、合理性。愿意自主尝试觉察自己的真实情绪并选择合适的方式表达情绪	比较好地理解情绪的丰富多样，愿意结合正确的情绪觉察和表达方法，坚持练习，提升情绪管理水平	能完成"我的情绪小瓶子"和"我的情绪冰山"并在日常学习和生活中实践情绪的觉察方法和表达方法
C 层表现	初步理解情绪的多样性、合理性，在引导下尝试觉察自己的真实情绪，表达自己的情绪	初步理解情绪的丰富多样，尝试结合情绪觉察和表达方法，提升情绪管理水平	初步完成"我的情绪小瓶子"和"我的情绪冰山"，情绪的觉察和表达能力有待进一步提升
学生自评			
教师评价			

合理表达愤怒

北京市石景山区古城第二小学　关玉环

【驱动问题】

如何引导学生学会合理表达愤怒？

【基本信息】

适用学段：三年级

准备道具：情绪表达方式卡（每组一套）、学案纸、磁力板（每组一个）

【设计思路】

适度的情绪表达具有功能性，体现在四个方面：1. 适应功能，人们通过情绪了解自己或他人的处境，适应社会需求，得到更好的生存和发展，如遇到危险时害怕地呼救；2. 动机功能，情绪能激励人的行为，提高人的活动效率，适度的情绪兴奋，可以使身心处于最佳状态，推动人们有效地完成任务；3. 组织功能，表现为积极情绪的协调作用和消极情绪的破坏、瓦解作用；4. 社会功能，情绪在人际间具有传递信息、沟通思想的功能，这种功能是通过情绪的外部表现，即表情来实现的[1]。但是，过度的情绪表达（尤其是消极情绪）具有一定的破坏性。

情绪管理能力能够帮助人们将情绪调控到适度范围，更好地发挥情绪的功能性，对学生个性发展和健康人格的形成至关重要[2]。《中小学心理健康教育指导纲要（2012年修订）》和《北京市中小学心理健康教育工作纲要（2014年修订）》明确指出：小学中年级的教育要点是引导学生初步了解情绪对自己和他人的影响，学习简单的情绪调控方法。

愤怒是人类基本情绪（喜、怒、哀、惧）的一种，是人对客观事物不满而产生的一种心理状态。与其他情绪相比，愤怒的表达方式往往呈现更多的攻击性。过度的愤怒往往会对个体的内在状态及人际关系产生负面影响。

小学儿童的心理活动是比较开放的，其情绪、情感的表达比较外显，不善于修饰和控制，没有显著的动荡性。正因为如此，在表达愤怒等消极情绪时，这个阶段的学生容易出现难以控制情绪的情况，这会对积极个性心理品质的形成和和谐人际关系的建立产生消极影响。所以，教师有必要引导学生客观看待情绪，首先看到情绪的功能性，其次在接纳情绪的基础之上，学会合理表达情绪，以发挥情绪在自我发展、社会适应和人际沟通中的作用。

【教学目标】

1.情感目标：体验合理表达情绪带来的愉悦感受，建立控制情绪的信心。

2.认知目标：认识合理表达情绪的重要性，了解合理表达情绪的方法。

3.行为目标：学会判断情绪表达方式是否合理；初步掌握合理的情绪表达方法。

【教学思路】

【教学过程】

一、学情调查：了解愤怒表达（2分钟）

老师：课前，老师对大家做了一个小调查。你们看，大家都有过生气的感受。但是你们表达生气的方式并不相同。老师统计了一下，这些就是大家经常用到的方式。仔细看看，你觉得这些做法怎么样？

情绪类型：愤怒

情绪表达方式：瞪眼、哭、拍桌子、摔东西、捏玩偶、跺脚、手握紧、大喊大叫、不理人、跟他人讲道理。

学生举手回答。

教师小结：情绪没有好坏之分，但是情绪的表达方式却有好坏之分。那咱们就讨论一下，这些表达方式哪些好，哪些不好？

设计意图：通过分析学生表达愤怒情绪的方式，引导学生认识到情绪表达方式的不同，以及表达方式是否合理。

二、小组合作：澄清表达原则（15 分钟）

老师：请各小组打开桌上的资料袋，里面有写着愤怒情绪表达方式的卡片，请将它们在小黑板上摆一摆，按照合理、不合理分成两类，并跟同学交流自己的分类理由。

学生展开小组讨论，并由小组代表上台展示讨论成果。

老师：我发现大多数同学认同的"合理的表达方式"有：哭、瞪眼、手握紧……为什么你们觉得这些方式合理？而其他的不合理呢？

学生举手回答。

老师：根据同学们的回答，我们可以梳理出表达愤怒情绪时需要遵守的原则：

A. 不伤害他人   B. 不伤害自己   C. 不损坏物品   D. 不伤害动物

老师：我发现，对一些方式你们有不同的意见，有的同学觉得合理，有的同学觉得不合理，如摔东西、大喊大叫、拍桌子……为什么会这样呢？小组讨论讨论，看看有什么发现？

学生进行小组讨论，然后举手回答。老师根据学生的回答，总结出"表达愤怒情绪需要分情况看待"这一准则，如需要分场合、时间、对象、程度等（教师用具体的语言展开描述）。

教师小结：每个人的想法和表达愤怒情绪的方式是不同的，我们要尊重自己和他人的差异。无论你选择什么方式，只要遵守"不伤害他人、不伤害自己、不损坏物品、不伤害动物"这四条原则就行。

设计意图：聚焦愤怒情绪，通过小组合作，引导学生发现表达愤怒情绪时需要遵守的原则，并认识到合理表达情绪的重要性。

三、推荐妙招：拓展表达方式（13 分钟）

老师：现在，你还能想到更好的情绪表达方式吗？要求：既遵守这四条原则，又能解决问题。请同学们进行小组讨论，写在纸条上。

学生在学案纸上写出想法，然后在小组内分享。老师在学生进行小组讨论的过程中观察和引导，选取较好的表达方式用五角星进行标注。

老师：同学们，时间到。你们讨论的时候，我可是发现了很多小妙招，我给这些妙招的纸条上画了五角星，都有哪些呢？请你们将画有五角星的纸条拿上来贴到黑板上，给大家介绍介绍。

学生举手回答。

老师：你们说，老师为什么给这些妙招点赞？

学生举手回答。

老师：同学们太棒了，你们不仅知道了如何合理表达情绪，还想出了这么多妙招。老师为你们点赞！

教师小结：合理表达情绪的方法很多，遵循四条原则的任何方式都是可以尝试的，同学们可以选择适合自己的方式表达自己的情绪。

设计意图：通过推荐情绪表达的小妙招，进一步拓展表达愤怒情绪的方式。

四、尝试运用：学会合理表达（10 分钟）

老师：现在，拿出学案纸，重新想一想那些曾经让你生气的事情，你还会选择用原来的方式进行表达吗？你有什么收获呢？请你根据自己的情况，选择学案纸上的一个任务来完成。

学生拿出学案纸，选择一个任务完成，举手回答。

教师小结：同学们，老师真为你们骄傲，你们已经能够学以致用。今后，如果你在表达情绪时能做到不伤害他人、不伤害动物，你肯定会是一个儒雅的人；如果你还能在不伤害它们的同时，做到不伤害自己、不损坏财物，那你就是一个聪慧的人。希望大家都能合理表达情绪，做儒雅、聪慧的好少年。

设计意图：联系实际，引导学生评估自己情绪表达的原有方式是否合理，并让学生尝试运用合理的方式重新表达情绪，记录自己的收获与感受，巩固所学，并建立控制情绪的信心。

【课程迭代】

本节课的最终版与最初版相比，改动最大的地方有两处：一是将了解学生常用的表达愤怒方式的环节前置，由课堂活动环节转变为学情调查分析环节，这既能将调查结果作为教师学情调查与分析的依据，又能节约课堂时间，将教学重点聚焦于更重要的"合理表达情绪的方式"部分，为课堂提质增效；二是将学生辨析愤怒表达方式是否合理的活动形式，由"小组讨论＋记录＋分组汇报"改为"利用磁力板分类摆放＋观察提问＋解答疑惑"的方式。学生在磁力板上分类摆放的过程，就是展现自己思考问题的过程。磁力板的运用有利于将学生的思维过程变得可视化。在实际操作过程中，笔者发现，学生对"合理""不合理"的判断并不完全一致，而在磁力板上分类摆放的方式可以将学生在认知上的冲突点呈现得一目了然，比分组口头汇报更加直观，更有利于展开讨论，这也是本节课的精巧之处。

【教学反思】

在三年级情绪单元教学中，笔者遵循"情绪识别—情绪表达—情绪调节—情绪支持"这一逻辑线，安排了4个课时的教学内容，从学生实际需求出发，分别解决学生识别自己和他人的情绪、合理表达自己的情绪、初步学会调节自己的情绪、恰当回应他人的情绪四个关键问题。本节课是情绪单元教学的第二课时，目标是解决学生合理表达情绪的问题。

1.课程设计角度。一方面凸显了单元教学的理念。本节课是基于单元教学进行设计的，有承上启下的作用，是在学生已经掌握了情绪识别方法的基础上，以"愤怒"情绪为例，引导学生掌握合理表达情绪的方法，从而为下一步学会调节情绪奠定基础。另一方面充分把握了学情。教师在课程设计之前，做了充分的学情调查，了解了学生在哪一种消极情绪的表达中容易出现问题，并掌握了学生常用的情绪表达方式及其困惑点。基于学情进行课程设计，能够有效激发学生的兴趣，提高学生的课堂投入度，同时也能够有针对性地解决学生的困惑，增强辅导的有效性。

2.课堂效率角度。一方面学情搜集环节前置，节省时间，突出重点。教师将搜集学生的情绪表达方式环节前置，将其放在课前完成，节省了课堂时间，留出充足的时间解决更重要的问题。另一方面借助工具，实现思维可视化。教师将学生常用的情绪表达方式制作成卡片，分发到各组，并为每组配备磁力板，学生在磁力板上呈现思维过程，一目了然。同时这个做法也省去了分组汇报分享的时间，能够有效提高课堂效率。

3.师生互动角度。一方面关注以学生为本，无论是课程主题的选择、课程主要问题的设置，还是课堂活动的形式、重点内容的归纳，教师始终遵循"将学生放在正中央"的理念，做到了"问题从学生中来"的原则。在课堂上，教师给学生充分的时间和空间解决问题，并引导学生总结、提炼解决问题的方法，并将其内化为自己的行为方式。另一方面关注激励性评价，学生在课堂上的积极投入除了与课程设计、活动形式有关，与教师的评价语言也密切相关。在课程实施过程中，教师注重使用激励性评价，一是对学生的精彩发言教师及时给予鼓励，并进一步强化重点；二是对学生偏离主题的发言首先肯定他有自己的思考，再引导其聚焦重点问题进行进一步思考；三是注重学生相互评价，有时候，同伴的评价比教师的评价更有力量，也更能促进学生认真倾听、积极思考。例如，"你们说，老师为什么给那些方法点赞？""你觉得这个方法怎么样？"教师的这些问题都在启发学生对同伴的发言进行再度理解。

但是，本节课依旧存在一些不足之处。首先，本节课更多的是理性层面的分析、判断，学生的体验感不强，课程还需要调动学生的情绪，让学生将问题与自身经历联系起来，这样学生会更加投入；其次，消极情绪也是能起到积极作用的，针对这一理念，虽然教师在课堂导入部分提到了情绪没有好坏之分，情绪的表达方式有好坏之分，但是强调得还不够。过度强调要控制消极情绪，容易给学生制造认知误区。因此，教师可以在课程总结时，再次强调消极情绪的积极意义，让学生先接纳情绪的存在，并关注情绪的强烈程度，适时调节，适度表达。

【专家点评】

这节课的亮点主要体现在以下三个方面。

1. 主题聚焦，辅导理念适切。"合理表达愤怒"一课针对学生在实际学习和生活中经常会遇到的愤怒这一情绪进行认识、体验和分析，通过展示并讨论学生遇到的真实问题情境来帮助学生找到合理表达愤怒的方法。同时，本课用开放和发展的视角引导学生认识愤怒情绪，一方面帮助学生澄清了情绪体验本身与情绪表达行为的不同，另一方面引导学生理解和接纳愤怒情绪，从而有效帮助学生理解如何面对愤怒情绪。

2. 教学设计思路清晰、逻辑严谨、层层递进。本节课有清晰的逻辑主线，从前期调查开始，到学生分析和讨论，逐步梳理出合理表达愤怒情绪的原则及不同情境的适用条件，再通过后面的拓展练习环节进行了具体方法的汇总，使学生在本节课中能通过循序渐进的活动体验获得新知。

3.教学方式新颖直观，增强学生学习效果。本节课利用教具磁力板开展小组合作，一方面节省了学生抄写、修改、展示的时间，拓展了课程容量，给突破重点难点提供了时间保障，有助于课堂提质增效；另一方面磁力板的呈现方式能够使学生思维过程可视化，促进学生更加真实、有效地学习。

（点评嘉宾：李月，北京教育学院石景山分院心理教研员）

该课曾在北京市石景山区作为优秀公开课进行全区现场展示

【参考文献】

［1］彭聃龄.普通心理学（修订版）［M］.北京：北京师范大学出版社，2012.

［2］刘视湘，伍芳辉.心理健康教育教师用书［M］.北京：首都师范大学出版社，2015.

【学案纸】

合理表达愤怒

姓名：_____　班级：_____　学号：_____

一、分享一次生气的经历

有一次，_____（事件），我特别生气，我

_____（做法），结果，

_____。

二、以后，如果再遇到这样的事情，我决定

（　　）继续这样做，因为_____

（　　）换一种方式，我会这样做_____

因为_____。

三、现在，你学会了用合理的方式表达情绪。你的心情怎么样？用自己喜欢的方式表示出来吧。

"Z 心球" 探索记

上海市松江区泗泾第五小学　杨燕

【驱动问题】

如何帮助学生调节与作业相关的消极情绪？

【基本信息】

适用学段：五年级

准备道具：彩色铅笔、A4 纸、板贴、学案纸

【设计思路】

日常生活中每个人都会有各种情绪。情绪的变化直接影响着个体的态度和行为表现。积极的情绪可以增强学生的学习动机，通常会帮助他们对学习抱有更积极的态度。相比之下，消极的情绪会抑制学习动机，使学生变得懒散和不积极。情绪调节不仅是疏解消极情绪，还包括调动积极情绪。学生如果能够及时识别自己的情绪状态并采取相应的措施调节自己的情绪，就能帮助自己维持学习动机的稳定[1]。

在"双减"背景下，小学中高年级学生会经历从一、二年级的无书面家庭作业到有适量书面家庭作业的转变。因为作业压力增大，学生面对作业时的消极情绪可能增多，这在一定程度上会抑制学生的学习动力。因此，本节课旨在引导学生觉察、接纳与作业相关的不愉快情绪，帮助学生主动疏解、转化与作业相关的不愉快情绪，积极应对引发不愉快情绪的作业烦恼，以提升学生的学习动机和学习效率。

【教学目标】

1. 情感目标：觉察、接纳与作业相关的不愉快情绪，积极面对作业。

2. 认知目标：理解情绪与学业效率之间的关系。

3. 行为目标：在以后的学习生活中能主动利用相关策略及时转化与作业相关的不

愉快情绪，积极应对引发不愉快情绪的作业烦恼。

【教学思路】

心心相印 → 心情涂鸦 → 魔力发明 → 开心宝盒 → 心的收获

【教学过程】

一、心心相印（6分钟）

老师：同学们，我们这节课讨论的话题和"Z"有关，请你们读谜语，猜猜"Z"代表什么？

谜语：学生学习离不了，老师每天要点评，学生对它有情绪，亲子冲突引爆器。

学生读谜语，猜谜底。

老师：你们猜得很准确，Z代表作业。我们这节课讨论的话题和作业有关。想到作业，你会有哪些心情？

学生举手回答。

老师：通过刚才的交流，老师发现作业给大家带来一些压力。面对作业，大家有时候会感觉烦闷、烦躁、生气、愤怒，今天我们把这些情绪统称为不愉快情绪。有时候，大家也会有开心、高兴、愉悦、自豪、有成就感这些愉快情绪。老师为大家介绍一位新朋友——小力。有一天，小力因为"Z"而心情不愉快。你觉得他当时可能是什么样的心情？

学生举手回答。

老师：大家一起来看看发生在他身上的故事吧！

设计意图：引出话题，让学生初步觉察与作业相关的不愉快情绪。教师接纳与共情学生的感受。

二、心情涂鸦（12分钟）

老师：那天晚上，小力做了个奇特的梦：他乘着奇特的"意识飞船"来到了一个神秘的星球——"Z心球"，遇到了拥有"情绪探测器"的心心博士。让我们看看小力究竟经历了什么。

故事简介

心心博士：小力，你好呀！我是来自"Z心球"的心心博士。我通过"情绪探测器"发现你今天做作业时情绪不佳，特地来和你聊一聊。

小力：您好，心心博士！哇！您也太神了吧！

心心博士：今天究竟发生了什么，让你心情不愉快呢？

小力：我今天放学回家，放下书包，打算和我心爱的小乌龟玩一会儿，享受一段自由快乐的时光。但我刚走到乌龟前面，我妈妈立刻走过来，将我一顿训："整天只知道玩，赶快去写作业……"唉……

老师：小力为什么放学回家就想和小乌龟玩一会儿？妈妈理解他吗？

学生举手分享。

老师：小力白天上了一天学，挺辛苦，到家想放松一会儿，但妈妈不理解他的心理需要，所以他感觉很委屈。心心博士知道小力很委屈，非常想帮助他。他要带小力去探索"Z心球"，我们也跟着他们去瞧一瞧吧！"Z心球"究竟是什么呢？请看，这就是小力的"作业心情球"，简称"Z心球"。你们对小力的"Z心球"有什么好奇的地方吗？

学生举手回答。

老师：心心博士带领小力做的第一个探索活动是"心情涂鸦"，就是用彩色铅笔表达自己与作业相关的情绪。大家想不想试一试？让我们用画笔来探一探我们与作业相关的情绪。（出示心心博士的话：请你回忆某一次写作业的不愉快经历，选择一种或几种颜色，自由地在"Z心球"里涂鸦不愉快的情绪）

老师：在涂鸦过程中，你是自由的。请你跟随内心的感觉，联想一件与作业有关的不愉快事件，用不同颜色的笔画出你当时的不愉快情绪。（播放音乐）

学生进行涂鸦。

老师：你想到的"Z事件"是什么？每种颜色代表什么情绪？你当时的想法是什么？这种或这些情绪对你写作业这件事有影响吗？

学生进行小组交流，然后全班讨论交流。

老师：老师想做个简单的调查，在面对写作业这件事时，有过不愉快情绪的同学请举手。

学生举手。

教师小结：我看到绝大部分同学都举手了，谢谢你们的坦诚。也请大家看到，在面对写作业这件有压力的事情时，有不愉快情绪是挺普遍也是很正常的现象。但不愉快情绪会影响我们写作业的质量和效率。

设计意图：引导学生通过绘画活动觉察、接纳、宣泄与作业相关的不愉快情绪，阐明不愉快情绪会影响作业质量和效率。

三、魔力发明（9分钟））

老师：小力那一天因为妈妈的不理解和训斥而产生的不愉快情绪对他写作业有影响吗？

小力：那天以后我就不太想写作业了，写作业的速度也变慢了。因为速度慢，又被我老妈一顿训！唉！心心博士，您能帮帮我吗？

心心博士：好的，请跟我来！

老师：他们来到了心心博士的心心魔法工厂，在这里可以发明制作出积极Z工具。小力在心心博士的帮助下，发明了信任魔法棒来帮助自己。

老师邀请学生猜信任魔法棒的作用，然后出示信任魔法棒的目标和作用。学生举手分享。

老师：小力与作业有关的烦恼是妈妈不理解他、不信任他，所以他的积极Z工具的目标是让妈妈理解自己、信任自己，而信任魔法棒能帮助他对妈妈说出自己的真实想法，请求妈妈的信任。面对作业，你们也有烦恼，请和你的小组成员一起讨论，发明属于你们自己的积极Z工具吧！

学生分组讨论，发明自己的工具。

老师：你与作业有关的烦恼是什么？你想发明的积极Z工具可以帮助你解决什么问题？它能如何帮助你呢？

全班交流，学生梳理自己与作业有关的烦恼及相关的应对策略。老师适时写板书，记录相关策略，如转换心情、主动沟通、换位思考、及时求助、管理时间、提高记忆力……

教师小结：在大家交流自己的积极Z工具的过程中，老师发现，在面对作业烦恼和困难时，大家内心都是有力量的，有属于自己的方法和策略来帮助自己。你们真的很棒！

设计意图：通过活动，引导学生寻找并掌握转化与作业相关的不愉快情绪的策略，积极应对引发不愉快情绪的作业烦恼。

四、开心宝盒（6分钟）

老师：心心博士最后送了一件法宝给小力，这件法宝叫开心宝盒，它可以帮助小力储存自己的作业愉快事件。

心心博士：小力，找找你的作业愉快事件吧！

小力：我有很多作业愉快事件呢！

学生猜小力的作业愉快事件。

老师：作业也会带给我们愉快的心情，只要你善于发现。

老师：请在你的回忆里寻找你的作业愉快事件，找到一件你就画一颗爱心在Z心球旁边。尽量回忆，越多越好。然后与同桌交流你的作业愉快事件。

学生一边画爱心一边交流作业愉快事件。

老师：画"爱心"的时候你感觉怎么样？你有什么样的想法？

学生举手回答。

教师小结：愉快事件带来愉快情绪，多多积累作业愉快事件可以帮助我们抵挡不愉快情绪的入侵。

设计意图：引导学生挖掘与作业相关的愉快事件，指引学生关注作业带来的积极情绪体验，积极面对作业。

五、心的收获（2分钟）

老师：本节课你有什么收获？

学生交流自己的收获。

教师小结：写作业，有情绪，很正常；能觉察，会调整，愉快多；有策略，积极想，积极做，面对作业更轻松！

【课程迭代】

本节课在教学实践过程中经历了以下重要的改变。

1.教学目标的明确与提炼。教学目标是教学设计的核心，为教学活动提供明确的方向，明确和提炼好教学目标，才能设计出实效性高的心理课。因为一开始笔者对与作业相关的不愉快现象背后的本质原因分析不到位，导致本节课初版和第二版的教学目标不够聚焦，"神散则形散"，课堂质效远没有达到预期效果。在备课与磨课的过程中，笔者不断思考并改进教学目标的适切性和有效性。

2. 教学活动的精简和优化。本节课修改最费力的地方是绘画活动的设置，一节课时间很有限，因此涂色的"Z心球"不能过大。此外最终版与之前版本相比，改动最大的地方是魔力发明活动，前面的版本存在示范不清的问题，学生不知从何下手。在最终版中，教师为学生清晰展示了信任魔法棒的名称和作用作为示范，为学生提供了学习模板，这样学生才敢于尝试，思路才更加清晰。

3. 课堂提问的更迭与优化。心理课对教师最大的考验是学生的实时反馈教师并不能完全预设。课堂提问为教学目标服务，预设问题时必须方向明确。教师还需要根据课堂生成不断调整课堂提问的内容，使其精炼易懂，逐层深入。面对学生在课堂上的动态生成，教师的提问必须深挖本质，引发学生深层次的思考，才能助力教学目标的达成。

【教学反思】

心理辅导活动课程以个体发展取向为主，以个体的经验为载体，以活动为中介。学生通过参与、体验和感悟，认识自己，开发自己的潜能，获得自助能力。活动和体验是心理辅导活动课最核心的两个要素。[2]立足这一理念，本节课的教学反思如下。

1. 心理教师要能立足学生实际生活中的心理现状，看到学生的心理需求。以本节课为例，根据对学生的观察、访谈及心理辅导过程中学生的自我祖露，笔者发现很多小学生对写作业这件事怨气很大，面对作业时情绪偏消极，他们无处倾诉自己的苦闷，无法疏解自己面对作业时的消极情绪，长此以往，必将严重削弱他们的学习动机，对学生成长不利。作为学生的知心人，笔者看到了他们的苦闷和需求。心理课堂正是帮助他们的最佳阵地。据此，在学校特色心理课程中，笔者专门设计了一个提升学生作业情绪管理能力的单元，本节课即此学习单元的第一课时。

2. 心理教师必须根据教学目标精心设计每节课的小活动，根据学生认知水平，每个小活动可选用合适的心理辅导技术，帮助学生在参与活动的过程中逐步体验、感悟，以获得心理疏导和心理成长。例如，情绪涂鸦活动包含绘画治疗理念和技术，能帮助学生通过涂鸦觉察、接纳自己面对作业时的情绪。

3. 根据心理辅导活动课的全体性原则，教师在活动的安排上要注意给每个学生机会，做到全员参与，注重活动形式的丰富多样，提高学生参与的广度。

4. 根据小学生的年龄特点，在课程中创设富有童趣又贴近学生生活的活动情境，可以有效提高教学目标的达成度。富有童趣的活动很有吸引力，可促使更多的学生投入活动中，加深学生的体验。小学生爱幻想、爱冒险，于是在本节课中笔者设计了主人公小力梦中来到 Z 心球，幸运遇到心心博士的故事，让学生跟随小力，在心心博士的帮助下，通过涂鸦 Z 心球觉察、接纳自己与作业相关的不愉快情绪；通过发明积极作业工具获得应对作业烦恼的策略；通过整理开心宝盒搜集作业愉快事件，积累作业愉快情绪。

课堂上，学生们参与活动的积极性特别高，活动气氛热烈，教学目标达成度较高。需要注意的是，本节课活动内容丰富，考验教师对活动时间的把控能力，特别是在情绪涂鸦活动中，部分学生很可能在限定时间内无法完成涂鸦，这时需要教师及时安抚没完成的同学。在教学实践中，面对学生在课堂上的即时生成，笔者的应变能力及语言组织能力仍需提升。

【专家点评】

本节课的亮点主要体现在以下三个方面。

1. 主题立意新颖，设计有趣赋能。"'Z 心球'探索记"一课充分体现了杨老师能立足学生的现实心理需求，深入考查学生面临的心理困境。课程主题立意新颖，旨在提升学生面对作业时的情绪管理能力，帮助学生积极应对作业烦恼，转化与作业相关的不愉快情绪。问题情境设置和活动设计引人入胜，既能唤起学生的参与热情，又能引发学生的思考，给学生启发。

2. 内容紧扣学情，环节循序推进。符合小学生表现欲强、思维活跃等特点，本节课设计了心情涂鸦、魔力发明、开心宝盒三个主要任务板块，从觉察到接纳，从束手无策到积极应对，将"不愉快"主动转为"愉快"，环节编排上层次清晰、层层递进。

3. 策略灵活多变，成效便于迁移。本节课除了常见的情境式提问讨论形式，还活用绘画治疗、想象法等方式，让学生在趣味情境中体会与作业相关的情绪对学习效率的影响，让原本使学生感觉"压历山大"的话题通过系列活动变得轻松，让学生豁然开朗，学习成果易于学生运用至日常生活中。

（点评嘉宾：宋美霞，上海市松江区教育学院心理健康教研员）

该课为上海市松江区心理健康教育公开课

【参考文献】

［1］沈瑞波 . 重庆市沙坪坝区小学高年级学生情绪调节方式对学习动机的影响研究［D］. 重庆：重庆师范大学，2014.

［2］上海市中小学（幼儿园）课程改革委员会 . 小学生心理健康自助手册教学参考资料［M］. 上海：上海教育出版社，2015（2020 年重印）.

【学案纸】

"Z心球"探索记

姓名：_____ 班级：_____ 学号：_____

我的"Z心球"

做快乐的自己

北京市西城区西什库小学　关巧玲

【驱动问题】

如何激发学生主动创造快乐的意愿？

【基本信息】

适用学段：二年级

准备道具：小铃铛、小笑脸贴纸、学案纸

【设计思路】

健全人格是中国学生发展的核心素养之一。健全人格强调要使学生具有积极的心理品质，自信自爱，坚韧乐观。培养学生的健全人格是学生健康生活的基础，是基础教育阶段的重要目标之一。《中小学心理健康教育指导纲要（2012 年修订）》里提到：心理健康教育的总目标是：提高全体学生的心理素质，培养他们积极乐观、健康向上的心理品质，充分开发他们的心理潜能，促进学生身心和谐可持续发展，为他们健康成长和幸福生活奠定基础。

儿童期后期（5 岁以后），认知能力的发展使儿童能更抽象地思考情绪，用一种更客观的方式来反思情绪。他们能认识到情绪是如何被管理的，还发展了调节其他人情绪的能力。儿童个体是否能使用策略去管理情绪及其表现，取决于儿童感觉运动和认知的发展。依据皮亚杰认知理论，二年级学生的思维处在具体运算阶段，他们喜欢形象化的象征物，喜欢身体表达类的活动。因此，"让情绪具象化"符合二年级学生的认知水平，能够帮助二年级学生发现自己的情绪状态，学习如何更好地调节自己的情绪。芭芭拉·弗雷德里克森提出的"扩展和建构理论"指出，消极情绪让我们在恶劣的环境中活下来，积极情绪让我们在良好的环境中发展、提升自己。充分感受快乐情绪，能够帮助学生提高对快乐情绪的感知力。通过感受积极情绪，学生能不断积累积极的心理能量，进而扩展和提升自己，也能够帮助学生在面对负面情绪时，有充足的积极心理能量去转化负面情绪。[1]

【教学目标】

1. 情感目标：体验快乐情绪带来的愉悦感，激发保持快乐情绪的兴趣。

2. 认知目标：了解快乐情绪可以通过身体进行表达，悦纳不快乐的情绪。

3. 行为目标：找到让自己快乐起来的多种方法，在实际生活中实践该方法。

【教学思路】

【教学过程】

一、快乐的身体（5分钟）

展示投影——开怀大笑的卡通人物。

老师：观察照片中的小女孩，她是什么样的心情？从哪儿可以看出她的这种心情？

学生举手回答。

老师：快乐可以通过脸上的表情、身体的动作表达出来。当你拥有快乐的心情时，你是什么样子的？请同学上前展示，其他同学可以进行模仿。

学生代表展示自己开心的模样。其余同学进行模仿。

老师：今天这节课我们一起来探索快乐这种心情。我们先来探索一下快乐和我们身体的关系。如果你的快乐在你的肩膀上，你的肩膀是什么样的？请大家跟随小铃铛的提示进行展示，当小铃铛的声音响起时，你的肩膀就开始展示它的快乐，当小铃铛的声音停下时，暂停展示。我们会让身体不同部位参与展示。现在，你的快乐在你的脸上，你的脸是什么样？如果你的快乐遍布你的全身，你的全身是什么样的？

教师小结：原来快乐可以充满身体的各个部分，我们可以通过身体的各个部位来表达自己的快乐，我们也可以通过观察他人的身体动作和面部表情了解他是不是快乐的。

设计意图：虽然情绪是内在感受，但是不同的情绪会在身体层面有不同的显现，其中面部表情和肢体动作是非常明显的两个表现情绪的地方。二年级学生已经普遍拥有通过观察面部表情和身体动作来判断情绪的能力。因此，用卡通人物来做本节课的导入，可激发学生观察情绪的好奇心，也为后面学生探索自己的快乐情绪提供了"观察角度"，练习了学生的情绪观察力。

二、探索快乐（10分钟）

老师：在生活中有哪些令你快乐的事情呢？

学生举手分享。（举手的学生分享完，老师给学生贴上一个小笑脸）

老师：聆听的同学如果觉得这件事情也会让你感到快乐，可以拍手表示赞同。接下来，请大家进行小组活动，两人一组，相互分享快乐的事情。每分享一件，另外一人就给分享者身上贴上一个小笑脸，笑脸贴纸越多，代表快乐事件越多。

学生根据要求进行小组活动。小组代表上台展示自己身上有多少个小笑脸，说一说自己在对同伴讲述令自己快乐的事情时的心情。

老师：快乐的你是什么样子的？请同学们说一说，并用身体动作、面部表情、说话声音表现出来。例如，当我为我自己做好吃的菜时，我是快乐的，我是这样的——手里捧着碗，闻着香气，笑着说："好香呀！"

学生分享快乐的自己是什么样子，并根据要求进行表达。

教师小结：快乐的感受很美好，当我们感觉到快乐的情绪时，我们的身体是欢快的、放松的、打开的；表情是微笑的、大笑的、嘴巴弯弯的；声音是洪亮的，语调是上扬的。

设计意图：引导学生通过分享自己生活中发生的快乐事件，重温属于自己的快乐体验，将快乐的记忆唤起。小笑脸贴纸一方面激励学生积极分享，另一方面也是"快乐事件"的具体象征，使学生看见事情和情绪之间的联系——当令人快乐的事情发生时自己会感受到快乐的情绪。

三、快乐和不快乐（15分钟）

老师：快乐的感觉如此美好，你对快乐的自己有什么感觉？

学生举手回答。

老师：探索了快乐的自己，我们也来探索一下不快乐的自己吧。发生什么事情的时候，你是不快乐的呢？不快乐的你是什么样子的？请用身体动作、面部表情、说话声音表现出来。

学生分享不快乐的自己是什么样子。

老师：你对不快乐的自己有什么感觉？

学生举手回答。

老师：当我们感觉到不快乐的情绪时，身体是沉重的、紧张的，心情是低落的、沉闷的，声音是低沉的。与快乐感受的美好相比，不快乐的感受不是很美好，甚至我们会有点讨厌不快乐的心情。

教师小结： 同学们很喜欢快乐的自己，愿意快乐的自己常常出现。当然，我们会发现不快乐的情绪也会出现在我们的生活里，不快乐的情绪不是坏的，它也是我们的好朋友，提醒我们现在的心情是不快乐的，告诉我们需要停下来看看不快乐的自己，关心一下不快乐的自己。

设计意图： 启发学生感受快乐的自己带来的感觉，同时讨论不快乐的自己带来的感觉，通过比较两种情绪的差别，帮助学生分辨两种情绪的不同，激发学生主动创造快乐情绪的意愿，同时引导学生认识到不快乐也是情绪的一种，接纳不快乐情绪的存在，允许自己顺畅地表达不快乐的情绪。

四、快乐秘笈（10分钟）

老师：如果你想让自己变得快乐起来，你有什么方法吗？你使用过哪些有效的方法？

学生举手回答。

老师：同学们都有各种各样的方法，看来大家都有关于如何变得快乐的生活智慧。请大家拿出学案纸，完成第一部分"选择三个你想尝试的快乐方法"。第二部分"收集快乐单"需要在课后完成，请你记录接下来一周你身上发生的快乐事件。

教师小结： 快乐的自己和不快乐的自己是不同样子的自己，都是可爱的自己。因为快乐的感觉很美好，所以我们会希望快乐多一些。今天我们一起发现了这么多可以让自己快乐起来的方法，我们可以在生活里进行尝试，为自己多多创造快乐的情绪，做快乐的自己。

设计意图：引导学生发挥团体的力量，共同找到丰富多样的快乐方法。通过填写学案纸的"选择三个你想尝试的快乐方法"，指引学生自主选择想要尝试的快乐方法，加深学生的认知，推动学生在实际生活中实践相关方法。

【课程迭代】

最终版与之前版本相比，改动最大的地方是增加了"小笑脸"这个表情元素的使用场景。小笑脸象征着快乐情绪，是快乐情绪的具体化身，是一个代表快乐的"经典符号"，具有普适性。最初版本中，"小笑脸"只有一个使用场景，是在"探索快乐"环节，学生用一张笑脸贴纸代表一个快乐事件。在课程进行中，教师发现学生很喜欢这个笑脸贴纸，非常在意自己身上笑脸贴纸的数量。被贴上笑脸贴纸时，学生内心产生了成就感，这激发了他们探索快乐的动力。因此，笔者决定增加两个"小笑脸"的使用场景，一个是在老师提问学生回答时给学生贴上"小笑脸"贴纸，理由是为小组活动做示范，同时，在学案纸的第二部分，笔者也使用了"小笑脸"这个元素。

本节课修改最费力的地方是"体验不快乐情绪"这个部分应放在哪个教学环节。学生在课堂的哪个环节体验不快乐情绪能够对课程目标的达成有帮助？是放在"探索快乐"环节之前，还是放在"探索快乐"环节之后？

经过思考，笔者决定把"体验不快乐情绪"放在"探索快乐"环节之后，并将其设定为"快乐和不快乐"环节，这主要参考了"情绪的钟摆效应"理论，先充分地让学生感受快乐情绪，在学生对快乐的自己产生了积极愉悦的感受之后，再探索不快乐的自己。同时，教师适时地提出不快乐也是正常的情绪这个观点，帮助学生减少对不快乐情绪的排斥感。此外，这样的设置还能够使先前产生的对快乐的自己的积极愉悦感与后面产生的对不快乐的自己的不舒服感之间形成落差，这份心理落差会成为学生想要体验更多快乐情绪的推动力，激发学生想要变得更快乐的兴趣，也为下一个环节"快乐秘笈"积蓄了力量。

【教学反思】

本节课的亮点如下。

课堂氛围欢乐，学生们喜欢各种用肢体动作表达快乐感受的活动，学生可以从身体层面感受快乐的情绪，进而从心理层面体验快乐这种感受非常美好。

通过表演快乐的自己和不快乐的自己，学生体会了两种不同情绪带来的身心感受。学生不会再产生排斥不快乐，而是通过体会两种感受，认识到这是自己的两种不同的样子，并愿意接纳不快乐的自己，同时倾向于多体验快乐的感受，让快乐的自己多多出现，自然地激发了学生想要做快乐的自己的意愿。

课堂积极地为学生赋能，在"快乐秘笈"环节，学生看到自己拥有很多变快乐的方法，进而可以主动选择让自己变得快乐的机会和事情，学生在这个过程中获得了让自己变得快乐的信心。

本节课的不足之处如下。

在"快乐的身体"环节，大部分同学能够跟随教师的小铃铛指令，用身体进行回应，也可以通过小铃铛声音的快慢缓急来调节自己身体的运动节奏。不过，仍然存在一些性格内向、不善于肢体表达的同学无法快速参与活动，同时教师观察到此类同学表情紧张，身体更紧张。因此，教师此时可以进行肢体表达示范，让全班同学进行模仿。模仿能够帮助有紧张感的学生减少心理压力，获得内心的放松，更容易学会使用自己的身体表达快乐情感，从而体验到用身体表达快乐情绪的乐趣。

【专家点评】

这节课的亮点主要体现在以下两个方面。

1. 关注情绪在身体层面的表达。把快乐这种感受具象成"小笑脸""身体的动作""声音的表达"等，符合二年级学生思维具体化、情绪外显、喜欢身体运动等特点，极大地调动了学生参与课堂的积极性。学生参与度高，课堂生成真实、有趣、生动。

2. 课堂内容符合教育目标，环节层层递进。课程设计的每个环节都在让学生联结快乐这种情绪，充分地让学生感知快乐这种感受，在学生感受到快乐这种感受后，教师进一步推动学生在认知上对快乐进行思考，提高学生主动创造快乐的意愿，让学生认识到自己有变得快乐的能力和自主选择权，从而让学生能够自信地做快乐的自己，做到"知、情、意、行"一致。

（点评嘉宾：田彤，北京市西城区教育科学研究院学生生涯指导中心研究员）

【参考文献】

［1］H. 鲁道夫·谢弗，王莉.《儿童心理学》［M］.北京：电子工业出版社，2019：138-142.

【学案纸】

做快乐的自己

姓名：_____　班级：_____　学号：_____

选择三个你想尝试的快乐方法（画一画或写一写）		

收集快乐单		
日期	快乐的事情 （画一画或写一写）	快乐的感受，画上笑脸 （☺：有点快乐 ☺☺：比较快乐 ☺☺☺：非常快乐）

幸福盲盒

广东省佛山市顺德区容桂细滘小学　易俊如

【驱动问题】

如何帮助学生探索自己的幸福？

【基本信息】

适用学段：六年级

准备道具：胶带、学案纸、糖果若干

【设计思路】

《中小学心理健康教育指导纲要（2012年修订）》指出，培养学生积极乐观、健康向上的心理品质，充分开发他们的心理潜能，促进学生身心和谐可持续发展，为学生健康成长和幸福生活奠定基础是小学生心理健康教育的主要目标。

《中国学生发展核心素养（2016）》和《心理学科素养》指出，核心素养以培养全面发展的人为核心，其中人文情怀素养强调要关切人的发展和幸福；身心健康素养强调珍爱生命、健全人格和适性发展。同时，心理学科素养中的"环境适应素养"也提到，要转变心理健康教育学科的讲堂教课模式，从传统的输出型课堂转向体验互动式课堂。

哈佛大学心理学教授泰勒·本·沙哈尔在《幸福的方法》一书中提到："幸福是一种能力，是一种对快乐的感知。"[1]我们是否幸福取决于我们能否感受到生活中那些真实存在的美好与快乐。本节课旨在通过体验式活动，引导学生在生活中发现快乐，幸福成长。因此，本节课以"感知幸福—创造幸福"为主线，首先用拆盲盒活动引出主题，引导学生发现生活就像盲盒；其次借助糖果打开五感，引导学生深入感知生活中的幸福，并通过制作盲盒，将快乐源泉做成盲盒送给身边的人，创造幸福并向幸福出发。

【教学目标】

1. 情感目标：体验眼前的糖果及当下生活带来的快乐、温暖和幸福感。

2. 认知目标：认识到多变的生活像盲盒一样，有期待和失落是正常的情绪反应。

3. 行为目标：能够学会用五官感受幸福，发现美好，能够用快乐源泉去创造幸福。

【教学思路】

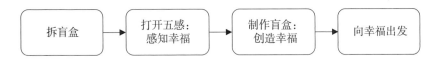

【教学过程】

一、拆盲盒（6分钟）

老师："六一"快到了，老师准备在这节课送给大家一份特别的礼物。老师将会邀请最快做好上心理课准备的四位小伙伴来帮忙拆盲盒，请同学们用掌声的大小和不同的声音来表示你对盲盒的喜爱。

盲盒1：好消息！"六一"不上课，会有武术大赛。

盲盒2：接到一则通知：你为比赛精心准备了好久，却落选了！

盲盒3：恭喜你获得一堆作业，大暴雨天气停课不停学。

盲盒4：恭喜大家！全班获得一颗糖！

学生用不同的呼声和掌声进行回应。

教师小结：同学们的反应很真实。我们的生活千变万化，面对生活中我们不期待发生的变化，我们会心情低落；而面对生活中不期而遇的惊喜，我们会兴奋不已。

设计意图：通过热身活动活跃气氛，拉近学生和教师的距离，同时吸引学生的注意力，引出主题，引导学生发现生活的变化，感知不同的情绪反应。

二、打开五感：感知幸福（15分钟）

老师：请同学们拿起这颗糖果，仔细观察它，思考在你的日常生活中，面对这样常见又不起眼的糖果，你能否发现它的美妙之处？请你带着好奇又开放的心态去观察和感受。现在，请同学们跟着老师的指令打开五感大门，感受糖果带来的快乐吧。

活动任务1：拿起你手中的糖果，去看、去听、去触、去闻、去品，调动你的"视觉、听觉、触觉、嗅觉、味觉"五种感官。

①你看见了什么？它让你联想到了生活中的什么？

②你听见了什么？除了糖果的声音，还有什么细微的声音？

③轻轻触摸，你能联想到什么？

④闭上眼睛去闻，你闻到了什么？除了糖果，空气中还有别的什么气味吗？

⑤去品，你的舌头感受到了什么味道？生活中有相似的味道吗？你联想到什么？

老师：哇！看来糖果给我们带来了很多快乐呀！在我们的生活里可不只有糖果，还有……回顾你当下的生活，在学案纸上写下属于你的快乐源泉吧！

活动任务2：拿起学案纸——一个盲盒展开图，在盲盒中间的大格子上，回忆并记录生活中的小美好，你可以画出来也可以写出来。

学生分享盲盒封面上的快乐源泉。

教师小结： 当我们把生活中的那些美好的小事分享出来时，我们的心情也变得更加快乐和美好了。

设计意图： 借助糖果，运用五感法带领学生从糖果迁移到现实生活，感知生活中的快乐源泉，体验当下生活中的小美好所带来的温暖、幸福与价值感，提升学生感知幸福的能力。

三、制作盲盒：创造幸福（15分钟）

老师：快乐是当下的满足感和愉悦的体验，而最好的幸福状态来源于快乐源泉的分享。接下来，让我们传播快乐，传递幸福。

活动任务1：小组合作制作盲盒。请你沿着学案纸的对折线，制作幸福盲盒，盲盒封面的空白处可以用彩色胶带继续装饰，直至做出让你满意的幸福盲盒。

问题：在制作盲盒的过程中，你遇到了哪些困难？谁帮助了你？

学生分享制作盲盒时的感受和期待。

活动任务2：伴着音乐，请你把幸福盲盒送给教室里的朋友或老师：接收盲盒的人，请用不同的声音表达对盲盒的喜爱。

问题：你把盲盒送给了谁？为什么？

教师小结： 教室里充满了同学们幸福的欢笑声，这得感谢大家流动的幸福盲盒，看来分享美好可以让幸福变得更长久。

设计意图：通过小组合作绘制幸福盲盒并赠送盲盒的活动，引导学生传递快乐、创造幸福，让更多学生拥有更长久的幸福。

四、向幸福出发（4分钟）

老师：同学们，其实我们都有足够的能力让自己变得快乐和幸福，也有足够的勇气去享有更多的美好和幸福。这节课很快接近尾声了，让我们一起来听听大家课堂上的收获吧！同学们，这节课你有什么样的收获呢？

学生甲：幸福就在身边，只要细心观察和感受，一颗糖果也能给我们很多快乐。收集足够多的快乐去分享，能够创造更大的幸福。

教师小结：当我们感知到快乐时，我们才会有更大的勇气去创造幸福，让我们向幸福出发吧！

设计意图：通过板书进行活动总结，加深学生对本节课的印象，引导学生去觉察真实生活中的快乐源泉，鼓励学生分享并创造更多的美好和幸福。

【课程迭代】

本节课以"发现生活—感知幸福—创造幸福—向幸福出发"为主线，用拆盲盒活动引出主题，引导学生发现生活的变化，感知不同的情绪反应。中间的主体环节也是本节课的重点和难点，在课程迭代过程中，这一部分从原先的一个主体环节拆分出两个阶段，在转化阶段，教师借助糖果引导学生感知糖果带来的温暖与快乐，从糖果迁移到现实生活，引导学生感受当下生活的快乐源泉，提升感知幸福的能力；在行动环节，课程设置了制作并赠送盲盒的体验活动，增加了更多合作和交流的机会，营造出积极互助的课堂氛围。主体环节任务清晰，目标明确，关注学生的生成和体验，这也是这节课从心理班会课蜕变为心理精品课的关键。

【教学反思】

课程亮点：本节课以盲盒为主线，用"五感法"点亮整个课堂。首先，热身环节的拆盲盒活动联系了学生当下的生活情境，使学生更容易去"发现生活"，为下一环节做好了铺垫。其次，教师借助糖果这一实物带领学生深入思考，指引学生在五感指令下寻找快乐、感知幸福，联系生活记录幸福。最后，教师引导学生动手制作盲盒，创造幸福。课程各环节环环相扣，从糖果案例到实际生活，从制作盲盒到赠送盲盒，学生能够感知幸福，创造幸福，达成学习目标。

自我评价：这节课让笔者惊喜的是学生生成的内容。在师生交流碰撞中，笔者既看到了学生的想法，又提升了自己的课堂把控能力。之前，笔者在教学中存在面对学生回答时不知如何回应的困扰，而在这节课中，笔者采用了重复学生回答、提炼关键词、与其他同学互动等回应方式，这些回应方式结合了课堂上学生的专注度和反馈状态，成了课堂的点睛之笔。另外，这节课也有一些遗憾之处，如盲盒展开图仅占 A4 纸大小的一半，学生做出来的幸福盲盒偏小。

课后感悟：心理课堂始于学生的需要和困惑，终于学生的生成和实际行动。面对充满不确定性的生活变化所带来的情绪困扰，学生其实从来都不缺应对方法，重要的是要引导学生思考如何将应对方法运用到生活中去解决实际问题。一节好的心理课应来自生活，具有生活案例和趣味性。正如本节课采用的"五感法"引导学生从糖果案例出发，将所学知识运用到生活的其他情境中。心理课不仅要传授知识，更要"授人以渔"，教会学生灵活运用方法，这种"以点带面"的教学方式，也是今后笔者在心理课堂上要不断尝试的方向。

【专家点评】

从问题到资源。中小学心理健康教育的目标是提高全体学生的心理素质，培养他们积极乐观、健康向上的心理品质，充分开发学生的心理潜能。心理课的一种设计视角是基于学生的实际问题，"在暴风雨中"探讨问题解决方法，有着"对症下药"的作用，而本节课用了另一种设计视角，基于学生已有的资源，"在风和日丽中"关注当下，这类课有着"维生素"般的作用，让学生提前锻炼心理肌肉，从而使他们有足够的能力和信心对抗未来的暴风雨。

从抽象到具象。幸福在哪里？每个人的见解不一样。"幸福"这个词听起来非常抽象，而本节课调动了身体的五种感官，让学生去看、去听、去触、去闻、去品，学生的回答也丰富多彩。在回忆幸福时，学生从无数事件中挑选自己中意的那一份独特的回忆，这样的回忆伴随着强烈的身体感受、情绪感受，让学生知道：哦，幸福不是遥不可及的，是实实在在就在自己身边的，就是自己经历过的。

从被动到主动。这节课的环节设计"发现幸福，感知幸福，创造幸福"也符合六年级孩子的心智发展水平。进入青春期的学生开始对"我""我的价值"有了更新的探索和认识，"创造幸福"的环节让学生看到，原来幸福是可以掌握在自己手里的，这提升了学生的自主感，对学生的成长非常重要。

（点评嘉宾：周芸婷，江苏省无锡市梁溪区教师发展中心心理教研员）

该课曾作为广东省佛山市中小学基础教育心理健康精品课展示

【参考文献】

［1］泰勒·本·沙哈.幸福的方法［M］.北京：中信出版集团，2022.

【学案纸】

幸福盲盒

姓名：_____　　班级：_____　　学号：_____

1. 这是一个盲盒展开图，请你在盲盒封面的大格子里记录你生活中的小美好，可以画出来，也可以写出来。

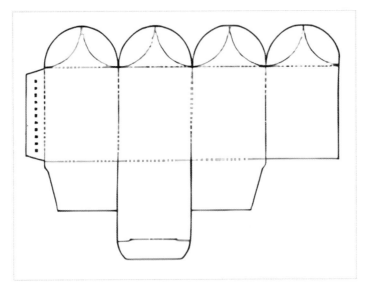

2. 小组合作制作盲盒。请你沿着学案纸的对折线，制作幸福盲盒，盲盒封面的空白处可以用彩色胶带继续装饰，直至做出让你满意的幸福盲盒。

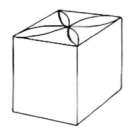

第三章

人际关系

人际关系单元的主要目标是帮助学生深入理解人际关系的内涵，掌握人际关系的技巧，提升他们在人际交往中的自我认知与沟通能力。通过学习本单元内容，学生能够明确自己在人际关系中的优势和不足，也能提升自己的人际交往技能。这些都有助于青少年更好地适应社交环境，建立稳定的人际关系网络，为他们未来的成长和发展奠定坚实的基础。

在人际关系单元中，常见的心理课主题包括自我认知与人际交往、有效沟通与倾听、处理冲突与建立信任、团队协作等。这些主题旨在引导学生全面认识自己与他人的关系，在人际交往中保持真实与自信；掌握沟通技巧和冲突解决策略，更加从容地应对来自人际关系方面的挑战。

小学生在亲子关系中逐渐从依赖父母转向更为独立和自主的状态。他们更多地参与学校活动与社交活动，表现出较强的人际依赖性和模仿性，他们渴望与同伴建立友谊，但又往往缺乏人际交往的能力和技巧。《送你一朵"小红花"》以"小红花"为隐喻，培养学生主动赞扬他人的能力。《换位思考，生活更好》通过参与换位之旅，体验换位之趣，实践换位之法，培养学生设身处地理解他人的能力。《友谊"慧"说不》通过游历友谊城，让学生认识到每个人都有说"不"的权利，懂得说清楚拒绝的原因并不会影响友谊。《我与父母的心灵之约》通过角色扮演启发学生用多种方式体会父母的爱和家庭的温暖，培养学生与父母有效沟通的能力。《懂我，懂你》借助学生喜闻乐见的"剧本杀"游戏，引导学生探索自己与父母之间关系的状态和互动模式，从而提升学生对父母和家人在情感上的接纳度。

本单元呈现了具体生动的有关人际交往的心理课，旨在帮助学生提升人际交往的积极性与主动性，掌握人际交往的技巧，提升处理人际关系问题的能力。期待读者在获得教学素材和启示的同时，更加关注学生的个性化需求、注重情感与认知的双重培养、拓展人际关系的边界与视野，以及培养学生的自主性、责任感与同理心。我们相信，通过课堂学习和生活实践，青少年能够锻炼出更加强壮的人际交往"心理肌肉"，建立起更加健康、高质量的人际关系网络。

送你一朵小红花

福建省漳州市第二实验小学迎宾分校　苏雯

【驱动问题】

如何培养学生主动赞扬他人的能力？

【基本信息】

适用学段：五年级

准备道具：小红花、学案纸、抽奖箱

【设计思路】

《中小学心理健康教育指导纲要（2012 年修订）》指出，在小学高年级的心理健康教育中，要"帮助学生正确认识自己的优缺点和兴趣爱好，在各种活动中悦纳自己"。赞扬是对一个人进行称赞、表扬。赞扬的目的是使被赞扬者获得一种良好的、积极的情感体验。积极的评价能够让学生产生自尊感，消极的评价会让学生产生自卑感。小学高年级学生往往缺少主动赞扬对方的勇气，也缺少锻炼主动赞扬能力的意识。前测问卷表明，小学高年级学生能够发现周围同伴身上的一些显而易见的优点（如学习认真、自觉、外貌好等），但是缺乏对深层优点（如品质）的认知。

小学生的人际关系主要有三组：亲子关系、师生关系、同伴关系。而在这三组关系中，赞扬都是润滑剂。在亲子、师生这两组关系中，占主导地位的是父母和老师，学生是被动的，但学生也有自己的主体性，只是缺少作为主体进行表达的机会，因此学生可以主动创设交往机会。在同伴关系里，往往也存在互动的优势方，而本节课致力于提供一个让交往的劣势方进行表达的机会。

【教学目标】

1.情感目标：体验赞美他人和被他人赞美时的积极情感。

2.认知目标：认识到赞美的重要性。

3.行为目标：练习赞美他人的方法，愿意主动真诚地表达赞美。

【教学思路】

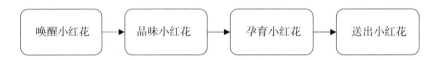

【教学过程】

一、唤醒小红花（5分钟）

老师：同学们，请看这张视频封面。谁来猜一猜，这可能是一个关于什么的故事？请同学们大胆想象。

学生举手回答。

老师：同学们的猜测到底对不对呢？我们来观看视频，揭开谜底。

老师播放视频《小红花》。视频内容是教师为学生芳芳贴上小红花，全班鼓掌的片段。

老师：谁能用一句话概括一下这个故事？

学生举手回答。

老师：是的，小红花就是有这样的魔力，它能带给大家快乐。这是为什么呢？开动脑筋想一想，是什么让这张小小的、普普通通的红花贴纸有了传递快乐的魔力？

学生举手回答。

教师小结： 在刚刚的故事里，这朵小小的红花贴纸有了神奇的力量，让芳芳感到十分喜悦。

设计意图： 通过这一活动，学生能够初步体会小红花代表的是赞美的力量，唤醒学生过去的积极经验，激发学生的学习兴趣和探索欲望。

二、品味小红花（8分钟）

请你听我说

老师：视频中，老师送给芳芳小红花时是没有说话的，如果她说了话，你们觉得她会说什么？她还可以做什么来表示她对芳芳的肯定呢？请大家进行小组讨论，计时一分钟。

学生进行小组讨论。

老师：接下来，请小组代表上台分享本小组想象到的老师对芳芳赞扬的话语和行为。其余同学边听边思考，如果这些话语和行为带给你的感觉是积极的，让你一听就很舒服，那么请站起来，投出你的一票。同时，由两位同学担任观察员，观察员的任务是统计听完每组分享后站起来的人数。注意，如果你自己也要投票，那么请加上自己的一票。

学生进行小组汇报。听众根据规则自主决定是否站起来进行反馈。

教师小结：同学们，在刚刚的活动中，老师注意到有的同学从头到尾都没有站起来，说明这些话语都没能打动他，看来打动他人不是一件容易的事呢！接下来，让我们一起进入下一个环节，一起来探讨怎样才能让自己的话语更有力量。

设计意图：此阶段为转换阶段，引导学生结合自身的经历，思考到底什么样的小红花是能够让他人感到舒服的，而哪些时候、哪些因素会让这朵小红花的效果不好，甚至会让他人觉得不舒服。启发学生思考为什么小红花之间也有区别，要怎样才能使这朵小红花充满力量？

三、孕育小红花（20 分钟）

老师：看来，把一朵小红花送到对方的心坎里并不容易，那么考验我们的时刻到啦！回顾芳芳收到小红花的场景，联系生活实际，想一想你在什么时候也有过类似芳芳这样的经历？回忆你受到赞扬的场景及原因，再想一想，当时，你有什么感受？接下来又发生了什么？小组合作，把这个场景演绎出来。

学生分组，认领导演、主角、编剧等角色，进行演绎。老师巡回指导，引导学生重点回忆当时是如何回应他人的赞扬的。

教师小结：同学们，刚刚在大家表演的过程中，老师发现，大家受到赞扬的原因各不相同，但都有一个共同点，那就是我们的闪光点被看见了，被发现了。那么，你想不想试着去看见他人身上的闪光点呢？

设计意图：通过表演，学生感受赞扬是怎么发生的，并回忆在什么情况下，自己会得到赞扬，重点回顾被赞扬时的积极情绪和感觉，为下一环节做铺垫。

四、送出小红花（7分钟）

老师：在今天的课堂上，你感受到小红花的神奇力量了吗？现在，让我们来送出自己的小红花吧！课前，老师准备了一个幸运抽奖箱，里面是我们班同学的名字，请每个同学抽取一张，结合你对他的了解，送出你的小红花。另外，如果此刻你有特别想要点赞的人，也请你把小红花送给他。在今天这节课上，同学们用闪亮的眼睛、动人的话语、积极的行动让老师感受到了你们最诚挚的友情。这就是一朵朵小红花。这样的小红花，不仅可以在课堂绽放。你们觉得，它还可以在哪里绽放呢？

学生举手分享。

教师小结：刚刚大家的积极表现为自己赢得了许多小红花，你们可以把小红花都带回家，也可以把今天收获的快乐和感动传递出去，让欣赏和赞扬走出课堂，走进生活。

设计意图：归纳总结赞扬的力量，引导学生将这份积极情绪和赞扬他人的力量传递出去。

【课程迭代】

在学生的生活中，赞扬场景大多发生在师生交往的过程中，但本节课笔者期待的是能够产生从师生交往到同伴交往的迁移。课程的迭代经历了几个过程，开始，课程聚焦"学会赞扬他人"这一主题，但笔者发现课堂上学生的生成不太理想，大家对于赞扬是比较陌生的，而且在赞扬的行为中存在着角色定位不对等的问题。因此，课程改为以小红花隐喻赞扬，辅以《送你一朵小红花》电影中女孩往男孩手上画小红花的片段。但是后面放弃了这个版本，主要有两个考虑：一是电影情节如果没有前后的联系，可能不好理解；二是电影中画"小红花"是两个熟悉的人之间的互动，与笔者想表达的内涵并不完全一致。而笔者想要创造的课堂情境是：向自己平时可能没有那么熟悉的同学表达欣赏。另外，在课程设计时笔者发现，表达对他人的欣赏时勇气比赞扬的技巧更为重要，因此，本节课后期的侧重点在于先表达，在之后的课程中再深入探讨怎样表达更恰当。

【教学反思】

本节课通过设置赞扬场景，引导学生体验赞扬的力量和快乐。

课程设计方面：本节课设置了许多赞扬练习，让同学们有机会表达自己的积极情感。

课堂氛围方面：五年级学生对心理课的活动、分享、游戏环节习以为常，容易融入课堂，因而可操作性强；同时，五年级学生的自我表现欲强，课堂上随心所欲的小动作也多，而本节课挑战性高、趣味性强，能吸引学生认真听课、积极参与，能避免学生在课堂上出现漫不经心的情况。

学生学情方面：五年级学生具有较积极的自我概念，他人的评价可以促成其积极自我的生成。因此本节课贴近他们的实际情况。

在实际授课过程中，笔者发现本节课值得称赞的地方很多。例如，教学设计内容丰富，活动充足，操作灵活性高，可以根据不同班级、年级的学生适度调整活动内容和时间，满足不同学生的需要；活动隐喻性强，留有余味；等等。

但是，本节课依旧存在一些不足之处。例如，对内向的孩子来说，说出赞美并不容易，教师可以引导学生认识到面部表情（微笑肯定）、肢体动作（点赞鼓掌）等也是表达赞美的方式。同时，教师还需要向学生传递"赞美也需要练习"的理念，引导学生学以致用。

【专家点评】

这节课的亮点主要体现在以下三个方面。

1. 主题立意新颖，设计有趣赋能。通过小红花的隐喻，让学生能够迅速进入情境。

2. 内容紧扣学情，环节循序渐进。课程符合五年级学生的特点，环节编排层次清晰，由易到难，层层递进。

3. 教学形式灵活多样，成效便于迁移。本节课除了常见的情境式提问、讨论，还活用了心理剧等形式，易于引导学生尝试将所学运用到日常生活中。

（点评嘉宾：阳莉华，闽南师范大学教育与心理学院副教授）

该课曾获福建省漳州市义务教育阶段作业（活动）设计一等奖

【学案纸】

送你一朵小红花

姓名：_____　　班级：_____　　学号：_____

一、调查问卷

指导语：请根据自己的实际情况回答以下问题，答案没有对错之分。

1. 给自己对自己的了解程度打分。（0 ~ 10分，0分表示一点都不了解，10分表示非常了解）

2. 你认为自己的优点有哪些？

3. 你觉得，自己和同伴的关系亲密吗？（0 ~ 10分，0分表示非常不亲密，10分表示非常亲密）

4. 你平时会经常受到他人的赞扬吗？频率是多少？（从下面选择一个最符合自己情况的选项，打"✓"）

①每天一次　②每周一次　③每个月一次　④记不清了

5. 你最想得到谁的赞扬？希望他赞扬你什么？

6. 当他人赞扬你的时候，你通常会怎么回应？

7. 你对自己满意吗？（综合外貌、学习、体育锻炼等各个方面，你会给自己打几分？0 ~ 10分，0分表示非常不满意，10分表示非常满意）

8. 你身边有没有哪个人是你特别想夸一夸的？你想赞扬他什么？

二、课堂小剧本

剧本名称：_____

主题：_____

导演：_____

场景：_____

换位思考，生活更好

江苏省无锡市春城实验小学　郁舒雅

【驱动问题】

如何培养五年级学生的换位思考能力？

【基本信息】

适用学段：五年级

准备道具：杯子、水

【设计思路】

根据《中小学心理健康教育指导纲要（2012 年修订）》，小学高年级学生应当学会同情、关心他人，并掌握换位思考的能力，以促进人际关系和谐发展。换位思考，即从对方的角度出发去理解和考虑问题，是一种处理人际关系的积极思维方式。鉴于小学高年级学生自我意识较强，易冲动，培养他们换位思考的能力对于建立良好的人际关系至关重要。

多角度审视事物，能够揭示其多样化的面貌。在与人交往时，如果我们能站在对方的角度，设身处地地为其着想，能给彼此带来积极的人际体验。积极心理学强调，积极的体验有助于个体挖掘自身潜力，保持良好的心理状态。因此，积极的人际关系不仅能够提升个体的满足感和幸福感，还能让学生深刻体会到生活的意义和价值。本节课旨在培养学生的换位思考能力，促进学生建立和谐的人际关系。

【教学目标】

1. 情感目标：感受换位思考带来的和谐美好，愿意给他人多一份理解与尊重。

2. 认知目标：理解换位思考的概念，设身处地地理解他人的需求。

3. 行为目标：学习换位思考的方法，努力获得更加美好的人际关系。

【教学思路】

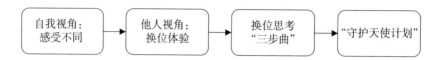

自我视角：感受不同 → 他人视角：换位体验 → 换位思考"三步曲" → "守护天使计划"

【教学过程】

一、自我视角：感受不同（10分钟）

老师：同学们，欢迎来到心理课堂。今天，我为大家准备了一份特别的礼物——一座心灵屋。这座心灵屋藏着一个小秘密，你们是否愿意随我一同去探寻呢？不过，进入心灵屋需要一张特别的门票，让我们来看看吧！（教师展示双关图）

图片简介：双关图，正着看是笑脸，反着看是哭脸。

老师：同学们看一看，这张门票上的图案有什么奇妙之处？

学生根据观察自由回答。

老师：为什么有的同学说是笑脸，有的同学说是哭脸呢？

学生分享原因。

老师：非常棒！原来，只是换了一个角度，图片中的笑脸就变成了哭脸。连门票都充满了奥秘，心灵屋里肯定更加有趣！不过，在进去之前，我们得学会一个通关暗号。请大家伸出两根手指，一起比出一个"人"的手势。

学生摆出动作。

老师：现在，请大家仔细观察一下，每个人摆出的手势有没有什么不同呢？

学生举手回答。

老师：真的很有趣！即使是同一个手势，每个人做出来的样子也各不相同。这再次证明，面对同一件事物，我们每个人都会有自己独特的看法和感受。

教师小结：通过这两个小活动，我们直观地感受到了角度变化带来的不同体验，认识到每个人看待事物都有其独特性。在生活中，我们也习惯于从自己的角度看问题，这是很正常的事情。但是，在与他人相处时我们却不能总是站在自己的角度看问题。如果我们能够学会换位思考，尝试站在他人的角度理解问题，就能减少与他人相处时的误解和冲突，建立更加和谐的人际关系。

设计意图：通过观察图片，引导学生直观感受角度变化带来的不同体验；结合手势暗号，让学生意识到每个人看待问题的角度是不同的，从而引发他们对换位思考的理解和认识。这样的设计旨在帮助学生更好地理解自己和他人的差异，为后续讲述人际关系需要换位思考做铺垫。

二、他人视角：换位体验（10 分钟）

老师：接下来，我们进入第二个环节——他人视角：换位体验。请大家观看一段视频。

视频简介：小王和小丽是同桌，小王坐在靠墙的位置，进出都需要麻烦小丽让一让。一天，因为小王进出次数太多，小丽生气了，两个人争论起来。

老师：视频中，小王和小丽之间发生了什么？如果你是小王，你会怎么想？如果你是小丽，你又会怎么想呢？

学生举手回答。

老师：大家的回答都非常精彩。站在自己的角度看问题，这确实是很自然的事情。但是，正因为我们都习惯于从自己的角度出发，所以在与朋友相处时很容易产生矛盾和误解。为了化解这些矛盾，我们需要学会换位思考，试着从对方的角度去理解和感受。现在，我们将进行一项有趣的活动——"喂水大作战"。请大家仔细阅读活动规则，并按照规则进行游戏。

活动规则如下。

①同学两两结对，一人喂水给另一人喝。

②喝水的一方，活动中保持身体姿势不变，且手不能触碰杯子。

③喂水的一方，活动中需要先原地转5圈，然后闭着眼睛喂水。

④音乐停止，同学们就停止活动。

学生进行活动，分享自己的经验。

老师：刚才的活动非常有趣，也充满了挑战。从大家的分享中，我听到了很多宝贵的经验。那么，通过这次活动，你们感受到了什么呢？在喂水的过程中，你们认为最关键的是什么？

学生分享感受。老师提炼板书：我希望的是……不希望的是……

老师：第一次的尝试让我们有了宝贵的经验。现在，请双方互换角色，再进行一次"喂水大作战"，相信你们会有不一样的感受。

学生互换角色，再次进行活动，并分享自己的感受。

教师小结：通过这个活动，我们深刻体验到了换位思考的重要性。在游戏中，我们既有欢笑也有遗憾，但这些经历都让我们明白：我们要学会用敏锐的眼睛去观察他人的反应，用真诚的心灵去倾听他人的需求。当我们能够真正站在对方的角度去思考、去感受时，我们的人际关系才会更加和谐，我们的生活也将因此变得更加美好。

设计意图：本环节旨在通过具体的游戏活动，引导学生亲身体验换位思考的过程。通过喂水大作战游戏，让学生在轻松愉快的氛围中感受不同角色之间的需求和感受的差异，从而学会站在对方的角度看问题。通过分享交流，让学生进一步加深对换位思考的理解和认识，为日后的实际应用打下基础。

三、换位思考"三步曲"（15分钟）

老师：同学们，回到小王和小丽的故事，如果他们能够站在对方的角度，去理解和感受对方的需求和情绪，那么他们的关系会有什么样的变化呢？请大家以小组为单位进行角色扮演，演绎小王和小丽应该怎样进行沟通交流。

学生分组讨论，进行角色扮演。

老师：非常好，大家都在尝试化解冲突。让我们来看看视频中的当事人是如何解决这个问题的。下面播放视频《小王和小丽》第二部分。

小丽：对不起，我知道你坐在里面确实出行不方便，我可能写作业心情比较烦，所以说话比较冲。

小王：我也要跟你道歉，你可能正在思考一道很难的题，总被我打断，那样的确会很烦！

后座同学：这不就好了吗！

老师：看，小丽表达了对小王的理解；小王也体谅了小丽的感受。他们的对话中充满了换位思考的智慧。这就是我们今天要学习的换位思考"三步曲"。

学生齐读换位思考"三步曲"。

如果我是他，我需要的是……

如果我是他，我不希望……

换位思考后，我的做法是……

教师小结：同学们，你们已经掌握了换位思考的新技能，这真是太好了！记住，己所不欲，勿施于人。当我们遇到矛盾时，不妨多想想"如果我是他"会怎样，这样我们就能更好地理解对方，建立更加和谐友好的人际关系。

设计意图：通过视频案例和小组讨论，呈现换位思考带来的美好和温馨，引导学生理解并增强在日常生活中换位思考的意愿，提升学生换位思考的能力。

四、"守护天使计划"（5分钟）

老师：同学们，换位思考不仅是一个口号，它更应该成为我们生活中的实际行动。站在自己的角度思考问题是很容易的，但真正的成长在于学会换位思考。因此，接下来我们班要启动"守护天使计划"。请每位同学抽取班级中一位同学的名字。在接下来的时间里，你将作为他的"守护天使"，默默地帮助和守护他。这不仅是对换位思考技能的一次实践，也是增进同学之间友谊的绝佳机会。

学生抽取名字，对结果保密。

老师：下周班会课，我们将分享各自的"守护故事"。我相信，通过这段时间的相处，你们会更加深刻地感受到换位思考带来的温暖和力量。

教师小结：今天的课程即将结束，但我们的"守护天使计划"才刚刚开始。希望大家能够珍惜这个机会，用心去感受、去体验，让换位思考真正成为我们生活的一部分，让我们的校园生活更加和谐美好。

设计意图：通过"守护天使计划"这一实践活动，让学生将换位思考的技能应用到实际生活中，亲身体验换位思考带来的积极变化。同时，通过分享守护故事，学生能够进一步认识到换位思考在日常生活中的应用价值，从而更加自觉地运用这一技能，促进人际关系的和谐发展。

【课程迭代】

本节课作为参赛课程，原设计包含七个环节，内容充实且富有创意，环节以多种"闯关"的形式展现。但是，环节过多显得本节课只是对活动进行堆叠。因此，为了提高实用性和可复制性，笔者对环节进行了大幅优化，最终聚焦于四个核心板块。在"换位体验"环节，初版课堂在让学生初次参与喂水游戏后，教师直接总结技能方法，然而这样导致学生们获得的体验和启示不够深刻，此时直接提炼方法也显得不够自然。因此，笔者进行了调整，让学生在初次体验后先充分交流心得，再互换身份重新挑战，这样的改动给予学生更多思考和实践的空间，有效增强了"换位思考"的真实体验，学生们也能够总结出有效的技能方法。至于换位思考"三步曲"这一环节，最初是教师直接给出三个"锦囊"，让学生直接使用来解决问题。然而，考虑到五年级学生的认知水平，这种方式缺乏足够的挑战性，也可能限制了学生的思维。于是笔者修改为先让学生分小组讨论并尝试角色扮演，随后展示视频示范，进而顺势总结出换位思考"三步曲"。这样的改变不仅激发了学生的主观能动性，还催生了许多真实而精彩的回应，令笔者深感惊喜。

【教学反思】

根据儿童的心理发展特点，小学五年级学生的思维逐渐具备独立性和批判性，但同时又带有片面性和主观性，因此进行"换位思考"的教育尤为重要。在设计过程中，笔者力求通过情境创设、游戏互动和小组互动等多种方式激发学生的学习兴趣，引导他们深入理解并掌握"换位思考"的技能。从实际教学效果来看，本节课有以下几个亮点。

首先，通过探秘心灵屋的情境设置，成功营造了积极的课堂氛围，激发了学生的好奇心，提升了参与度。同时，借助视频故事，让学生代入故事主人公，体会换位思考的重要性。其次，喂水大作战游戏有效地激发了学生对换位思考的思考。学生在游戏中亲身体验到不理解对方需求而产生的矛盾冲突，从而引出换位思考"三步曲"，让学生逐渐学会站在对方的角度思考问题，增进对彼此的理解和尊重。最后，课程通过"守护天使计划"引导学生将换位思考的技能应用在实际生活中。

不足之处：本节课是参赛课成果，创设的活动情境等略显花哨，如果作为日常课实施，在趣味性和实用性的平衡上需要再作考量，例如，喂水大作战游戏是否可以用参与度和安全性更高的活动来代替，可以进一步思考和改进。

【专家点评】

1.创新开篇，引领心灵之旅。培养换位思考的能力在小学阶段尤为关键。本节课的选题，展现了心理教师的匠心独运与专业魅力。授课老师巧妙地运用"双关图"、做手势的方式等，牢牢吸引学生的注意力，点燃了学生探索心灵屋的热情。这一环节不仅拉近了师生之间的心理距离，更为后续活动环节奠定了和谐、轻松的基调，使学生在愉悦中敞开心扉，自主构建对换位思考的认知。

2.游戏互动，体验换位思考之趣。玩是孩子的天性，也是心灵成长的催化剂。在本节课中，喂水大作战环节的设计，无疑成了孩子们最喜欢的部分。这一环节让孩子们在玩耍中体验，真正"看见"他人的情绪和感受，"听见"他人内在的需求。将积极心理学的视角巧妙地融入其中，引导孩子们关注细节，学会协作，发现生活中的美好。在游戏中，孩子们不仅感受到了换位思考的乐趣，更在无形中培养了同理心和协作精神。

3.贴近生活，实践换位思考之法。一节心理课的价值不仅在于其形式的新颖与有趣，更在于其内容的实用与可操作。本节课的素材源于真实生活，活动方法源于学生的自我体验，辅导策略则源于教师的启发引导。这使孩子们能够在"助己、助人和互助"的过程中，真正将换位思考的理念内化于心、外化于行。这样的心理活动课不仅具有创新性、可持续性，更具备推广的价值，为更多小学生的心灵成长提供了有益的借鉴与参考。

（点评嘉宾：黄立新，江苏省无锡市职业技术学院副教授）

该课曾获江苏省无锡市乡村骨干教师培育站学员优秀课评选一等奖

友谊"慧"说不

江苏省苏州工业园区星汇学校　谢孟媛

【驱动问题】

如何引导学生恰当地拒绝他人？

【基本信息】

适用学段：五年级

准备道具：学案纸

【设计思路】

《中小学心理健康教育指导纲要（2012年修订）》明确指出，小学中高年级学生人际交往意识提高，更愿意与同龄人交往，情感依恋对象逐步由父母转向朋友，生命中的"重要他人"角色开始偏移到同龄人群体。探索人际交往的奥秘，学习人际交往规则是该阶段心理健康教育的重要内容[1]。根据小学高年级学生心理发展的特点及塞尔曼儿童友谊发展阶段理论，10～12岁儿童把朋友看作最了解自己的人，能主动择友，并评价友谊中的自己和对方[2]。但是为了维系友谊，获得同伴认可，避免孤独感，小学生在人际交往中面对同伴提出的不合理要求（消极同伴压力）时，往往一味迁就，难以通过有效的方法进行拒绝。长期压抑真实感受不仅会产生消极体验，还容易伤害同伴友谊[3]。

基于以上分析，本节课设计了"感知拒绝情境—辨析拒绝理由—提升拒绝能力—总结拒绝技巧"四个环节，运用了情境教学、角色扮演、案例分析等方法，让学生意识到，说"不"是每个人应有的权利，恰当拒绝并不会失去伙伴，鼓励学生通过有效的方式表达拒绝。

【教学目标】

1.情感目标：体会不知道该怎么拒绝时的为难，感受有效表达拒绝后的轻松。

2.认知目标：认识到每个人都有权利说"不"，明确合理拒绝的原则。

3.行为目标：学会恰当有效地拒绝他人。

【教学思路】

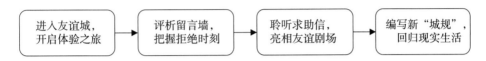

【教学过程】

一、进入友谊城，开启体验之旅（5分钟）

老师：今天心理课的主题是"学会说'不'"，有一个与之相关的神秘任务在等待着大家，它是什么呢？我们一起来听听任务发起人的介绍吧！（教师播放视频）

视频简介：大家好，世界上有个神奇的地方，它的名字叫友谊城，我就是这里的城主。正如我们这座城市的名字一样，我和我的城民都非常重视自己的朋友，为了让大家生活得更加快乐幸福，我制定了一条不可违抗的城规：无论如何，不能对朋友说"不"。我原以为这条城规会让这里的人们相处得更加和谐，可没想到的是，这段时间我接到了很多城民的投诉，大家对这条城规非常不满意。这到底是为什么呢？今天我想邀请你们担任城市体验官，一起到城里游览一番。你们每人都会获得一张体验评价卡，你可以随时记录下体验过程中的感受和想法。希望在这趟旅程结束的时候，大家可以帮我找出原因，让这座友谊城更加美好！如果你准备好了，我们一起出发吧！

老师：第一站，我们来到了友谊城著名的"口是心非"咖啡厅，在这里我们将体验一项特色活动。

活动规则：计时一分半，从任一同学开始，依次大声随机喊出"0～10"的某个数字，同时用右手比画"0～10"的另一个数字。注意：说出的数字和比画的数字不能相同。例如，嘴巴说出"3"，手上就必须比画除"3"以外的数字。失败就再试一次，所有同学都完成或时间用完游戏结束。

学生进行活动，分享活动体验。

老师：体验官们，在刚才的活动中你有什么感受？

学生举手回答。

老师：这个活动让我们体会到，说出和自己想法不一致的内容并不容易。如果每一件事情都像刚才一样，我们明明心里想的是拒绝，嘴巴上却总要答应，你会有什么感受呢？请在学案纸体验评价卡的第一站部分勾选出合适的表情。

学生勾画表格，进行分享。

教师小结：如果面对朋友的任何要求我们都不能拒绝，我们内心一定会产生不愉快的感受。因此城民们对这条城规的意见越来越大：难道朋友的要求一定都是合理的吗？大家把自己的疑问都写在了友谊城留言墙上，希望能有人给他们评一评。咱们一起去看看。

设计意图：通过"口是心非"小游戏激发学生兴趣，一方面引导学生体验心口不一致的感受，渲染课堂氛围，初步激发团体动力。另一方面唤醒学生的共情体验，为后续学会辨析何时说"不"及如何说"不"做好铺垫。

二、评析留言墙，把握拒绝时刻（10分钟）

老师：老师课前进行了调查，找出了小学生普遍难以拒绝的五种情况。我们来看看是什么。

学生对五种情况进行辨析。

①好朋友和一位同学发生了矛盾，让我放学后一起去"教训"他。

②放学后，好朋友约我去家里玩，但是我还有作业没有完成。

③我体育成绩不太好，好朋友约我周末去爬山锻炼身体。

④同学过生日，其他人准备凑钱买一件比较昂贵的礼物。

⑤朋友有事，请我帮忙负责出黑板报，但是我以前从来没做过。

老师：面对这些情况，你的回答是什么？理由是什么？在回应之前，我们不妨问自己几个问题。

①这个要求合理吗？是否违反了课堂规则、校园规则或者家庭规则？

②这个要求我愿意去做吗？这个要求本身没有对错之分，但可能与我的想法或原定计划相冲突。

③这个要求我做得到吗？这个要求可能超出了我目前的能力。

老师：请各位体验官在体验评价卡的表格上针对这五种情况选择是否拒绝，如果你拒绝，还需要写出相应的拒绝理由，拒绝的理由可以有多个。

学生完成学案纸，举手进行分享。

教师小结：和朋友在一起的时候，我们可能会做平时自己不会做的事情，但如果这件事情是不正确的，在朋友提出时一定要坚定拒绝。如果这件事是我们不想做或做不到的，我们也有拒绝的权利，大家可以通过自己当下的真实感受来选择。

老师：游览之旅进行到这里，你们认为友谊城的旧城规还可以继续执行吗？如果不能的话可以怎么修改？

学生举手回答。

老师：到底该怎么说不？城主信箱里最近就收到了这样一封来信，让我们来看看吧！

设计意图：通过课前对近两百名五年级学生进行调查，选出五类学生在日常生活中常见的场景，引导学生对应该拒绝的事件进行辨析，明确有些时候必须拒绝，坚定"该说'不'时就说'不'"的立场，达成教学目标中"知道每个人都有权利说'不'"的认知目标。

三、聆听求助信，亮相友谊剧场（23 分钟）

（一）聆听求助信，共情"拒绝"双方

播放音频：我叫小布，和卡卡是从小玩到大的好朋友，下周卡卡过生日，大家都想下馆子庆祝一下，卡卡让我一定要参加。但是我正在犹豫要不要去：吃饭加上买礼物，这样下来至少得花一两百。妈妈最近生病了，家里正为医药费发愁呢。想起躺在病床上的妈妈，我怎么能再开口要钱呢？可是朋友们都答应掏钱了，只有我一个人拒绝，卡卡会怎么想呢？唉！到底该怎么对卡卡说"不"呢？谁能帮帮我就好了！

老师：为什么小布明明想拒绝，却无法把"不"字说出口呢？小布在担心些什么？你觉得如果卡卡真的被拒绝，他又会怎么想？小布能做些什么让卡卡理解他？下面让我们玩一个"心灵换换座"的游戏。试着将自己当成是小布或卡卡，两人一组，按照下列句式演一演他们的心声。

扮演"小布"：我是小布，我总担心……，所以不敢开口拒绝朋友。

扮演"卡卡"：我是卡卡，当小布拒绝我时，我感觉到……，不过如果小布在拒绝我的时候能够（怎么做），我还是可以理解他的。

学生进行角色扮演练习，自由举手展示。

老师：你们表演得真棒！通过刚才的表演，我发现如果拒绝朋友的时候把原因解释清楚，语言委婉一些，或者提出更合适的替代活动，拒绝更容易被接受。扮演小布的同学，假如你拒绝了朋友，朋友并不责怪你，你会有什么感受？

学生举手回答。

教师小结：被拒绝虽然不好受，但真正的友谊不会因为一次拒绝就失去，恰当的拒绝反而可以让朋友看到更真诚的我们，从而更理解我们，最终让我们的友谊更加深厚。

设计意图：通过换位思考引导学生共情拒绝者和被拒绝者的内心感受，让学生真切地感到拒绝并不是非常糟糕的事情，达成"理解恰当的拒绝不会伤害友谊"及"共情被拒绝时的心情"的目标。通过"被拒绝者之口"引导学生思考哪种被拒绝的方式是可以接受的，提炼出部分方法，为学生进行练习如何说"不"的环节做好预热。

（二）亮相友谊剧场，实战演练"拒绝"

老师：体验官们，我们现在来到了友谊剧场，友谊城之旅的最后一站。还记得刚才求助信中的内容吗？放学路上，卡卡再次邀请了小布，并要求他一定要给出一个答复。你们能否用我们刚才提出的这些拒绝方法，演一演小布具体应该怎么拒绝卡卡，卡卡又会如何回应？温馨提示：拒绝要有效，不伤感情。准备时间两分钟。

学生分小组进行角色扮演，并依次展示。老师根据学生的表现补充说"不"的技巧和方法，如求助他人、态度坚决等，并引导学生体验勇于说"不"、恰当拒绝带来的轻松感。

设计意图：引导学生用对话的方式练习说"不"，并尝试解决实际问题，及时巩固课堂效果，达成"学会恰当有效地拒绝他人"的行为目标和"感受有效表达拒绝后的轻松"的情感目标。

四、编写新"城规"，回归现实生活（2分钟）

老师：我们的体验之旅就要结束了，大家能否结合本次游览的体会，为友谊城完整地设计一条新的城规。请在体验评价单上写出来。

学生完成学案纸，自由分享编写的新城规。

老师：友谊城之旅到这里就结束了，同学们现在又回到了现实世界，今天的学习对你有哪些启示呢？

学生举手分享收获。

教师小结：同学们，对朋友说"不"总是不容易的，我们不但要知道什么时候应该拒绝，还需要掌握一些恰当的方法和技巧，这条"拒绝之路"才能走得更加顺畅。

设计意图：通过编写新城规再次巩固学习效果，增强同学们对于恰当拒绝方法的记忆。引导学生联系自己的实际生活，进一步延伸课堂效果，以期在真实的人际交往中更加主动地运用相应的方法。

【课程迭代】

在精心打磨本节课的过程中，笔者对课堂情境设置进行了重大调整。最初，课程是直接从热身活动切入，旨在让学生感受言行不一的困惑，制造心理冲突。然而，这种冲突并未与学生的实际生活紧密结合，导致在几次课堂实践中，学生的体验感相对较差，难以引发他们的情感共鸣，特别是很难激发学生在友谊中敢于表达拒绝的勇气。在后续拒绝方法的探讨中，课程也显得力不从心。为了改进这一状况，笔者重新设计了课堂情境。通过自制视频，创设了参观友谊城的情境，让学生在课程伊始便沉浸其中，自然而然地联想到现实生活。学生逐渐意识到，在友情中一味迎合，无法真实表达自我会带来强烈的不适感。这种不适感激发了他们改变现状的内在动力。在后续的留言回复和小组表演环节，学生的表现更加真挚动人，确保他们能够将学到的恰当拒绝方法灵活地运用到实际生活中。

【教学反思】

1.教学环节方面，本节课的环节设置比较丰富，尤其是课堂后半部分，有对话，有表演，都需要给学生充分的时间进行尝试，因此在课堂中要特别注意时间的把控，注意课程的推进节奏，避免拖沓。

2.课堂内容方面，课堂整体情境是请学生扮演"友谊城"中的"城民"，最后的实战演练阶段，也同样采用了角色扮演、换位思考的心理技术。在形式上略有重复，学生容易感到疲倦。如果能够再次进行创新，以不同的方式来检验学生是否敢于说"不"、学会说"不"，更能激发学生的参与兴趣。

3.课堂延伸效果方面，虽然课程最后引导学生设计了新"城规"，鼓励学生用充满智慧的方式说"不"，恰当拒绝，但是缺乏定量评价，学生课后改变的动力到底有多少不得而知。在今后的教学实践中，可以将情境贯穿到底，设计一项与学生息息相关的情境作业，并要求学生下节课进行分享，以保证课程的完整性和实用性。

【专家点评】

这节课的亮点主要体现在以下两个方面。

1.导入新颖，情节生动。在课堂一开始就设置了一个让学生能够迅速进入状态的情境，"不能对朋友说'不'"的城规非常容易唤起学生的真情实感，同时这也是课堂后续延伸的主要脉络，串起了整节课，凸显出课堂的整体感、系统性。

2.活动丰富，主体性强。课程安排充分体现了学生的主体性，既有认知上的辨析，又有情感上的表达，还有行为上的训练。每一个环节都做到了层层深入、环环相扣，始终与课程目标紧密结合，高度符合学生的心理发展特点。

（点评嘉宾：沈晓萍，江苏省苏州市心理名师工作室领衔人）

该课曾获江苏省苏州市工业园区小学心理评优课一等奖

【参考文献】

［1］董莉，沃建中.3-6年级小学生人际交往发展特点的研究［J］.中国临床心理学杂志，2005
　　（1）：45-47.

［2］佟月华.儿童友谊发展阶段［J］.外国中小学教育，1989（2）：17.

［3］孙晓军，周宗奎.儿童同伴关系对孤独感的影响［J］.心理发展与教育，2007（1）：24-29.

【学案纸】

友谊"慧"说不

姓名：_____　班级：_____　学号：_____

体验评价卡

各位亲爱的体验官们，欢迎大家来到友谊城，在这里有一条不可违背的城规：**无论如何，不能对朋友说"不"**。请用心体验这段神奇的旅程，并将你的感受或想法记录下来，这会帮助城主决定是否修改城规。出发吧，体验官们！

第一站："口是心非"咖啡馆

当不得不"口是心非"时，城民们的心情可能是：（请在合适的表情下打钩）。

☹　　　　😐　　　　☺

第二站："Yes or No"留言墙

通过"打钩"或"画叉"的方式来评一评这些要求应该拒绝吗？理由是什么？（拒绝的理由可以有多个）

事件	是否合理	是否想做	能否做到	答应／拒绝	理由（如不拒绝也请说明）
①					
②					
③					
④					
⑤					
⑥					

第三站：友谊剧场

通过本次游览，我认为"不能说不"的旧城规（应该或不应该）废除。

新城规如下：

每个人都有说不的权利，但是拒绝他人时我们需要：_____。

愿我们都能在生活中勇于拒绝，学会说"不"，在人际交往中更加愉快自在。

我与父母的心灵之约

福建省福州市福建师范大学附属小学　张晓戌

【驱动问题】

如何鼓励学生主动与父母沟通？

【基本信息】

适用学段：六年级

准备道具：亲子任务沟通单

【设计思路】

国内外的研究均表明，小学阶段是儿童人际关系形成和发展的重要阶段[1]。《中小学心理健康教育指导纲要（2012年修订）》明确指出，在小学高年级阶段要开展初步的青春期教育，帮助学生积极与教师、父母进行沟通，建立良好的人际关系，为初中阶段的学习生活做好准备。小学六年级的孩子逐渐进入青春期，开始喜欢用批判的眼光看待事物，会对家长的干涉产生反感、抵触等情绪，在日常生活中难免和父母产生摩擦、冲突，使亲子关系受到影响[2]。本节心理健康课从孩子的角度出发，引导孩子思考面对和父母的沟通困境时应该怎么办，如何在理解、尊重父母的基础上共同商讨一些积极应对沟通困境的策略。课程通过情境体验、角色扮演、讨论交流等形式，启发学生用多种方式体会父母的爱和家庭的温暖，培养学生与父母有效沟通、交流的能力。

【教学目标】

1. 情感目标：感受主动沟通带来的和谐愉快，愿意为健康的亲子关系做出努力。

2. 认知目标：了解亲子矛盾普遍存在于同龄人的生活中这一现状；认识到主动与父母沟通的重要性。

3. 行为目标：掌握与父母有效沟通的方法和技巧；能在实际生活中有意识地与父

母进行沟通。

【教学思路】

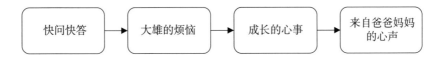

快问快答 → 大雄的烦恼 → 成长的心事 → 来自爸爸妈妈的心声

【教学过程】

一、快问快答（7分钟）

老师：上课前，我们来做个"快问快答"游戏。屏幕上会出现几个问题，同学们根据自己的实际情况举手回答。

①你会不会经常和父母谈论班级同学间的一些事？

②当你遇到高兴的事时，你会首先告诉父母吗？

③当你感到委屈时，你会首先向父母倾诉吗？

④现在的你，和父母相处时还像小时候一样亲密吗？

学生根据自身情况举手回答。

老师：老师观察到，举手的同学越来越少了。现在的你，在家里和爸爸妈妈说话的感受是什么样的？

学生举手回答。

教师小结： 大家也有同感吗？是啊，我们曾经和父母无话不谈，现在和父母的关系却好像疏远了许多，和他们相处变得比以前困难了。这究竟是怎么回事呢？相信很多同学都有同样的困惑。那么今天，就由我带领在座的各位和爸爸妈妈来一场心灵之约吧！

设计意图： 通过调查学生的亲子沟通现状，让学生有机会倾吐与父母相处的烦恼，引导学生意识到沟通不畅的情况是普遍存在的，激发学生积极主动地面对和解决亲子关系问题的意愿。

二、大雄的烦恼（10分钟）

老师：虽然我们都很确定，家人之间是彼此关爱的，但家人间的相处有时也难免有不那么开心的时候。大雄同学也和大家一样有一些烦恼。六年级开始，大雄和妈妈的关系变得很紧张。我们一起来看看大雄的烦恼是什么。请两位同学上来扮演一下大雄和她的妈妈，一定要把人物的心情演出来。

情景剧演出，三个同学分别扮演大雄、妈妈、旁白。

情景剧《大雄的烦恼》

旁白：自从上了高年级，大雄除了要完成学校的课程之外，妈妈还让他补习其他课程。这段时间大雄觉得特别烦。你看，妈妈又在唠叨他了。

妈妈：大雄，快点吃饭，待会儿还要上英语辅导班，别去晚了！

大雄：今天星期天，补习老师说今天的课下周上。妈妈，我想出去和同学玩会儿。

妈妈：不行！还想着玩，你看你上次的单元考，又降了五分。好了，妈妈要上班了，你哪儿也不准去，在家写作业！

旁白：大雄的心情糟透了，哪有心思学习，他左思右想怎么也学不进去。于是，他打开电视机……妈妈下班回家一看，更生气了！大雄再一次遭到妈妈的训斥。

妈妈：你这孩子怎么这么不懂事？都什么时候了，还不抓紧学习。

大雄：学习学习，你就知道让我学习，什么都不让我做，你怎么就不能替我想想呢？

妈妈：我这还不都是为了你好！你看，今天妈妈又给你买了本英语参考书，吃完饭我陪你一起学习！走，先吃饭去！

大雄：哎……

老师：感谢几位同学的精彩表演！这样的场景大家熟悉吗？大雄和妈妈的沟通有效吗？无效的地方在哪呢？我们一起帮帮他们吧！

学生举手回答。

教师小结：感谢同学们，我们帮助大雄成功挖掘出了这么多与爸妈相处的"法宝"：换位思考、稳定情绪、做好自己，还要学会和父母主动协商。

设计意图：通过分析情景剧，引导学生意识到在与父母沟通时应化被动为主动，启发学生领悟亲子沟通的小技巧。

三、成长的心事（20分钟）

老师：还记得课前大家写的那些和爸爸妈妈的沟通难题吗？请每个小组派一名代表上台抽取亲子沟通任务单，小组内展开讨论，探讨如何运用沟通技巧解决抽到的难题。

亲子沟通任务单内容如下。

难题 1：每天早上，妈妈总是催促我快点刷牙、洗脸、吃饭，只要我稍慢一些就会遭到大声斥责。

任务为：尝试换位思考，理解妈妈为何如此急躁，并探讨如何改变这一状况，让妈妈不再频繁催促。

难题 2：爸爸在辅导数学作业时脾气暴躁，稍有不顺就会生气。

任务为：分别扮演爸爸和孩子，体会他们的心情，并思考如何使双方情绪稳定，共同合作解决问题。

难题 3：爸爸工作繁忙，与家人相处的时间越来越少，回家后也常沉浸在手机中，真希望爸爸能多陪陪自己。

任务为：探讨如何委婉地提醒父母，希望他们给予更多的陪伴时间。

难题 4：自从家里有了弟弟或妹妹后，父母似乎总是偏袒他们，自己经常成为被责备的对象，好委屈。

任务为：分析父母这样做可能的原因，并讨论在家中可以做些什么或说些什么来缓解这种紧张气氛。

难题 5：因为考试成绩不佳，受到妈妈的责备，自己一气之下顶撞了妈妈，但其实心里十分后悔。

任务为：思考如何挽回这一局面，如何向妈妈道歉并表达自己的想法。

难题 6：自己经常因为各种琐事与父母发生争执和冷战，已经记不清上一次与父母愉快相处的时光了。

任务为：回忆与父母共度的温馨时刻，分享那些令人印象深刻的美好回忆，并谈谈当时的感受。

学生认领任务，进行小组讨论，每组派代表展示解决方案。

老师：同学们找到了这么多解决问题的方法。老师看到大家也有了灿烂的笑容。看来，和之前的矛盾相比，这些美好的生活点滴更值得珍藏、回味。

设计意图：通过朋辈辅导的方式，鼓励学生自主合作解决亲子沟通中常见的难题，将所学技巧应用于实际生活。同时，注重分享与交流，激发学生根据实际情况思考更多有效的应对策略，从而增强他们主动沟通、建立良好亲子关系的意识。

四、来自爸爸妈妈的心声（3分钟）

老师：大家说了这么多，想不想听听爸爸妈妈的心声？请听录音。

妈妈：亲爱的孩子，我知道，现在你的学习压力大，每天写作业写到那么晚，早上还得早起上学，是挺辛苦的。升学对于每个孩子来说都是挑战，妈妈不愿看到你松懈，希望你能全力以赴，不留遗憾。有时候妈妈着急了会催促你，说你，你不要放在心上啊！现在你长大了，心思也多了，妈妈有时也暗地里高兴，有时候又会舍不得，想念你小时候的可爱。妈妈总担心自己会跟不上你的节奏，你也要教教我怎样做个合格的母亲。妈妈工作上事情也多，总想好好陪你，却总抽不出空，真想哪天拉上爸爸，我们一家好好出去放松放松！

爸爸：是啊，孩子！爸爸平时脾气急了点，常常因为没忍住情绪向你发火，其实自己也挺后悔的，你能原谅我吗？不管怎样，我和妈妈都是世界上最挺你的人，当你需要我们的时候，我们都会在你身边。相信你的付出终有回报。我们爱你。加油，宝贝！

教师小结：生活中，我们常常和爸妈发生小摩擦，而这些小摩擦都源于爱。所以，我们不妨先静下心来感受父母的用心，也试着原谅父母的不完美，主动争取他们的理解和支持。最重要的是从做好自己开始，学会和父母用心沟通！希望大家带着这节课的收获，把满满的爱带回家，与爸妈来一场心灵之约。

设计意图：将父母的真实想法和期待传递给学生，间接形成一次亲子沟通，消除学生的心理隔阂，加强学生主动和父母沟通的意愿，达成课堂效果。

【课程迭代】

本节优质课最终版优化了每个环节的设计意图，这是改动最大的地方。最初的设计重点为亲子情景剧的演绎，旨在引导学生在角色扮演中体验情绪，找寻解决方法，并通过续演情景剧验证教学效果。但授课过程中，笔者发现学生都在解决他人的沟通难题，却没有联想到自己与父母的关系。因此在第二版里，笔者通过活动引导学生写下自己与父母的沟通难题，并鼓励学生采取多元化的形式思考问题，提高了学生的主动参与度，也体现了个体差异。因为涉及敏感的亲子话题，课堂上愿意分享的学生并不多。到了第三版，笔者再次改进教学形式，将学生面临的亲子沟通难题进行细化分类，采用"亲子沟通任务单"的方式引导学生进行小组合作解决现实生活里的沟通难题，这一版本避免了学生探讨自身问题的尴尬，也更注重团体动力学的效用，增强了互动性。课程的最后引入父母的录音，让学生在课堂上也能真实感受到父母内心的声音，促进亲子间相互理解，产生情感共鸣，因此这一版更注重学生的情感体验和实际操作，确保学生能够将课堂所学转化为改善与父母关系的实际技能。

经过这些迭代，课程最终形成了一个综合体，不仅加深了学生对父母的理解，促进了亲子沟通，也提升了学生自主解决问题的能力，体现了教学内容与学生的实际生活紧密结合的教育智慧。

【教学反思】

在教学设计上，本节课的重点和难点在于引导学生形成积极主动与父母沟通的意识，掌握与父母有效沟通的方法。开始阶段，教师以情景剧作为引子，引导学生共同商讨解决问题的办法，启发学生领悟亲子沟通的小技巧：做好自己，通过换位思考理解父母的用心，调控好情绪，以及积极主动地反思、协商。而后，在"成长的心事"环节，教师利用朋辈辅导的理念，引导学生以小组为单位讨论生活中亲子交往常见的沟通困境，同时引入情景表演、实际操作等形式，让学生合作解决与父母沟通的难题。课程注重分享交流，启发学生根据实际情况思考出更多、更有效的应对策略，树立"建立良好亲子关系，要从自己做起"的主动沟通意识。

在教学方式上，课程通过情境再现、角色扮演、小组讨论等方式，围绕主题，以问题为导向，注重学生与父母沟通能力的培养，突出以学生为本的新课改教育理念，教学方法较为多样，突出了心育的特点。通过辅导，学生掌握了亲子沟通的方法和技巧，有效达到了学习目标。

但因涉及相对敏感的亲子话题，在班级学生数量多的情况下，辅导效果可能会受到影响；需要教师提供更安全、自在、有利于亲子关系辅导的氛围。

【专家点评】

本节课课题明确，让人一目了然，符合小学生的特点。教学设计流程较为清晰，形成了"发现问题—分析问题—解决问题—情感升华"的模式，整节课以学生的演绎与讨论为主，教师引导为辅，充分发挥学生的主动性；同时，课堂也关注到学生的情感表达，让学生在活动中充分思考和表达，从而有所感悟，有所启发。授课过程的每个环节层层深入，突出辅导的重点和难点，特别是课堂最后播放的爸爸妈妈的心声，在前面体验的基础上对教学内容进行了升华，感动了学生，达到了心理健康课应达到的教学目标。

（点评嘉宾：谢姗姗，闽江师范高等专科学校人文与管理学院副院长）

该课在福建省中小学优质课评选活动中被评为省级优质课

【参考文献】

［1］迟佳.小学生人际关系课程辅导初探［J］.中国教育学刊，2018（S2）：89-90.

［2］周宗奎，孙晓军，赵冬梅等.同伴关系的发展研究［J］.心理发展与教育，2015，31（1）：62-70.

懂我，懂你

上海市曹杨第二中学附属学校　廖姣姣

【驱动问题】

如何提升学生应对亲子冲突的能力？

【基本信息】

适用学段：六年级

准备道具：角色台词卡

【设计思路】

进入青春期以后，父母与子女经常会因为一些事情爆发冲突，进入行为层面的指责与反抗模式，最后造成相互伤害的结果。《非暴力沟通》这本书讲到，在人际关系中，当我们越过指责等行为，看到双方行为背后的情绪及情绪中蕴藏的需求时，我们就可以采用非暴力的沟通方式，兼顾双方的情绪和需求，达成人际关系的良性发展[1]。

在现阶段的中小学生心理健康辅导中，校园心理剧是一种富有成效和极具特色的心理辅导方式[2]。而剧本杀作为新兴的游戏形式，深得学生们的喜爱。笔者提炼了剧本杀最本质的部分，并结合教学主题和教学目标进行简化和改编，让一部分学生进行角色扮演，全班同学代入侦探角色，以合适、安全的距离探索自己和父母的关系状态和互动模式，通过看到自己和父母行为背后的情绪和需求，提升学生对父母和家人在情感上的理解和接纳程度，进而让学生调整与家人沟通时的态度，采取"非暴力沟通"的方式与父母进行沟通。

【教学目标】

1. 情感目标：感受"非暴力沟通"带来的美好体验，愿意与父母真诚沟通。

2. 认知目标：理解行为背后隐藏的各自不同的情绪和需求。

3. 行为目标：学习觉察与表达自己的情绪与需求，体会父母的情绪与需求。

【教学思路】

引入冲突，设置悬念 → 看到彼此的情绪和需求 → 表达理解，说出需求 → 黑夜，不再累：温馨的夜

【教学过程】

一、引入冲突，设置悬念（5分钟）

老师：PT镇里，每到晚上7点就传出激烈的争吵声，但是小镇居民不知道声音来自哪里。大家非常头疼。老师听说我们班的孩子非常细心和善于推理，所以想请你们前去一探究竟，找出破解的办法。

学生认真听，准备进入侦探角色。

设计意图：上课伊始，通过背景音乐、场景创设，以及教师代入角色等方式。为学生探索主题营造氛围，激发学生的兴趣，让学生开始对主题感到好奇，产生想要探索的动力。

二、看到彼此的情绪和需求（15分钟）

（一）角色设定

1. 老师是全场的主持人，负责描述场景和引导探索。

2. 学生扮演本次迷案中的角色，包括两位神秘主角、两位配角，以及小侦探若干。

①主角：F和M，F是一位父亲，M是F的女儿。

（主持人只需要告诉学生有这两个角色，不需要说明角色之间的关系。主持人需将角色台词卡给到相应的学生）

②配角：两位参与本次迷案，提供信息的角色。

（哈里和小丽，他们的作用是帮助大家了解主角的情况，主持人不需要过多解释他们和主角的关系。主持人需将角色台词卡给到相应的学生）

③其他学生作为小侦探侦破迷案，还原真相。

（二）破解迷案

第一幕：懂你

老师：我们来看看此次迷案的两个神秘主角，或许我们可以从他们身上找到关键线索，破解争吵声之谜。

学生（神秘主角 F）做动作（如下图所示）。表情严肃。

学生（哈里）：他是我的邻居 F，上有老，下有小，平时工作非常辛苦。F 时常会和我聊天，每当回忆起孩子小时候，他会嘴角上扬。每当说到孩子最近的情况，他就垂头丧气。昨天我听见 F 家传出了激烈的争吵声。

老师：他是谁？他在说什么？他当时是怎样的心情？

学生深入探索并回答。

老师：他为什么生气？他在担心什么？

学生深入探索并回答。

第二幕：懂我

老师：我们来看看神秘人物 M 又会给我们带来什么样的关键线索？

学生（神秘主角 M）做动作。先低头，后抬头，眼睛里闪着凶光，嘴巴一张一合，在不断诉说（只做口型不发出声音）。

学生（小丽）：我是 M 的同学，经常和她在微信上聊天，我们平时会聊学习、聊喜欢的明星等。当天晚上，我们在微信上聊不会写的那道题时，刚聊了几分钟，我就再也没有收到 M 的信息了。

老师：他是谁？他在说什么？他当时是怎样的心情？

学生深入探索并回答。

老师：他为什么感到委屈和难过呢？

学生深入探索并回答。

设计意图： 学生在破解迷案的过程中，逐步觉察和认识到剧情演绎的是父亲和女儿之间的互动，意识到一方指责、一方反抗的行为模式会对彼此间的关系产生不良的影响。

三、表达理解，说出需求（15 分钟）

第三幕：还原真相

老师：经过我们小侦探的积极探索，我们终于侦破了这个迷案。现在，让我们还原整个事情的真相吧。

（一）F 和 M 还原过程

老师：当天晚上是周一，孩子 M 刚写了一会儿作业，有一道题目不太会，就在微信上问小丽，这时候爸爸 F 刚好进来了。

学生（F）：又在玩手机，作业写完了吗？整天只知道玩手机，不怕眼睛瞎了吗？我辛苦挣钱供你上学，你却在这儿浪费时间！

学生（M）：（慌忙把手机藏起来，手在发抖）你只看到我玩手机的时候，我每天从早上学到晚上，我玩一会儿不可以吗？

（二）小侦探思考和探索

老师：他们是用什么样的方式进行沟通的？这种方式可以帮助他们理解彼此的情绪和需求吗？他们有真正看到彼此的内心吗？

学生深入探索并回答。

教师小结：我们很多时候只看到了自己和他人的行为反应，这只是冰山一角。行为背后隐藏着很多情绪，情绪反映的是我们想要满足的一些需求。例如，父母担心的背后，是希望孩子好好学习，以后有更多选择的希望。孩子委屈的背后，是对父母能看到自己的付出和努力的期待。所以，我们第一步要觉察自己当时产生了什么样的情绪，这个情绪在告诉我们自己有哪些需求想要得到满足，然后再尝试觉察对方的情绪，以及情绪背后的需求。

（三）主持人提问，小侦探分组探讨

情绪：怎么知道自己处于怎样的情绪状态？怎么了解他人处于怎样的情绪状态？

需求：情绪想告诉你什么呢？

沟通：双方在怎样的情绪中适合沟通？你会怎么沟通？

第四幕：表达理解，说出需求

两人一组，一方为 F（父亲），一方为 M（孩子），进行内心的交流和对话。看到对方的情绪和需求，说出自己的情绪和需求。

当_____时候（事件）

我感到_____（心情）

我想要_____（需求）

我希望＿＿＿＿＿＿＿＿＿＿＿＿＿＿＿＿（请求）

设计意图：学生在破案的过程中逐步领悟到，原来情绪蕴藏着内心的需求。并通过代入 F 和 M 的角色，尝试表达自己的需求，在此过程中感受不同于指责和反抗的交流方式带给亲子关系的影响。

四、黑夜，不再累：温馨的夜（5 分钟）

老师：作为侦探的我们看完整个故事，心里一定有很多想说的话。请想象你走进了一间安静的屋子，月光透过窗子洒在书桌上。此刻，你突然想要写一首小诗，将内心的感悟呈现在纸上。

学生完成半结构化的小诗。

当我愿意一层一层一层拨开我的心 / 我会发现

我的＿＿＿＿＿＿＿（情绪）是来告诉我

我需要＿＿＿＿＿＿＿＿＿＿＿＿＿

如果我愿意一点一点一点地理解你的心 / 我会发现

原来你指责我 / 是因为你感到＿＿＿＿＿＿＿（情绪）

你想要＿＿＿＿＿＿＿＿＿＿＿＿＿＿（需求）

此刻，我看见了自己，也理解了你

学生交流小诗。

教师小结：在这节课中，通过各位小侦探的深入探索，我们发现，和父母之间，我们有时候只看到了对方的指责行为，而没有看到行为背后的情绪及需求。我们可以透过行为，理解自己的情绪，看到自己内心的需求。我们也可以透过行为，理解对方的情绪，看到对方内心的需求。此刻，我们懂了自己，也懂了对方，黑夜不再累。

设计意图：通过一首小诗，学生结合自己的经历和体验，将本节课探索出来的经验进行总结和沉淀。

【课程迭代】

本节课的最初版本是让学生直接体验和父母相处时的感受，同学们会沉浸在愤怒的情绪中难以自拔，很难看到愤怒情绪背后的其他深层情绪，更难从情绪中理解自己的需求。所以笔者用投射的方式，让学生以旁观者的身份，观看他人的故事，品味自己的情绪。而剧本杀的形式是学生比较感兴趣的，可以用这种方式激发学生的兴趣，提高学生的参与度。

第二版就采用了剧本杀的方式，学生既能看到剧中孩子的情绪和需求，也能理解剧中父母的情绪和需求。但是，笔者感觉学生仍然只停留在他人的故事中，没有很好地联系自己与父母的关系。因此，笔者在第三版中加入了半结构化的小诗，帮助学生将从剧中获得的感悟直接融入对自己和父母关系的理解中。

本节课修改最费力的是剧本的选择及其呈现的方式，选择的剧本要和学生的实际情况相联系，这样才能吸引学生，引起学生情感上的共鸣。而呈现也要循序渐进，才能一直吸引学生的注意力，通过逐步解密，一步步引导学生理解双方的感受和需求。

【专家点评】

这节课的亮点主要体现在以下三个方面。

1. 课程设计新颖，内容设计既有趣又有启发性。课程采用剧本杀的形式，旨在引导学生探索亲子冲突，透过情绪理解自己和父母，以及如何表达理解和说出需求。情境设置的形式很有趣，既能激发学生学习的兴趣，又能让学生有所领悟。

2. 环节设计精妙，环环相扣，层层递进。六年级学生处于青春期早期，自我意识开始萌发。在这一特殊时期，孩子与父母经常会因为一些事情爆发冲突。本节课设计了"引入冲突，设置悬念""看到彼此的情绪和需求""表达理解，说出需求"和"黑夜，不再累：温馨的夜"四个环节，每个环节层层递进，在逐步破案、还原真相的过程中，情绪和需求也逐渐浮现。

3. 教法和学法多样灵活，成效显著。本节课运用了丰富的教法和学法，通过想象法、角色扮演法等方式，学生在代入侦探角色破案的过程中，对自己和父母的情绪及需求有了更深入的觉察和领悟。

（点评嘉宾：许颖，上海市曹杨第二中学附属学校心理高级教师）

【参考文献】

［1］马歇尔·卢森堡《非暴力沟通》（修订版）［M］.北京：华夏出版社，2021.

［2］田晓莉，杜志瑶.校园心理剧在中小学心理健康教育中的应用与前瞻［J］.中小学心理健康教育，2023（22）：63-65.

第四章

社会适应

社会适应单元的主要目标是帮助学生适应不同阶段的学习和生活环境。通过学习积极心理学理论中的成长型思维、心理弹性等理念，学生能够应对不同阶段可能面对的升学、人际关系、生活等方面的困难与挑战，提升自身应对挫折的能力和独立生活的能力。

社会适应单元的常见心理主题包括适应新环境、缓解学业和升学压力、适应集体生活、提升心理弹性、平衡学习与休闲娱乐等。这些主题通常从两方面帮助学生提升适应能力：一方面，从心态上帮助学生提前做好准备，接纳可能出现的困难；另一方面，从方法上引导学生积极挖掘自身及周围的资源，采用恰当的方式应对问题与挑战。

小学生的身心快速发展。对他们来说，每一天的生活都意味着成长与进步，同时，也会出现新的挑战。在小学低年级，学生主要的适应难题在于对生活习惯和学习习惯的适应；在小学中年级，随着学习难度迈上新台阶，学生需要在他人的帮助下初步学会应对挫折，培养乐观心态；小学高年级的学生步入青春期早期，内心更加敏感，他们需要用更积极的方式面对自身和环境的变化。

《面对错误有方法》基于成长型思维理念，聚焦"如何帮助学生积极看待错误"这一话题。《休闲驿站》以人生旅途为隐喻，关注如何让学生能好好"休闲"。《最勇敢的话——请你帮帮我》基于扎实的文献研究基础，引导学生学会求助、善于求助。《熊熊的英"熊"之旅》与《冲冲岛的智慧》两节心理课均采用了"3I"策略，帮助学生学会应对生活中的挫折，读者可以通过对比这两节课，看到同一主题在不同年级段呈现的深度差异。

在本单元中，读者将看到老师们对诸如心理韧性、挫折这样的常规课题的深入思考。教师通过巧妙的隐喻将心理课变得更为"形象化"，也更符合学生的需求。学生的年级段越高，在心理课堂中对适应的探讨就越要以学生为主，避免说教。

面对错误有方法

北京市石景山区实验小学　谭海静

【驱动问题】

如何让学生学会从错误中获得成长？

【基本信息】

适用学段：三年级

准备道具：学案纸

【设计思路】

《北京市中小学心理健康教育工作纲要（修订）》指出，学会学习是心理健康教育的主要内容之一，要引导学生端正学习态度，激发学习动机，培养学习兴趣和良好的学习习惯，增强学习效能。

社会心理学家卡罗尔·德韦克的"成长型思维"理论认为，关于"能力是否可发展"这一问题，存在成长型思维和固定型思维两种模式[1]。如果学生拥有固定型思维模式，认为错误代表着失败，代表着自己不够好，那他们在犯错时会有强烈的羞愧感和挫败感，在学习的过程中会极力避免犯错，如选择低难度的学习任务或干脆不去尝试，久而久之就会呈现出学习动力不足的状态；如果学生拥有成长型思维模式，认为错误只是尚未解决的问题，错误也可以是学习的机会，那他们就会不畏挑战、勇于尝试，享受学习过程的乐趣，而不仅仅关注学习结果。关于犯错，美国心理学家、教育家、"正面管教协会"创始人简·尼尔森也提出了修正错误的 3R 原则，即接纳、和好与解决[2]。

三年级学生已经逐步适应了小学生活。同时，三年级是学生学习习惯、学习态度从可塑性强转向逐渐定型的过渡阶段，也是培养学生形成自信心的关键时期。在这个过程中，要保护他们的好奇心与求知欲，帮助他们形成成长型思维，让他们能够勇敢尝试、不怕犯错、感受学习的乐趣。

本节课基于成长型思维理论，以"怎样面对错误"为着眼点，引导学生了解固定型思维和成长型思维面对错误的不同态度，在修正错误的过程中帮助学生树立"错误并不可怕，可以从错误中学习"的成长型思维，进而引导学生增强面对新环境、新要求的适应能力，让学生感受学习乐趣，增强自信心。

【教学目标】

1. 情感目标：产生主动培养成长型思维的欲望，能够积极地面对错误，从错误中成长。

2. 认知目标：了解固定型思维与成长型思维面对错误的不同态度，知道错误并不可怕，错误也是学习的机会。

3. 行为目标：学习从错误中成长的具体方法，在学习和生活中尝试运用。

【教学思路】

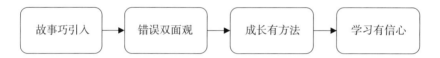

【教学过程】

一、故事巧引入（5分钟）

老师呈现导入故事。

故事简介：丽丽和芳芳是三年级二班学生。在今天的语文百词练习中，她俩都写错了两个字。虽然她们犯的错误一样，但是她俩的反应可不太一样。丽丽看到自己写错了字很伤心，生气地说，我是不是太笨了，老是写错，让同学们知道了多没面子啊。于是，她把自己的百词练习单悄悄藏进了书包里，假装什么事都没有发生。芳芳看到自己的练习结果以后也有点失落，不过她暗暗想，这次一定要好好记住这两个字怎么写，下次就不会再犯同样的错误了。于是她拿出书，认真地改了起来。

老师：同学们，丽丽和芳芳谁会进步更快，为什么？

学生举手分享。

教师小结：同学们认为芳芳的进步会更快，因为她能改正自己的错误。丽丽没有认真改错，她下次可能还是不会写。看来，对待错误的态度不同，我们的学习效果也会不一样。

设计意图：通过两位同学犯错以后的表现，引导学生发现对待错误的态度不同，学习效果也会不同，为介绍两种不同的思维模式做铺垫。

二、错误双面观（12分钟）

老师：心理学家发现，在我们的头脑中有两个不同的思维小人，一个是石头人，一个是大树人，他们俩面对错误时的表现是不一样的（见表4-1）。

表4-1 石头人、大树人

	石头人（固定型思维）	大树人（成长型思维）
感受	伤心、懊恼、指责	遗憾、平静
想法	错误就是失败 犯错代表着自己不好	错误是学习的机会 找到漏洞就可以弥补了
行为	逃避错误	勇敢面对错误
结果	成绩越来越差	进步越来越快

老师：同学们，你有没有像丽丽或芳芳这样的经历呢？你犯错的时候，是像石头人一样，还是像大树人一样呢？

学生根据自己的情况完成学案纸。

教师小结：每个人都会犯错，最重要的是我们怎样面对错误。今天这节课，我们来帮助石头人变成大树人，学习面对错误的好方法，学会从错误中成长。

设计意图：通过对比石头人和大树人犯错以后的不同表现，引导学生发现成长型思维的积极作用，进而反思自己的思维模式，产生主动培养成长型思维的欲望。

三、成长有方法（20分钟）

（一）成长的第一步：接纳

老师呈现情境故事。

丽丽放学回家后，妈妈问她，今天百词练习成绩怎么样？丽丽害怕妈妈批评她，就支支吾吾地说：“我都，都写对了。”然后就钻进了自己的房间。

老师：想一想，如果丽丽希望自己像大树人一样，丽丽应该怎么做呢？

学生举手分享。

老师：有的同学说丽丽应该向妈妈承认自己写错了，撒谎迟早会被发现的，那个时候妈妈可能更生气。有的同学说写错了没有什么大不了的,谁也不能保证每次全写对。是啊,不诚实可是比写错字更严重呢。所以,成长的第一步,就是接纳,接纳自己会犯错的事实,允许自己犯错。这样才能让我们在学习中更有勇气去探索!

（二）成长的第二步：和好

老师：成长的第二步就是和好,与自己的错误和好。如果我们害怕犯错,像丽丽一样把错误藏在书包里,那我们将很难改正它。如果我们把错误看成学习的机会,看成自己学习路上的小帮手,那我们就能平静地面对它,仔细地观察它,就能找到自己错误的原因在哪里。同学们,丽丽已经承认了自己的错误,把练习单拿出来放在了桌子上,我们一起来帮她分析一下为什么会出现错误吧!

学生举手分享。

老师：同学们分析得都有道理。有可能是她上课没有认真听讲,所以没学会这两个字。有可能她对这个字不是很理解,不知道部首的意义是什么。也有可能是她没有认真复习,学过的知识忘记了,所以写错了。这几位同学的想法都有道理,与错误和好,我们才能找到错误出现的原因。

（三）成长的第三步：解决

老师：找到原因之后,就要想办法解决,所以,成长的第三步,就是解决。针对刚才的原因,丽丽该怎样解决自己的问题呢?

学生自由分享。老师总结学生的建议。

教师小结：在大家的帮助下,丽丽头脑中的石头人变成了大树人,相信她以后一定能够勇敢地面对自己的错误,取得更大的进步。

老师：同学们,那你们呢?下次再犯错时,你头脑中的哪个思维小人会胜利呢?你要怎样面对错误,从自己的错误中成长呢?

设计意图：通过介绍修正错误的3R原则：接纳、和好、解决,帮助学生学习积极面对错误的方法,使学生从错误中成长,提高问题解决能力,从而提升学习兴趣,增强自信心。

四、学习有信心（3分钟）

老师：这节课,我们了解了石头人和大树人面对错误的不同态度,也学习了正确面对错误的方法,也就是通过接纳、和好、解决三个步骤,从错误中学习与成长。这些方法不仅能用在我们的学习中,我们在和他人相处时,或者在生活中的其他地方犯错时,我们也可以尝试用今天学到的方法去改正错误。希望大家都能积极探索、勇敢尝试,能从自己的错误中成长。

设计意图:通过课堂总结,鼓励学生用正确的方法面对错误,勇敢尝试、积极探索,感受成长的乐趣。

【课程迭代】

本节课最终版与前面的版本相比,有以下几个方面的改动。

1.以一个事例贯穿始终,活动少而精。之前的版本每个环节都设计了不同的事例,但是每个事例都浅尝辄止,无法让学生有深入的体验。结合一个事例深入探讨,能给学生更多的思考空间。

2.搭建学习支架,帮助学生将课堂所得应用到生活实践中。在最初的版本中,学生分享时教师没有给出具体的方向,学生不知从何说起。最终版本的课程设计通过表格的形式帮助学生理清思路,更具可操作性,学生也更愿意在未来的生活中去运用所学方法。

【教学反思】

本节课是成长型思维主题系列课之一,以成长型思维为导向,引导学生在学习中勇于尝试,积极面对错误。总体来讲,本节课有以下几个方面值得笔者继续思考与学习。

1.通过一个主题情境串联起整节课,活动深入而有效。心理健康课强调以学生为中心,重视以活动体验代替枯燥说教。本节课从学生生活中的真实情境出发,以"百词练习"作为故事引入,激发了学生的兴趣,更容易让学生产生共鸣。而后继续以这一情境为例,在查找原因、解决问题的过程中不断深入,一步一步达成本节课的目标。

2.以"正确面对错误"为切入点,更容易帮助学生了解成长型思维,并产生培养成长型思维的欲望。成长型思维作为一种思维模式,包含的内容比较宽泛,学生不易理解。本节课以"拥有成长型思维的人怎样面对错误"这一小而实的关注点为抓手,又以两个可爱的卡通形象"石头人"和"大树人"代表不同的思维模式,使学生一下子就明白了两种思维模式的不同,从而产生主动培养成长型思维的想法,愿意在实际生活中学习并运用成长型思维。

3.充分了解学生的问题与困惑,助力培养学生的积极心态。作为一名教师,经常能听到学生说，"我就是不擅长数学。""我就是不行，比不上别人。"很多时候，学生没有学习动力是因为他们不相信自己，觉得自己无论怎么努力都没有意义，尤其是在犯错以后，自责与羞愧的感觉会让他们止步不前。因此，本节课通过不同思维模式的比较，让学生切身感悟到一个道理：心态不同，行为不同，结果就会不同。让学生认识到，犯错并不可怕，只要用正确的方法去面对它，错误也是成长的好机会。

【专家点评】

这节课的亮点主要体现在以下三个方面。

1. 主题符合学生实际生活需求，立意新颖、与时俱进。"面对错误有方法"这一话题关注了学生生活中常见的"犯错"这一现象，通过案例分析引发学生的共鸣，引导学生积极思考。同时，本节课立意新颖，用"成长型思维"这一理念引导学生，促使学生在学习中乐于尝试，积极面对错误，有助于提升学生的思维品质。

2. 教学环节清晰，方法策略科学、适切。本节课通过"错误双面观""成长有方法""学习有信心"三个环节，逐步引导学生正确认识错误、学会分析错误，并愿意将学到的方法在生活中实践，使学生在情感、认知和行为三个维度上均有所收获。同时，本节课采用了"正面管教"中的 3R 修正错误方法，该方法针对性强，可以具体、明确地指导学生去分析和解决自身遇到的问题。

3. 教学形式灵活，注重学生体验。本节课为了能让三年级学生生动形象地理解什么是成长型思维，以及如何用成长型思维去分析问题，采用了"石头人"和"大树人"的形象代替"固定型思维"和"成长型思维"，通过故事感知、情境反思等方式，引导学生了解"石头人"和"大树人"对待错误的不同态度，从而学习怎样从"石头人"转变为"大树人"，学会从错误中成长。同时，作为心理健康课，本节课注重学生的体验和生成，在每一个环节均有对学生感受或想法的提问，促使学生身临其境去感受并深度思考。

（点评嘉宾：李月，北京教育学院石景山分院心理教研员）

该课曾获北京市石景山区教育教学大赛教学设计一等奖

【参考文献】

［1］卡罗尔·德韦克.终身成长［M］.南昌：江西人民出版社，2017.

［2］简·尼尔森.正面管教［M］.北京：北京联合出版公司，2016.

【学案纸】

面对错误有方法

姓名：＿＿＿＿＿＿ 班级：＿＿＿＿＿＿ 学号：＿＿＿＿＿＿

同学们，你有没有像丽丽或芳芳这样的经历呢？你犯错的时候，是像石头人一样，还是像大树人一样呢？请你根据自己的情况完成下面的表格。

事件	
感受	
想法	
行为	
结果	

熊熊的英"熊"之旅

安徽省合肥市第六中学　沈慧

广东省东莞市黄江镇中心小学　郑思琪

【驱动问题】

如何让学生学会用 3I 理论来解决生活中遇到的困难？

【基本信息】

适用学段：四年级

准备道具：学案纸

【设计思路】

《中小学心理健康教育指导纲要（2012 年修订）》对小学生心理健康教育内容提出要求：引导学生在学习生活中感受解决困难的快乐，学会体验情绪并表达自己的情绪。小学三、四年级是孩子由依赖父母到自立能力增强的转型时期，这一阶段的孩子还面临学业难度增大的困难。不少学生面对困难会存在畏难情绪，甚至出现无力感，沉浸在困难带来的负面情绪中，进而导致意识范围狭窄，忽略自己所拥有的内外部积极资源。

本节课的设计理念基于心理复原力的优势视角理论（即 3I 理论），这一理论认为复原力包括"我是（I am）""我有（I have）""我能（I can）"。整节课通过小学生喜爱的卡通形象"熊熊"，帮助学生发掘自身潜力，发现自身战胜困难的力量，从而敢于直面挑战，找到解决问题的办法，提高抗逆力。

【教学目标】

1. 情感目标：体验发现自我闪光点带来的勇气，提升战胜困难的自我效能感。

2. 认知目标：认识到每个人都有不擅长的事情，遇到困难是正常的。

3.行为目标：找到自己克服困难的支持圈，学会用"3I"理论来解决生活中遇到的困难。

【教学思路】

英"熊"之旅启程吧 → 软萌哭包小熊熊 → "我是"闪光圈：勇往直前的小熊熊 → "我有"支持圈：势不可当的小熊熊 → "我能"魔法圈：所向披靡的大英"熊"

【教学过程】

一、英"熊"之旅启程吧（5分钟）

老师：同学们看过动画片《熊出没》吗？熊大、熊二不仅同学们喜欢，老师也特别喜欢。在我们的印象中，熊二是什么样的呢？

学生互动分享。

老师：或许大家会认为熊二是一个有点胆小、爱哭、总被哥哥熊大保护着的小熊。其实熊二的身体里也藏着一个大英雄，在今天这节课上，熊二将开启它的英雄之旅。让我们一起见证熊二的成长吧！

老师介绍活动规则。

活动规则如下。

①有普通模式和困难模式两个选项可供学生选择。选择普通模式挑战成功后获得奖励，失败没有惩罚。选择困难模式后挑战成功奖励翻倍，失败将受到惩罚。

②学生以小组为单位讨论选择哪种模式，教师统计两个模式分别有多少个小组选择，以"少数服从多数"的方式确定全班挑战模式。最后，分别邀请选择普通模式和困难模式的两方各选一个代表说说选择的原因。

③屏幕上闪现一张图片5秒，接着分解成碎片，随机打乱分布。

④学生有30秒的记忆时间，时间结束后，图片翻转为背面。

⑤全班合作一起在规定时间内将碎片复原成"幼年熊二"即为挑战成功（简单模式限时3分钟，困难模式限时1分钟）。

学生合作闯关，完成游戏。

老师：恭喜大家成功解锁角色卡——熊二。游戏有难易，我们的生活也一样。在游戏中，我们可以自由选择难易模式，但是在生活中我们所面对的任务的难易程度却是自己无法选择的。那面对困难，我们该怎么办呢？这节课我们将和熊二一起，学习如何勇敢面对困难，积极主动克服困难，体验熊二变大英雄的英"熊"之旅。

设计意图：通过全班合作一起复原熊二图案的活动，使课堂更有仪式感，学生也能更加沉浸地进入游戏情境，进而理解课程主题。

二、软萌哭包小熊熊（7分钟）

老师播放视频《软萌哭包小熊熊（数学课上的熊二）》。

视频简介：熊二今年进入森林学校后，多了好多困难。学习任务好像难了一些，上体育课他也找不到其他小伙伴，自己要认识新的老师和同学，还要离开妈妈……上学要面对的困难可真多啊，熊二又想哭了。

学生观看视频。老师引导学生思考熊二遇到了哪些困难。学生举手回答。

老师：请结合自己的学习生活，在学案纸上写下一个你最近遇到的困难。

学生完成学案纸。

教师小结：在学习生活中，我们也会像熊二一样遇到许许多多不同的困难，那我们如何克服这些困难呢？让我们用自己的方法一起来帮帮熊二，同时思考这个问题。

设计意图：从熊二遇到的困难出发，引导学生从自己的学习生活出发，思考熊二可能遇到的困难。将自己的困难投射到熊二身上，借熊二表达出来，降低学生的防御心理。

三、"我是"闪光圈：勇往直前的小熊熊（13分钟）

老师：大家一起帮熊二找一找，从刚刚的视频中，你发现熊二有哪些闪光点？（教师举例：比如面对老师的一次次提问，熊二没有一开始就放弃，仍然很努力地在计算；即使摔倒了痛哭，熊二也能快速调整好，抗挫折能力强）

学生举手回答。

老师：一开始，熊二觉得自己胆小、爱哭，很没用，但是在熊大、好朋友们和你们的帮助下，熊二渐渐发现了自己的闪光点，成了一只勇往直前的小熊熊。和熊二一样，我们每个人都有独特的闪光点。下面我们来完成自己的"英熊盾"吧！

老师呈现绘本《我不是每件事都擅长》[1]。

老师：其实有擅长的事和不擅长的事都是很正常的。每个人身上都有属于自己的闪光点，探索自己的内在力量，可以帮助我们更好地应对困难。请同学们在"英熊盾"的"'我是'闪光圈"中写下你认为自己拥有的闪光点。

学生完成"英熊盾"上的"'我是'闪光圈"。

老师组织小组活动，学生交换"英熊盾"。

学生交换学案纸，并为同学写下"他/她的闪光点"。

教师小结：和熊二一样，大家都拥有独特的闪光点。在遇到自己不擅长的事情和困难时，想想我们自己有什么特点、优势，能帮助自己克服恐惧，积极应对困难。

设计意图：通过绘本中各种各样的"不擅长"和"擅长"，引导学生联想自己的"不擅长"和"擅长"，让学生认识到问题只是问题，并引入"寻找自己的闪光点"环节。

四、"我有"支持圈：势不可当的小熊熊（10分钟）

老师：在熊二的英"熊"之旅中，勇往直前的熊二能成功地解决困难，成为一只势不可当的小熊熊，除了凭借发现"自我闪光点"带来的勇气之外，思考"我有"这一话题也至关重要。"我有"指的是我们所拥有的、能帮助我们积极应对困难的外部资源。熊二在遇到困难的时候，周围人都向熊二提供了哪些帮助呢？

学生互动分享。

老师：我们不擅长的事情，可能是他人擅长的事情，我们可以主动寻求帮助，让好朋友助我们一臂之力。请思考当自己遇到困难时，可以向谁寻求帮助？

学生填写学案纸上"英熊盾"的"'我有'支持圈"。

设计意图：通过熊二的故事，让学生认识到主动寻求帮助可以帮助我们更好地解决困难，从而引导学生找到自身的支持圈，为遇到困难时的自己赋能。

五、"我能"魔法圈：所向披靡的大英"熊"（5分钟）

老师播放动画片段《熊大经常对熊二说："熊就要有个熊样！"》。

视频简介：熊二在遇到困难的时候鼓励自己"熊就要有个熊样"，这句自我鼓励的话给了熊二很多勇气，让熊二渐渐成为一只勇敢的小熊。

学生观看视频。

老师：熊二在遇到困难的时候鼓励自己"熊就要有个熊样"，对"我能"的相信，让熊二成为一个所向披靡的大英"熊"。

学生填写学案纸上"英'熊'盾"的"'我能'魔法圈"。

老师：请大家和熊二一样，为自己想一想自己的魔法咒语，在遇到困难的时候鼓励自己。我能……，我真棒！我……，我能行！

教师小结：熊二的英"熊"之旅之所以能成功，是因为熊二有发现自我闪光点带来的勇气，有主动寻求他人帮助带来的支持，以及相信"我能行"带来的信心。希望同学们带着今天课堂上寻找到的"英'熊'盾"，在未来的学习生活中，像熊二一样，敢于尝试他人没有尝试过的东西，勇敢面对困难，积极主动克服困难，做自己的英雄！

设计意图：通过视频引出效能因素对战胜困难的作用这一话题，帮助学生设计自己的魔法咒语，提升战胜困难的自我效能感。

【课程迭代】

在课程设计环节，怎样将3I策略巧妙结合课程主题，使其自然地贯穿在课程环节中，是困扰笔者的一个难题，因为心理复原力理论对小学低年级学生来说相对难以理解。笔者主要考虑的是怎样让课程内容符合这一阶段学生的认知特点，同时让内容变得有趣、生动、易理解。于是，笔者想到了"动漫人物"。通过查阅大量资料，笔者发现《熊出没》中的熊二形象深受学生喜爱，人物特点也很贴近课程内容，于是笔者采用了这一形象作为突破点。课程起初设计的三个标题分别是"我是""我有""我能"，后修改成为"'我是'闪光圈""'我有'支持圈""'我能'魔法圈"，以"圈"为核心逐步展开教学任务，这既切合了心理复原力的3I理论，又符合小学生的身心特点。最后，笔者根据课程内容设计了"英'雄'盾"学案纸，让课程更具趣味性和逻辑性。

【教学反思】

小学三、四年级是孩子由依赖父母到自立能力增强的转型时期，在这一阶段，他们不可避免地会遇到一些困难，当他们跨越这些困难时，也就获得了成长。但跨越难关是一件很需要勇气和力量的事情。

本节课设计时笔者运用了心理复原力的优势视角理论（即3I理论）。在实际的授课过程中，笔者发现本节课值得称赞的地方很多。

1.课程设计方面：本节课借用了心理复原力的优势视角理论（即3I理论），让课程设计有更多的理论根据，更能帮助学生运用3I技术应对困难。

2. 课堂氛围方面：本节课借用了深受学生喜爱的"熊二"这一动画卡通形象，趣味性更强，也很贴近学生的生活喜好。

3. 学生学情方面：与其他年级的小学生相比，三、四年级的学生正处于学习的转折点，在学习上更容易遇到不适应的情况，因此本节课更贴近他们的实际情况。

但是，本节课依旧存在一些不足之处。例如，学生可能会过于关注卡通形象，没法很好地联系自己现实生活中的困难。因此，教师应通过心理课的教学和心理作业的布置，引导他们学会发现自己面临的困难，并思考如何运用"3I"策略应对困难。

【专家点评】

这节课的亮点主要体现在以下三个方面。

1. 大主题，多情境，多任务，能分步骤地为学生赋能。有关"心理复原力"的课例并不少见，本节课能根据学生的认知特点和身心发展规律设置驱动性任务，以"圈"为核心词展开层层递进的"小任务"。教师从小处着手，解决学生成长中面临的阶段性实际问题。所选案例符合小学生的身心特点，能拉近教师与学生的心理距离。

2. 内容设计合理，环节张弛有度。整节课教学思路清晰，由暖身活动"英'熊'之旅启程"引入案例讨论，围绕"'我是'闪光圈""'我有'支持圈""'我能'魔法圈"等核心问题，层层推进，结尾处的分享，增强了学生对自己的自信。

3. 直面三、四年级学生的发展困惑，学以致用，提升课堂的实践力。本节课引导学生用积极的心态面对困难，助力学生找到解决困境的多样路径，提升学生面对生活和学习困难的能力。在教学中，老师应发挥"引导者"作用，为学生创设良好的课堂氛围，促使学生进行真实情感的对话和交流。

（点评嘉宾：刘燕，安徽省合肥市包河区心理健康教研员）

【参考文献】

［1］新井洋行.我不是每件事都擅长［M］.北京：北京科学技术出版社，2022.

【学案纸】

熊熊的英"熊"之旅

姓名：_____ 班级：_____ 学号：_____

英"熊"盾

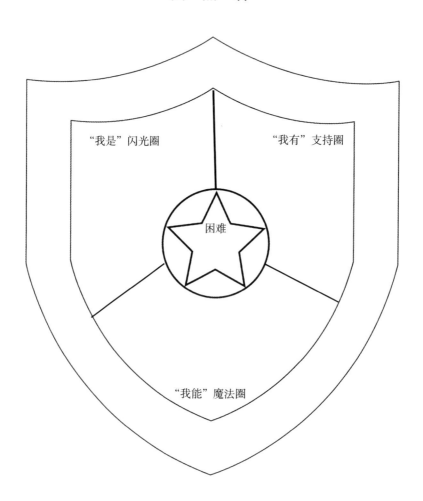

休闲驿站

北京市第三十五中学　夏可欣

【驱动问题】

如何让学生探寻休闲的积极意义？

【基本信息】

适用学段：五、六年级

准备道具：学案纸、"休闲大挑战"照片

【设计思路】

生涯大师舒伯认为，人的一生要扮演许许多多的角色，"休闲者"这一重要的角色贯穿生命的始终，是我们人生中不可或缺的一部分[1][2]。《切实减轻中小学生课业负担全面提高教育质量的办法》明确提出：把快乐还给学生，把健康还给学生，把快乐的学习还给学生，把轻松的书包还给学生。伴随着我国减负政策的切实推行，学生的学习与休闲情况已经发生了诸多改变。

从身心发展和生涯发展的角度来看，小学高年级学生在学习和生活习惯上依然保留了小学生的大部分特征，情绪、情感、思维、意志、能力及性格等有很强的可塑性和易变性，对环境充满好奇心和新鲜感，拥有广泛的兴趣和强烈的探索外部世界的意愿。帮助学生在自己可自主支配的休闲时光里找到适合自己的休闲方式，让休闲成为自我赋能的方式之一，有着重要的意义。另外，他们即将迈入初中阶段，会面临学科增多、学业复杂性增加、考试增多等挑战，积极的休闲方式能够有效促进学习。学会"休闲"，也是学生适应初中生活的重要一步。

开学时，笔者对两个班级的学生的假期生活进行了调查，并将学生的课余活动类型按词频从高到低进行了排列：体育运动类、兴趣类（艺术、科技、政治等）、户外旅

137

游类、家居类、课外阅读类、电子产品与手机游戏类、交流沟通类、人生思考与规划类。学生的课余生活整体呈现出多元化的特点。此外，也有部分同学学业负担较大，参加课外辅导班较多，这些学生在对学业活动进行意义赋分时，出现了分值较低的情况，这说明过量的学业任务降低了学生对学习意义的认可度。

本节课基于上述调查及关于休闲的参考文献[3]，设计了人生旅途这一情境：人生旅途需要不断向前奔赴，在路上需要充足的行囊来补充能量，"休闲行囊"包含多元化的休闲方式。疲倦时，我们可以停靠休闲驿站。在不同的休闲时间，我们可以从休闲行囊中选择不同的休闲方式，让我们获得新的思考与力量。

【教学目标】

1. 情感目标：发现多元化的休闲方式，发掘休闲对于个人成长的积极意义。

2. 认知目标：了解平衡学业与休闲的重要意义，认识到休闲活动的多元化，有意识地洞察适合自己的休闲方式并发掘其积极意义。

3. 行为目标：梳理不同时间段适合自己的休闲方式，并探寻、尝试新的休闲方式。

【教学思路】

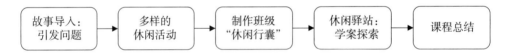

【教学过程】

一、故事导入：引发问题（5分钟）

老师：电影《王者之旅》的主人公的原型是乔希·维茨金，他很早就表现出过人的国际象棋天赋，在各种比赛中接连获胜，备受关注。但在初次全国性比赛中，他却失败了，这让他备受打击。然而，家人并没有催促他继续加强训练，而是决定带他到海边度假。一家人在海边喂海鳗，拍臭虫，甚至捕鲨鱼。

老师引导学生思考问题。

①你觉得乔希·维茨金的家人为什么要这样做？

②这样做会给他带来什么样的帮助？

学生举手回答。

老师：通过同学们的回答，我们可以看到，在面临挫折、困境或失败时，适度的休闲可以帮助我们恢复精力、重拾信心。正如亚里士多德所说：工作的目的便是获得休闲。休闲是我们生活中不可或缺的一部分。那么，什么是休闲呢？让我们一起来看一看课前录制的"你理解的休闲"访谈视频。

视频简介：教师提前录制了不同学生眼中的"休闲"的采访视频，视频中学生的回答包括"休闲就是玩""休闲就是睡觉"等。

学生观看视频，并分享对休闲的理解。

设计意图：通过故事激发学生的兴趣，引出本节课的主题，并帮助学生形成对休闲的初步理解。

二、多样的休闲活动（5分钟）

老师：生活中，我们每个人都有着多样的休闲方式。老师收集、整理了同学们"休闲大挑战"的照片，让我们来看一看，在周末、假期等休闲时光中，大家都在做些什么，大家是如何度过休闲时光的。

学生观看"休闲大挑战"照片，了解周围同学多样的休闲方式，并分享自己的休闲活动，以及该项活动中最难忘的部分及收获。

设计意图：引导学生意识到休闲方式的多样性，发现多元化的休闲方式。

三、制作班级"休闲行囊"（10分钟）

老师：人生就像一场旅行，每个人需要背负不同的行囊，我们不能一直行走在途中，总要停靠在不同的驿站。在驿站休息的时候，拥有充足的行囊补给能让我们得到休息并有力量开启后面的行程。同样，只有拥有适合的休闲方式，我们才能在休闲中补充能量，为自己赋能。下面，让我们共同制作班级的"休闲行囊"吧！

活动规则：休闲活动可以分为体能类、旅游类、收藏类、思考类、创作类、社会服务类、栽培饲养类、娱乐类。每个小组4人，分别分享自己的休闲方式，并选出6个不同的休闲活动。每个小组选派一名代表将本组选的休闲活动粘贴到相应的类别下。

学生进行组内讨论，分享自己的休闲方式，并写在纸条上，小组代表负责将纸条粘贴到对应的区域。

教师小结：在这次体验活动中，大家可以直观地感受到休闲时光是丰富多彩的，有很多休闲方式可以帮助我们发展兴趣、提升思维、增进友谊，这些休闲活动都是积极且有意义的。我们在了解自己的休闲方式的同时，也要尊重和包容他人的休闲方式。彼此分享还能激发我们的好奇心与探索欲。

设计意图：引导学生认识休闲方式的类别，了解自己及他人的多元休闲方式。

四、休闲驿站：学案探索（15 分钟）

老师：大家已经储备了丰富的"休闲行囊"，现在，就让我们选择适合自己的休闲方式，准备出发吧。在休闲驿站活动中，我们将探索在不同时间段选择适合自己的休闲方式，思考它带给我们的收获，并从"休闲行囊"中发掘自己希望尝试的新的休闲方式。休闲驿站共有三站，依次是：晚上写完作业后、双休日及小长假和寒暑假。每一站请记录如下信息。

①你的休闲时长是多久（仅第一站填写）？

②你现在的休闲方式是什么？

③这项休闲活动赋予你的能量值是多少？

④在这项休闲活动中，你的收获有哪些？

⑤在班级的"休闲行囊"库中，还有哪些休闲方式是你愿意在该时间段尝试的？

学生完成学案纸。

老师：请同学们进行小组讨论，并分享自己的思考。

问题 1：在不同的休闲时光中，你都做了哪些事情？哪些休闲方式更适合你？

问题 2：你选择的休闲活动带给你哪些收获？对你的成长有哪些帮助？

问题 3：你愿意尝试哪些新的休闲活动？为什么？

学生进行小组讨论，全班分享。

设计意图：引导学生梳理不同休闲时光中自己喜欢的和适合自己的休闲方式，探索休闲活动带给自己的收获与力量，发现并尝试新的休闲活动。

五、课程总结（5 分钟）

老师：回到我们最初的故事，乔希·维茨金在假期结束后发生了神奇的变化，他带着饱满的热情重新开始了国际象棋的练习，并在下一届全国冠军争夺赛中获胜。经过这节课的探索，你如何理解休闲？对于自己的休闲时光，你有哪些全新的发现？

学生举手分享。

教师小结：在休闲时光中，我们收获的不仅是放松，还有放松后可以让自己的人生旅途继续向前的动力。我们必须重新理解休闲的意义，享受休闲带来的乐趣和益处，积极探寻丰富的休闲方式，我们的生活才会更加充实而美好，我们才会更有前行的动力。

设计意图：引导学生意识到休闲时光能为学习和工作赋能，进一步思考休闲的意义。

【课程迭代】

本节课共经历了四次修改和两次试讲，最终版与最初版相比，改动最大的地方是"休闲行囊"的隐喻及相应的活动设计方案。最初版的活动设计为传统的小组讨论形式，即 4～6 人为一个小组，学生分享彼此的休闲活动及尝试新的休闲活动，讨论的范围限定为小组内，学生获取的新的休闲方式相对有限。在后续的更改中，笔者逐渐开始尝试使用"班级休闲行囊"的隐喻，即人生就像一场旅行，每个人的人生旅途都需要充足的行囊，充足的行囊是人生旅途的保障，为我们续航。新的活动将小组讨论的范围扩大到班级共享，让学生能够更加直观地看到多样的休闲方式，也扩充了自己的休闲方式，这一活动的完善也成了本节课的亮点之一。

【教学反思】

本节课着重帮助学生理解休闲的积极意义，并从身边同学的经验入手，帮助学生看到多元化的休闲方式，以及休闲带来的成长与收获。综合课程目标和课堂效果，笔者认为本节课存在以下亮点：第一，课程设计符合该年龄段学生的基本需求；第二，课程设计逻辑性强，比喻形象；第三，从课堂参与角度来看，学生有强烈的好奇心与探索欲，愿意探索新的领域，呈现出多元化的视角。在班级"休闲行囊"制作活动中，学生在倾听其他人的休闲活动分享时，表现出较强的好奇心，这也会激发他们尝试的意愿。

本节课也存在一些不足之处。首先，课堂讨论和互动较多，需要教师严格掌控时间，以确保课程顺利进行。很多学生反馈，还希望听到更多同学分享他们的休闲活动，因而在后续的课程中可以增加一些分享时间。其次，课程聚焦探索休闲的多元方式和积极意义。其实对于小学高年级学生来说，还有一项重要的"生涯任务"，即学会平衡休闲与学业二者的关系，更好地进行时间管理，这也是后续课程可以重点关注的方面。

【专家点评】

本节课的亮点主要体现在以下三个方面。

1. 前期调研充分，课程设计贴近学生真实生活。在了解学生学情特点和休闲方式的前提下，运用了贴近他们生活的照片等资源，设置的讨论活动也贴近学生的真实生活情境，这加深了学生对课程的理解，能帮助学生更好地感知课程对他们学习生活的意义。

2. 活动设计丰富多元，能激发学生的课堂参与度。本节课互动性较强，有照片分享、视频展示、小组讨论、互动问答等环节，活动符合该阶段学生的思维特征，可以激发学生的学习兴趣和参与度，有效提高课堂效果。此外，在制作班级"休闲行囊"活动中，教师将休闲类别分为体能类、旅游类、收藏类、思考类、创作类、社会服务类、栽培饲养类、娱乐类八个类别，让学生更加直观地感受到休闲方式的多元化与丰富性。

3. 增加了课程反馈环节。在课程开始时，教师播放了前期录制的"你理解的休闲"主题访谈视频，视频展现了本班同学对休闲的初步理解，如玩乐、休息、睡觉、放松等。在课程结束时，教师设置了"经过这节课的探索，你如何理解"休闲"？对于自己的休闲时光，有哪些全新的发现？"这一问题，以考查学生在本节课上的感悟与收获，很多学生反馈，休闲是有积极意义的、多元的、充满能量的……由此可以看出，学生对休闲的理解发生了新的变化，课程目标有效达成。

（点评嘉宾：马晓晶，北京市西城区教育科学研究院学生生涯指导中心教研员）

该课曾为北京市西城区中学心理教师研究课

【参考文献】

［1］钱静峰.是时候聊聊生涯了［M］.上海：上海交通大学出版社，2016.

［2］朱凌云.中小学生涯教育理论与方法［M］.北京：北京师范大学出版社，2015.

［3］尹德涛.休闲理论与实务［M］.沈阳：辽宁科学技术出版社，2019.

[学案纸]

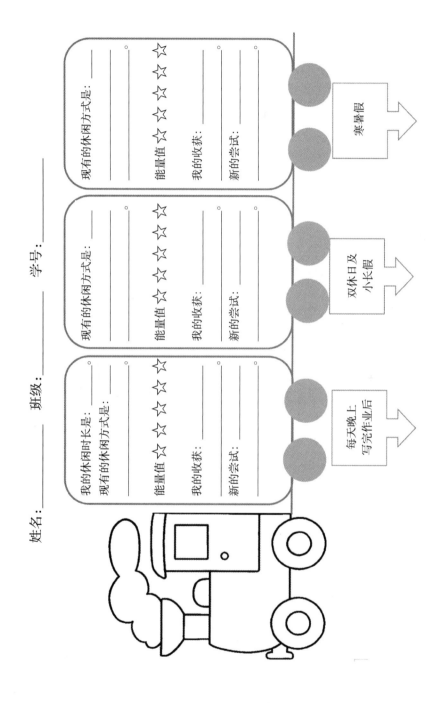

_____的休闲驿站

姓名:_____　　班级:_____　　学号:_____

我的休闲时长是:_____

现有的休闲方式是:_____

能量值 ☆ ☆ ☆ ☆ ☆

我的收获:_____

新的尝试:_____

每天晚上
写完作业后

现有的休闲方式是:_____

能量值 ☆ ☆ ☆ ☆ ☆

我的收获:_____

新的尝试:_____

双休日及
小长假

现有的休闲方式是:_____

能量值 ☆ ☆ ☆ ☆ ☆

我的收获:_____

新的尝试:_____

寒暑假

最勇敢的话——请你帮帮我

上海市青浦区凤溪小学　艾瑾歆

【驱动问题】

如何引导学生学会求助？

【基本信息】

适用学段：五年级

准备道具：学案纸

【设计思路】

《中小学心理健康教育指导纲要（2012 年修订）》指出，在小学中高年级阶段，教师需要帮助学生克服学习困难，培养学生分析问题和解决问题的能力。求助对学生而言是一种能够提高学习效果的有效的学习策略，是个体在成长过程中必不可少的一种学习方法。学生心理求助意愿包括四个维度：意愿倾向、评价（对求助行为、求助者和求助对象的评价）、效果预期（对帮助后效果的预期水平）和心理卫生知识的掌握情况；其中，意愿倾向和评价两个维度对求助行为发生概率的影响较大，也能够通过心理课堂进行干预[1]。

学生作为个体，在成长道路上会遇到许多困难，小学高年级学生的自我意识和自尊水平逐渐增强，希望有自己的独立空间，往往因害羞或羞耻而避免求助，所以教师需要引导学生认识到求助是有效解决困难的途径之一，学会求助对自我身心发展均有好处。本节课主要以学生作为求助人的角度展开，通过"不愿意向他人寻求帮助的小A"的故事帮助学生提升求助意愿，化解求助的羞耻感；通过对求助信号、求助对象、求助方式的介绍与评价，帮助学生掌握求助方法，并在实际生活中运用相关知识敢于求助，善于求助。

【教学目标】

1. 情感目标：提升主动求助的勇气。

2. 认知目标：认识到求助的重要性，了解求助信号、对象、方式对求助结果的影响。

3. 行为目标：找到适合自己的求助方法，在遇到困难时能主动求助。

【教学思路】

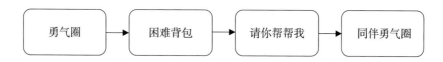

【教学过程】

一、勇气圈（8分钟）

老师展示学生生活中的情景。

①课堂上老师提问时，积极举手发言。

②路上遇到老师时，和老师打招呼。

③遇到不会做的题时，向同学或老师请教。

④课堂上想上厕所时，举手跟老师申请。

⑤心情低落时，向同学或父母倾诉苦恼。

老师：这些举动对你来说困难吗？如果需要增加勇气才能做到，请你起立。如果给你增加一些勇气你能更轻松地完成，你会需要多少勇气？请伸出双臂抱出一个圆来展现你需要的勇气量，完全张开双臂意味着你需要最大的勇气。如果你需要他人的帮助，你还可以邀请小组成员和你一起手拉手，比画出你的"勇气圈"。每个学生在每个情景中有一分钟的时间伸出双臂比画出自己的"勇气圈"。

老师采访没有起立过的学生，并邀请他们对老师所说的情景进行补充，说一说在生活中他们会遇到什么情景让自己感到比较困难，觉得自己可能一个人没有办法解决。对一直起立或经常起立的学生，老师要肯定他们面对自己的勇气，同时引导这部分学生看看身边起立的同学和帮着他们一起比画出"勇气圈"的同学，告诉他们：你不是一个人。

教师小结：生活中总有各种各样的情况发生，每一件事都需要我们用自己的勇气去完成。有的同学觉得上课发言就需要最大的勇气，有的同学觉得上课发言不需要什么勇气，每个人的感受都是独一无二的，每个人都会遇到困难情境，而当我们感到缺少勇气时，来自他人的支持和帮助似乎总能让我们的勇气增加，帮助我们渡过难关。在今天这节课上，让我们一起学习一句最勇敢的话，也是能帮助我们鼓起勇气的话——"请你帮帮我"。

设计意图：通过"勇气圈"这一热身游戏，让同学们感受在不同事件中自己需要的勇气，并通过互相分享激发同学们面对各种生活情景的勇气。

二、困难背包（7分钟）

老师：我们一起来看一个绘本故事《我懂得寻求帮助》。主人公小A从来不说"请你帮帮我"。请大家想象一下，小A是个什么样的人？他遇到困难时，内心会有什么样的"碎碎念"？（教师在黑板上展示小人形象，板书记录学生们回答的关键词）

学生猜测小A的想法，举手发言。

教师小结：他可能很厉害，不需要帮忙；他可能很胆小，不敢说；他可能很害羞，不知道怎么说；他可能不知道找谁帮忙；他可能之前找过人帮忙，都被拒绝了，所以不愿意再找人帮忙了；他可能觉得找人帮忙代表自己无能，是很丢人的事。

老师播放小A自述的绘本视频。

视频简介：小A遇到了一个看起来很大的困难，他感觉自己没有办法一个人解决。这个困难像背包一样沉重。

学生观看视频。

老师：这个困难可能是什么呢？每人用3分钟时间在学案纸的"困难背包"上写下你认为可能出现的困难，完成后在小组内进行分享，并派代表在班级内进行分享。

学生完成"困难背包"，填写自己认为小A可能遇到的困难并分享。

老师：小A背上了大家心中的"困难背包"，他的感受可能是什么样的？请同学们换位思考，站在小A的角度感受这个"困难背包"，并用自己的书包当作道具，使用定格动作来表演他此时的感受。

教师拍摄同学的定格动作，运用智慧教室功能将定格动作展现在屏幕上，并邀请同学分享自己的感受。（如果没有该功能，可邀请同学分组进行展示，并让一位同学描述本组的感受）学生表演，并分享感受。

教师小结：当我们在生活中遇到无法解决的事情，背上困难背包时，我们的感受可能不那么好。很多时候，我们遇到的困难都是普遍存在的。接下来让我们想一想如何解决这个困难背包。

设计意图：通过定格动作表演，引导同学们分享在生活中遇到的困难及面对困难时自己的感受，降低学生求助的羞耻感，为后续的求助训练做铺垫。

三、请你帮帮我（20 分钟）

老师：这样一个沉甸甸的"困难背包"，小 A 没法将其丢掉，也不能用自己的力量让它凭空消失，那么小 A 应该怎么做呢？请同学们思考并分享解决方案。

学生举手回答。

老师：请大家以小组为单位，讨论小 A 选择求助的具体方式（如何说，向谁说，说什么）以及可能的结果，并演绎后续的故事。（在此过程中，教师穿梭于各小组之间，搜集各组选择的应对方式，补充在板书中，如下所示）

求助方式	求助信号强弱	求助对象是否合适	求助是否容易被接受

学生分组讨论应对方式，并各自演绎后续的故事。老师总结学生提出的应对方式，并引导学生从下面三个维度评估求助的有效性。

①求助信号：求助信号有强弱之分。微弱的求助信号容易被忽略，强烈的求助信号容易被看到。评估各小组的求助方式是否足够强烈，是否能被别人注意到，是否能够增加求助成功的可能性？

②求助对象：求助对象有很多，我们的家人、老师、朋友等都是能给予我们支持的对象。面对不同的问题，我们要寻找不同的求助对象，也要理解有的时候求助对象可能也没有办法帮到我们。有些求助对象可以陪伴你，有些求助对象可以给你提供方法，我们要根据自己的特定问题判断求助对象是否合适，思考对方有没有能力帮助我们解决困难或者给我们提供支持。请大家把想到的求助对象写在学案纸中"困难背包"的轮子上。

③求助方式：有的求助方式是别人容易接受的，有的是别人不容易接受的。我们需要斟酌求助时的用语，选择合适的求助方式，从而更顺利地获得帮助。

老师依次对各个小组的求助方式提出建议，邀请同学用固定句式练习如何求助：×××，我遇到了 / 我的苦恼是……，对我来说，去解决它很困难，你可不可以帮帮我？学生用合适的情感、语调齐读固定句式。

教师小结：有一些事情单靠自己没法做成，能承认自己做不到，并向他人寻求帮助，本身就是一件勇敢的事。所以，下次有解决不了的问题时，我们可以跟他人说"请你帮帮我"。注意求助信号要强烈，求助对象要恰当，求助方式要能被对方接受。

设计意图：通过教授求助方法，引导学生理解求助的必要性，帮助学生学会在生活中更加有效地进行求助。

四、同伴勇气圈（5分钟）

老师：请同学们运用合适的求助方式，说出求助的话语，互相划掉"困难背包"上的困难标签，并在我拥有的支持轮子上签下自己的名字，相互支持，相互鼓励。

学生完成活动。

教师小结：也许不是每一次求助我们都能得到所需要的帮助，但每一次求助都是一次勇敢的尝试。所以在遇到困难时，请大家大胆说出"请你帮帮我"！

设计意图：总结本节课的收获，通过小组间的互相鼓励，提高学生寻求支持与帮助的意识，提高学生的心理健康水平。

【课程迭代】

本节课最终版增加了心理学理论研究依据，从学生求助意愿的四个维度入手设置课程环节，让课程内容更加扎实。同时，笔者也进一步完善了课程结构和内容，优化了学案纸的设计。在初版设计中，笔者采用小组团体辅导的方式开展本课，让不同性格的孩子在各个环节一起互动，这种形式需要教师不断引导本身内向、不善于沟通的孩子去表达自己。在教学实践过程中，笔者对此形式进行了优化，结合智慧教室功能展示学生的定格动作，力求让全体同学参与课堂，并从中得到更多收获。

在实际心理辅导过程中，笔者发现，当老师在教室中介绍求助的方式、说明求助的重要性后，大多数小学高年级学生，尤其是女生，会用写纸条的方式表达出自己的苦恼，并愿意和老师进行进一步的沟通，一起寻求解决办法。普及"求助"的相关知识也能明显提升心理委员对同学们求助的重视程度，这能使同学们更愿意表达自己的一些困惑。本节课最后，笔者设置了学案纸书写环节，帮助学生学习并运用求助句式，引导学生用口头和书面的形式向他人求助，学生在书写求助语的过程中也能够缓解情绪，拥抱自我。

【教学反思】

本节课引导学生学会勇敢求助，帮助学生降低求助的羞耻感，使学生能够初步掌握求助的方法。课程运用绘本这一载体为学生创设困难情境，通过"困难背包"让学生更加直观地感受到独自承担困难的不易，激发学生的求助意愿。

1.课程设计方面：本节课将绘本贯穿课程始终，从学生常见的生活情境入手，让学生自由填写"困难背包"的具体内容，借此老师能够观察到学生在课堂活动中展现出的困惑和烦恼，并将此作为课后进一步辅导的依据，给课堂赋予心理筛查和心理档案建设的功能。

2.课堂氛围方面：本节课创设了一个问题情境——"困难背包"，并进行了"勇气圈"、绘本形象创设、定格动作等活动，课堂内容丰富，活动具有趣味性，能够吸引学生认真听课、积极参与。

3.学情方面：本节课考虑到小学生认知思维发展的情况，给学生提供了求助训练的固定句式，重点在于教会学生勇敢求助，贴近实际情况。

但是，本节课依旧存在一些不足之处。例如，在情感目标方面，课堂设置的活动是否能够让学生切身感受到寻求帮助的好处，并促使学生在课后做出求助的实际行动还有待考量。教师可以在上课前准备更加充足的道具（如一个很重的背包）来增加学生的体验感。

【专家点评】

本节课亮点如下。

1.标题简洁吸引人。用"最勇敢的话——请你帮帮我"给孩子们种下了一颗种子："原来主动求助是勇敢的行为"。课堂目标设定符合小学高年级学生的心智发展特点，课堂对于增强小学高年级学生解决问题的意愿、提升求助的能力有很大的现实指导意义。

2. 该课程选取了非常好的绘本素材《我懂得寻求帮助》，内容与主题相符。课堂以小 A 的故事为线索，帮助学生在他人的故事中引发对自己的思考，清晰具象地让学生理解生活中的困难。同时课堂选用了对学生来说形象生动的"困难背包"这个道具，让学生意识到每个人的"困难背包"是不同的，有的很轻，有的很重，但是同样值得被看到。学生也看到一个人独自背着"困难背包"真不是一件容易的事情。为此，课堂呈现了不同的求助方式，也让学生更直观地感受到了"主动求助更轻松"。

3. 本节课的活动设计面向全体学生，课堂使用了问题创设、小组合作等方式，这对老师课堂调控来说是个挑战，老师需要更进一步明晰活动要求，强调课堂纪律。

（点评嘉宾：周芸婷，江苏省无锡市梁溪区教师发展中心心理教研员）

【参考文献】

［1］谢庆红，方晓义，刘朝莹，等 . 青少年心理行为问题、求助态度和求助意愿的关系［J］. 中国临床心理学杂志，2012，20（03）：413-416. DOI：10.16128/j. cnki. 1005-3611. 2012.03.008.

【学案纸】

最勇敢的话——请你帮帮我

姓名：＿＿＿＿＿＿　　班级：＿＿＿＿＿＿　　学号：＿＿＿＿＿＿

困难背包

亲子关系		人际关系

学习		情绪调节

其他		

我拥有的支持轮子：　　〇　　〇　　〇　　〇

固定句式练习：

×××，我遇到了＿＿＿＿＿＿＿，

对我来说去解决它很困难，你可不可以帮帮我?

冲冲岛的智慧

广东省深圳市龙岗区布吉街道中心小学　汪萌霞

【驱动问题】

如何提升学生的心理复原力？

【基本信息】

适用学段：六年级

准备道具：学案纸、弹力球

【设计思路】

小学六年级学生正处于青春期早期，这个阶段又可称为"初中预备期"，这个阶段的学生同时具有小学生的活泼和初中生的敏感等特点。然而，正处于小升初节点的他们可能会遇到升学压力等问题。由于心理不成熟，此阶段的学生情绪波动较大，他们在面对挫折和问题时容易受挫，且不太懂得如何运用自身资源和能力去应对挫折，甚至会出现一些极端行为。因此，在小学六年级阶段，开展心理复原力系列课程非常有必要。课程目标是增强学生面对挫折时的勇气和信心，帮助学生学会探索自身的资源和能力，使学生不仅能战胜挫折，还能获得新的成长和发展。

本节课将积极心理学的心理复原力作为课程主要内容。心理复原力，又称"心理弹性"，是个体在遭遇变化、压力、挫折或失败等情境时，能够快速从困境中复原甚至反弹成长的能力[1]。课程设计上运用了心理复原力的优势视角理论（3I 理论），即心理复原力包含"我有（I have）""我是（I am）"及"我能（I can）"三个部分[2]。本节课重点探讨个体的外部资源和个人能力部分，并配合外化心理复原力的弹力球进行讲解，让学生学会从自身出发，探索自身资源和优势以应对挫折，提升信心。

课堂上学生阅读挫折故事，体验挫折经历带来的挫败感，并通过观察弹力球在应对压力时的状态，理解复原力的作用。之后，学生在小组讨论中探索与整合自身的资源与优势，提升获得援助的可能性，增强自己应对挫折时的信心。同时，学会用积极的视角看待挫折，从而提升自己的心理复原力。

【教学目标】

1. 情感目标：通过对自身资源和能力的探索，增强面对挫折时的勇气和信心。

2. 认知目标：认识生活中是存在挫折的，并意识到心理复原力的重要性，了解提升心理复原力的方法。

3. 行为目标：通过情境体验和小组讨论，学会积极寻找自身的资源和能力，并尝试在生活和学习中运用。

【教学思路】

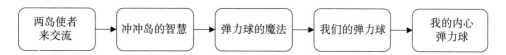

两岛使者来交流 → 冲冲岛的智慧 → 弹力球的魔法 → 我们的弹力球 → 我的内心弹力球

【教学过程】

一、两岛使者来交流（5分钟）

老师：同学们，大家好。近日，深圳举行开放日活动，给两个岛——淘淘岛和冲冲岛发出了邀请函，两个岛分别派使者来深圳交流。今天使者来到了我们学校，希望我们班的同学能展现出深圳学子的精神面貌，积极参与！同时，我听说使者还带来了小惊喜，希望大家都能在今天的心理课上满载而归。让我们一起来认识他们吧！

老师播放视频。学生观看视频。

视频简介：视频内容以两个岛的使者到校交流为背景，重点画面是两个岛的使者介绍自己所在岛时的状态、语气，以及两个小岛的区别。（在冲冲岛提到自己有个镇岛之宝"弹力球"时，暂停视频）

设计意图：通过情境设置引发学生的兴趣和好奇心，并通过两个岛的对比引出课程主题并引导学生思考两个岛的差异，为后面的环节做铺垫。

二、冲冲岛的智慧（10分钟）

老师引导学生了解两个小岛的区别，向同学们提问："你会选择在哪个小岛生活？"学生举手回答。

老师：同学们都发现了淘淘岛大使不太自信，而且还认为自己的岛民总在害怕些什么，这导致淘淘岛的发展前景与冲冲岛的不同。那么，你想知道冲冲岛的"镇岛之宝"是什么吗？那就让我们走近冲冲岛的智慧弹力球，一探究竟吧！（拿出弹力球）我想问问大家，如果老师把弹力球丢到地上会发生什么？

活动一：身临其境

老师：假如两个小岛都拥有弹力球，弹力球丢在地上会呈现出什么样的差异呢？请两位同学上台展示。（弹力球由老师提前准备，冲冲岛的弹力球完好无损，淘淘岛的弹力球处于裂开状态，因此弹力球丢在地上时，冲冲岛的弹力球会反弹且越来越高，淘淘岛的弹力球则因为泄气不反弹）

学生代表上台分别丢冲冲岛和淘淘岛的弹力球。

教师小结： 面对生活中可能会遇到的压力和挑战，我们可能会产生一些不太舒服的体验，就如弹力球接触地面时会受到不同程度的挤压。

老师邀请学生捏弹力球，感受反弹的力度。学生反馈感受。

老师：冲冲岛的弹力球可以快速恢复原状，触地反弹，所以冲冲岛才能不断发展进步。这种从挫折、困境中反弹的能力，就是心理学中一个非常重要的概念——心理复原力。心理复原力差的人，就像没气的球一样，掉在地上就弹不起来了；而心理复原力好的人，却可以立刻反弹，甚至弹得更高。

设计意图： 通过深挖两个岛的差异，引导学生看到弹力球代表的心理复原力，直观感受有无心理复原力的差异。

三、弹力球的魔法（15分钟）

老师：课前老师对六年级的同学进行了一次匿名调查。调查显示，大概90%的同学遇到过挫折，这就好像弹力球在生活中总会主动或被动地受到一些挤压。挫折包含不同类型，其中学业挫折是最多的。大家很快就要升初中了，我相信与学业有关的困扰也是同学们最想解决的问题。今天我们就试着运用冲冲岛的经验来帮助自己，让自己拥有和冲冲岛民一样的魔法吧！

老师：同学们，其实弹力球的内部有个非常厉害的东西，叫作 3I 能量，它能帮助我们提升心理复原力。虽然遇到挫折或困难时，我们和弹力球一样会被"挤压"，但 3I 能量能帮助我们恢复和反弹。3I 能量包含了"我有""我是""我能"三个部分，本节课我们主要讨论"我有"和"我能"。

活动二：冲冲岛使者大揭秘

老师邀请一名学生扮演冲冲岛岛民。这名学生读出岛民的故事，并分享自己的感受。其他同学帮助他找到自己的资源和能力。

岛民的故事：我是冲冲岛的岛民，我最近需要参加全岛屿最重要的小主持人大赛，距离比赛只有不到 1 个月的时间了，我的讲稿前前后后改了 30 多次。每次在我花了大量时间和精力后，我都感觉还有不对劲的地方，于是讲稿一直在变、一直在被推翻重做，到现在我还没准备好，我感到很沮丧。

老师：请大家用"我有"和"我能"工具说说他有什么资源和能力？

学生举手分享。老师采访扮演者，询问他的感受是否有变化。扮演者分享。

教师小结： 冲冲岛岛民每天都在经历挫折和挑战，但他们都不怕，他们觉得这些挫折都是让他们成长的养料。当遇到挫折时，他们会捏一捏弹力球，启发自己思考自己拥有的资源和能力，帮助他们度过消极时刻。接下来，老师也想将这个弹力球送给大家，看看冲冲岛岛民的智慧能不能给同学们带来一些启发和思考。

活动三：制作我的"能量海报"

老师：以小组合作的方式，探索"我有"和"我能"，活动时间 8 分钟。四人小组打开组内文件夹，拿出随机分配的挫折学习单（学习单内容为教师提前在班上收集到的挫折故事，分别是关于学习的挫折和关于人际关系的挫折），根据学习单内容思考自己的资源和能力，并将其记录在小组海报上。同时，每个小组拥有一个弹力球，用以寻找自身能量。

各小组根据学习单的内容进行讨论，并进行记录。

设计意图： 引导学生探索心理复原力，以岛民的案例和学生自身的案例为引子，使学生熟练掌握发掘自身资源和能力的方法。

四、我们的弹力球（8 分钟）

老师分别邀请两个小组（不同主题）进行展示。学生进行小组分享。

老师：同学们在这么短的时间里就搜索出这么多自己的资源和能力，真是太了不起了！老师想把这些海报发给冲冲岛使者，看看能不能得到他们的认可！

老师呈现课件"通过认证，恭喜同学们"。教师邀请两位同学帮忙发放弹力球给每一个学生。

设计意图：通过学生作品展示，促进不同小组对同一问题进行思考，激发团体动力。

五、我的内心弹力球（2分钟）

老师带领同学们进行简单的冥想。

指导语：大家都拿到弹力球了吗？请大家拿到弹力球后闭上眼睛。同学们，刚刚我们进行了能量探索，我相信大家内心的复原力肯定有了新的提升。未来，我们可能还会面对更多新的挑战，也会遇到新的挫折。现在，请大家捏一捏弹力球，感受一下弹力。事实上，我们是有能力和资源去面对挫折的，就像弹力球会反弹、会复原一样。接下来，请同学们将弹力球慢慢地靠近自己——这是属于我们的弹力球，它会带给我们能量。好，当老师数"三、二、一"的时候，请你们慢慢睁开眼睛。

学生根据指导展开冥想。老师安排课后小练习，邀请学生课后积极探索，寻找自己拥有的资源和具备的能力。

设计意图：通过积极冥想，将弹力球内化于心，再次强化学生对自我的积极感受，提升其信心和勇气。

【课程迭代】

本节课前后修改了七八次，在课程起承转合、逻辑结构及课程细节上做了很多修改。在初版的设计中，各个环节连贯得不是很自然，导致弹力球和心理复原力的3I能量对应不恰当，直到再次磨课时，学生弄坏了的弹力球给了我一些新的思考，进而出现了最终版中两个学生分别拿着好坏弹力球作展示的环节。这样的设计能让学生直观地看到弹力球反弹力的差异，并将弹力球的反弹功能与我们的心理复原力结合起来。同时，最终版也将课程逻辑确定为"看见—使用—内化"，通过各环节的层层深入加深学生的感受，提升学生的认识。

本节课采用的是心理复原力的优势视角理论（也称3I理论）。初版设计时，和其他课程一样，都围绕"我有""我是""我能"三部分展开。而在深入了解了3I理论的内在逻辑后，笔者才发现其中的"我是"是最难挖掘的，也是能量球中最核心、最稳定的部分。因此，最终版在课程内容方面做了一些调整，将"我有"和"我能"作为本节课深入探讨的部分，而"我是"则放在之后的课中进行深入挖掘。

在细节方面，本节课初版的两岛名字从"球岛""弹岛"改成了更有助于小学生理解且更切合两岛特点的"淘淘岛"和"冲冲岛"。在学习单的设置上，也从初版的6人小组学习单换成了学生讨论起来更方便的4人小组学习单。

本节课较难设计的部分是学生思考个人经历的部分。在前期磨课过程中，笔者发现学生独立回顾自己的挫折事件比较难，此时若课堂氛围或环境不合适，学生很难表达自我。因此，本节课在前期进行了匿名调查，选出了学生生活中最常见的两个案例，对其进行了修改后充当课程案例，以此引发学生思考自己的复原力。

【教学反思】

本节课将心理复原力作为授课主题，将3I理论作为支撑，在心理危机模型的基础上进行了课程设计。课程内容素材丰富，切合小学生的喜好。通过"课前调查—课中思考—课后实践"，满足学生的实际需求，鼓励学生将所思所想运用在实践中。

本节课通过弹力球不同的反弹情况来介绍心理复原力的差异，旨在让学生感受到心理复原力的重要性。在探讨的过程中，学生的分享容易出现重复，教师需要引导学生说出具体的资源和能力及其带来的帮助，这样更能启发学生，并能给学生一些新的思考。在课程最后的冥想环节，教师需要确保同学们都闭上眼睛且没有其他干扰行为后，再讲述指导语，此时冥想效果会更好。

【专家点评】

本节课以"弹力球"比喻人的"心理复原力"，形象生动地告诉了六年级学生：提升心理复原力可以应对学业挫折及升学压力。本节课选题精准、切合学情、创意十足，是一节具有示范性的心理课，其主要亮点如下。

1.巧妙创设情境，故事引人入胜。本节课创设了两个特征鲜明的岛屿，小岛名称也非常有创意，切合小岛特点。课程中创设了淘淘岛和冲冲岛的情境，故事情节丰富饱满，极具代入感，非常符合六年级学生的喜好和认知特点，妙趣横生、引人入胜。

2.理论运用到位，解释深入浅出。本节课运用了自我优势理论的 3I 理论，对理论的解释充分而具体，通过设问、案例等，帮助学生充分理解和运用理论，并通过自主应用，生成"我的能量海报"，让课堂所学及时迁移到生活中。

3.激发自主能动性，留下思考空间。本节课教师把思考的空间留给了学生个人和小组，通过学生的思考和研讨进行课堂生成，极大地激发了学生自主学习的能动性，也让本节课的生成环节充满了变化，让人回味无穷。

（点评嘉宾：陈静雯，广东省深圳市龙岗区教育科学研究院心理健康教育教研员）

该课曾获广东省深圳市龙岗区青年教师现场教学设计比赛和

现场授课比赛一等奖、深圳市龙岗区生命教育课例评选活动一等奖

【参考文献】

［1］胡月琴，甘怡群.青少年心理韧性量表的编制和效度验证［J］.心理学报，2008，40（8）：902-912.

［2］赵鹤宾.蛋事人生：学会面对挫折和压力——心理复原力团体辅导［J］.中小学心理健康教育，2021（23）：53-55.

【学案纸】

我们的能量海报

姓名:＿＿＿＿＿＿　　班级:＿＿＿＿＿＿　　学号:＿＿＿＿＿＿

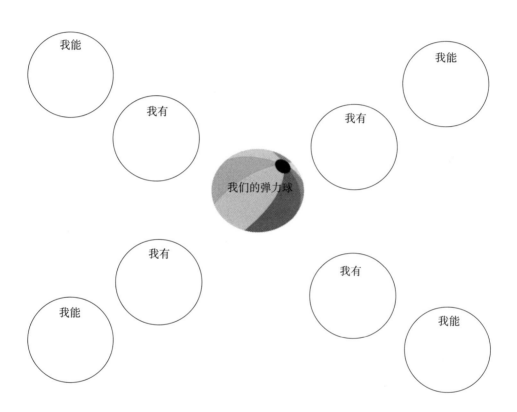

【学习单】

弹力球，捏一捏

姓名：_____　　班级：_____　　学号：_____

一、我的3I弹力球。（思考久一点，思考慢一点，你肯定还有好多可以补充的哦）

（可以装饰
你的弹力球哦）

二、谁捏了捏我的弹力球？（请回忆发生在自己身上的一件挫折故事）

第五章

学会学习

学会学习单元的主要目标是培养学生的学习兴趣和学习能力，引导学生养成良好的学习习惯，掌握学习策略，提高学习效率。通过了解与学习相关的心理学知识，学生能够发现自己在学习中存在的种种问题，并运用所学技巧和方法，有效地克服学习中的困难和挑战，提升自己的学习能力，进而取得更好的学习成绩。

学会学习单元的主题包括提升学习动力、学会提问、培养创造性思维、积极应对学习压力、掌握学习策略等。学生在学习的过程中常常会感到枯燥，也会遇到瓶颈，这些主题可以帮助学生对学习树立正确的认知，激发学生的学习兴趣，提升他们学习的自信心，引导学生利用学习策略提升学习效率。

小学生的认知发展水平处在具体运算阶段，开始系统地学习各学科的知识，需要遵循一定的学习要求。在小学低年级阶段，学生刚进入小学，此时教师应帮助其养成良好的学习习惯，感受学习的乐趣。小学中年级阶段学生的抽象思维能力有了初步发展，他们熟悉了学习的内容与规则。在这个阶段，教师应培养学生的学习能力，使他们获得有关学习的自我效能感。小学高年级阶段学生开始面对难度更大的考试。在此阶段，教师要进一步规范学生的学习习惯、培养学生的学习能力，同时还要注意帮助学生调整心态，以应对考试，体验学习的乐趣。

《修炼"凝神"妙招——走神的应对》聚焦学生的走神现象，基于具身认知理论，引导学生认识走神的特点，掌握提升专注力的方法。《我的"学习心流瓶"》通过绘制"学习心流瓶"帮助学生觉察自己的学习状态，引导学生找到提升学习"心流"状态的方法。《记忆棋盘》强调记忆在学习中的重要性，通过记忆棋盘活动帮助学生找到高效的记忆方法，激发学生的学习兴趣。《错题离家出走记》关注学生在完成作业、考试后对错题的管理策略，通过案例分析引导学生重视错题的作用，掌握管理错题的方法。《插上坚毅的翅膀》基于"刻意练习"法则，通过培养学生的坚毅品质，鼓励学生在学习上勤加练习，提升个人的学习能力。

本单元课程从多个视角切入，探讨了小学阶段学生可能面临的学业难题。小学阶段的课程更注重激发学生的学习兴趣，让学生感受到学习有窍门、有趣味，因此课程融合了丰富的活动，以增强学生的学习动机。在实践过程中，我们希望读者能够进一步结合本校学生的实际情况，适度调整课程内容，让学生找到更适合自己的学习方法。

修炼"凝神"妙招——走神的应对

上海市向明初级中学　陈聪

广东省深圳市格致中学　陈芷菁

【驱动问题】

如何帮助学生应对走神，提升注意力？

【基本信息】

适用学段：六年级

准备道具：学案纸

【设计思路】

《中小学心理健康教育指导纲要（2012年修订）》指出，要着力培养学生的学习能力，帮助学生体验学习成功的乐趣。

走神指的是一种注意意识流失的情况，即注意力从当前任务中脱离，并生成其他思考和想法的心理过程和状态。走神程度是直接影响小学生学习质量的重要因素。国内外学者结合认知神经机制的研究提出了诸多关于走神发生机制的理论假说，其中"资源控制假说"认为，走神的发生源于个人内在目标的激活和/或外部刺激的触发，走神和对当前任务的注意力都会占用有限的认知资源，两者存在竞争关系[1]。走神占用认知资源后，往往会对当前任务的完成情况造成负面影响，学生在课堂中走神的次数越多，成绩往往也越差，所以改善学生走神的情况很有必要。

具身认知理论主张身体对认知有关键影响，它的活动方式能够影响个体的意识、思维、情绪等，而教育戏剧往往通过定格动作、角色扮演、声音轨迹等具象的活动方式推动学生成长[2]。基于此，本节课将具身认知与教育戏剧结合，根据触发走神的原因（内部原因：无意识的思绪飘散或自控能力差。外部原因：物或人的干扰）和走神内容与当前任务的关系（有关的，无关的），将走神分为四种类型。通过案例分析，让学生了解走神的特点；通过定格动作，让学生感悟身体在拉回注意力上的效用，进而找到适合自己的注意力提升方法。

【教学目标】

1. 情感目标：增强应对走神的信心。
2. 认知目标：了解走神的特点及其对学习的影响，根据其特点归类自己的走神情况。
3. 行为目标：能从自己的走神情况出发，采取合适方法应对，从而提升注意力。

【教学思路】

【教学过程】

一、勇闯学习江湖（4分钟）

老师：请同学们站在走道参与游戏，当老师喊"掌门"时，大家做出双手向上举、双腿向上跳、脚尖离地的动作；当老师喊"弟子"时，大家做出双腿半蹲、双手扶膝的动作。当老师喊"少侠"时，大家做出符合少侠意气风发状态的自定义动作。看看哪些同学能又快又准地完成哦。

学生体验游戏，然后分享感受和成功经验。

老师：正如同学们所说，在游戏中尽可能保持注意力的集中，有助于我们取得胜利。那么在学习中呢？今天这节课老师就和大家一起来修炼"把注意力集中到学习上"的武林秘籍，也就是如今学习江湖里炙手可热的"凝神"妙招。

设计意图：通过简单的肢体动作，活跃课堂气氛，引入主题。

二、游走的注意力（8分钟）

老师：修炼"凝神"妙招的关键在于如何应对走神。有同学听过"走神"吗？它在学习中指的是什么呢？

学生根据自己的经验解释。

老师："走神"在心理学上指的是注意力从当前任务中脱离，并生成其他思考和想法的心理过程和状态。通俗点讲就是注意力游走、随意投放目光（注意力聚焦点），想法和思绪跑来跑去。而我们的江湖同仁邹慎，目前就陷入了"走神"的魔怔中，一起来看看他的故事吧。

视频内容如下。

第一幕：七年级的邹慎踩着早读铃声来到了教室。他刚打开书包，还没坐下，好友就急忙跑过来，在他眼前晃着新买的卡牌。邹慎看得目不转睛。等英语老师来了，好友才慌张地跑回座位，邹慎马上坐下，拿出了英语书。

第二幕：早读一开始，邹慎很认真，但是一直重复地念一个单词，邹慎的思绪慢慢地就不知道飘到哪里去了，直到被英语课代表提醒，他才回过神来。

第三幕：上信息课时，邹慎想上网看看连载漫画，心里又觉得不应该上课看，但还是控制不住自己，津津有味地看了起来，过了一会儿他才意识到自己在上课，默默懊悔自己浪费了宝贵的学习时间。

第四幕：下午数学课讲题，同桌没听明白第三大题最后的步骤，就拉着邹慎讨论，当邹慎解释完再看黑板时，发现自己已经跟不上老师的讲解了……

老师：在每幕情境里邹慎都有要完成的任务，请同学们小组讨论并分析邹慎当前要完成的任务是什么，他是因为什么走神的，走神的内容与当前任务有没有关系。

学生展开讨论和分析，并分享。

老师：第一幕走神是好友干扰导致的（外部原因），邹慎本应该赶紧坐下来早读，却去看卡牌了（与任务无关）；第二幕邹慎重复念单词很容易造成大脑疲劳（内部原因），尽管他嘴上还在早读（与任务有关），实际上注意力早就跑了；第三幕是邹慎管不住自己心里的冲动（内部原因），他的任务是上信息课，不是看连载漫画（与任务无关）；第四幕是同桌拉着他讨论，他才走神的（外部原因），他原来的任务也是和数学有关的（与任务有关）。

学生将各幕情况归纳至对应位置（当前任务→走神原因）。

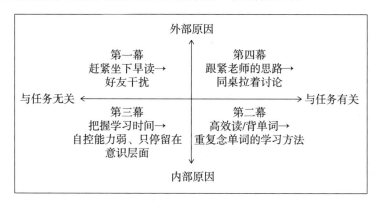

老师：在你们的学习生活中，你是否也有过类似的走神经历呢，有的话可以拍拍手。

学生拍手示意自己有无走神经历。

老师：如果邹慎一直这样走神下去，可能会有什么样的结局呢？

学生举手回答。

教师小结： 走神的情况在我们每个人的身上都发生过，可能是因为受到外界干扰，也可能是因为自控力比较差；可能与我们眼前的任务有关，也可能与当前任务无关。可见，我们的注意力会在由"内部/外部原因""与任务相关/无关"两个维度组成的四象限上游走。

通过大家的分享，我们发现走神往往会影响当下的学习状态，进而影响我们的情绪，导致学习效果不佳，长远来看还可能会影响我们的学习兴趣和学习成绩。如果持续放任注意力乱窜这一情况发生，我们甚至可能在未来变成一个浮躁的人。可见，走神真是后患无穷呀。那我们应该怎么做才能集中自己的注意力，把目光锁定在目标事件上呢？

设计意图： 通过观察邹慎在学习中的走神情况，分析走神的特点，探讨走神的影响。

三、修炼"凝神"妙招（23分钟）

老师：以小组为单位，选择邹慎的一幕走神情境，自主分配角色任务（1名学生扮演邹慎，说一句话并定格走神时的动作；1名学生作为邹慎的替身，站在邹慎身后，说出邹慎走神的原因、走神的内容是否与当前任务有关；其他组员作为替身的反方，依次加入，用一句话说出帮助邹慎拉回当下注意力的方法，一边重复说方法，一边围着邹慎转）。

学生选择情境，根据该情境下邹慎走神的具体特点，讨论对应的修炼之法，再各自认领角色，小组内展开试演。老师邀请一组学生上台表演。学生完成表演后，替身扮演者说出修炼后的新感受；邹慎扮演者表达对此感受是否赞同，并简单分享修炼后可能会发生的后续故事；台下同学提出别的修炼方法。老师给予肯定与鼓励，并归纳学生的修炼方法。

板书如下。

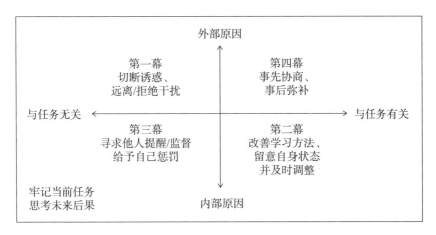

老师：在上一环节中，很多同学都拍手表示自己有走神的经历，那么最让你感到困扰的或最频繁出现的走神"魔怔"是什么样的呢？它有什么特点？我们又该用什么方法应对呢？请完成学案纸。

学生完成学案纸，然后在小组内分享并选出大家最有共鸣的一个经历，分析此事件中走神的特点；再结合刚刚的板书成果，思考和讨论对应的修炼方法；最后结合自身的经历和感受，组内一位同学扮演"自己"，一位同学扮演这位同学的"替身"，其他组员扮演"替身的反方"，展开小组试演。老师请一组同学上台表演。替身扮演者说出修炼后的新感受；走神事件经历者本人表达对此感受是否赞同，并简单分享修炼后可能会发生的后续故事；台下同学提出别的修炼方法。

教师小结：诚然，我们在学习中都会遇到走神的情况，有时可能是因为我们抵挡不住诱惑、难以控制自己，才被走神牵着鼻子走，但还有些走神情况可能是大脑想要休息的信号，此时，我们可以允许自己有一些休整的时间。要想炼成"凝神"妙招，首先要能将走神的情况进行分类，而非将其一棒子打死，陷入自我埋怨中；分类后，再针对具体情况解决走神问题，如排除外界干扰物、带着目标学习、多留意自身状态、留出休息的时间、划分学习任务、不懊悔走神并沉着应对、多反思多记录、增强学习任务的趣味、不同学科交叉学习、记笔记缓解听课疲劳等，从而和走神更愉快地相处。

设计意图：通过教育戏剧的定格动作技术，再现走神场景，并提供解决走神问题的方法，引导学生尝试将方法应用在自己的走神情境中。

四、功夫下在平时（5分钟）

老师发放课后学案纸，请大家在接下来一周观察自身的走神情况，并记录在学案纸上。学生觉察自己的走神情况、分析走神特点、修炼应对方法并记录。

教师小结：每个人在学习生活中都会有走神的时候，觉察走神是第一步，如果想更好地控制注意力，令其持续的时间更长，则需要我们付出更多的努力。恭喜大家在今天的课程中收获了修炼"凝神"的秘籍，期待你们练成大法的喜讯啦。大侠们，不见不散!

设计意图：通过一周的学案纸记录，巩固学生在这节课收获的成果。

【课程迭代】

笔者在调查学情后发现，在课堂上学生的走神情况比较严重。一开始，笔者想运用经典的提升注意力的素材，如看字说颜色、舒尔特方格等引导学生，然而学生很难将其和自身的注意力问题联系起来，这些活动与学生的实际学习生活存在一定的脱节。后续笔者将活动调整为案例分析和教育戏剧，由于案例贴近学生生活，教育戏剧又具有趣味性，学生在课堂上的领悟和参与感明显提升。当他们看到立体化的走神情境、听到丰富的内心独白时，都能直观地联系到自身的问题，代入感强。在教师的引导下，学生探讨应对走神问题的策略，并将此策略细化后再次演绎走神的应对情境，这为演绎提供了明确的方法，同时也为学生在后续生活中使用注意力策略做了铺垫，实现了学习迁移。

【教学反思】

本节课属于"学会学习"主题，针对六年级学生常见的走神现象，教师先引导学生分析同龄人邹慎的走神特点，再探讨应对走神的方法，最后结合自身情况进行反思，从而提升学生的注意力。在上课过程中可能有如下几个需要注意的地方。

1. 江湖情境的创设需要贯穿始终。为增强趣味性，教师在表达时可以多使用"江湖词汇"，例如，方法可以叫招数、招式，同学可以叫同仁、兄台，一个组可以叫作一个门派，在学生分享当堂学案纸时，也可以追问学生目前是有多少修为的弟子，为了挺起腰板不做初阶弟子，可以迈出的第一步是什么等。

2. 走神情况的分析需要具体。不是所有的走神问题都该被解决，走神也可能是大脑疲劳的表现，教师需要引导学生具体问题具体分析，有时可以休息或更换任务(不同质的任务或低难度的任务)，允许自己有走神情况的出现;应该被解决的走神问题是那些对学生造成困扰、影响学习的问题，教师需要引导学生一起深入分析情况(内部原因或外部原因、与任务相关或与任务无关)，帮助学生了解自己走神的特点，找到具体的应对方法，并鼓励学生通过两份学案纸评估自己的实际情况。

3.定格动作的活动需要明确分工。六年级学生很喜欢上台表演，但本节课的表演不是自由发挥的，而是在小组分析、讨论和决定后进行的，对小组的反应力和配合度要求更高，因此教师需要强调规则，并在小组试演时密切观察，如果有问题要及时指正，防止不必要的时间浪费。

本节课切合学生需求，课堂氛围极佳，实施效果也不错，但仍存在一定的不足。例如，定格动作的表演对学生的反应力和配合度都有一定的要求，学生的准备时间如果太长，会导致后面时间不够；定格动作只是帮助学生分析和解决问题的一种方式，课程的重点在于学生通过这一方式输出自己的想法和感受。因此，教师应时刻观察学生的表现、把控课堂进度、明确活动重心，还可以通过课前说明定格动作的规则、制作相关解释视频等方法，帮助学生理解活动内容。

【专家点评】

这节课的亮点主要体现在以下三个方面。

1.切入新颖，符合学情。走神是小学生在学习中常遇到的问题，本节课引导学生分析自身走神的特点，帮助学生觉察和重视自己的走神问题，并找到应对方法。

2.环环相扣，技术助力。教师通过游戏导入主题，充分调动了课堂氛围，随后通过案例，引发学生思考，激发学生改变的动力，而"定格动作"技术的应用，让学生在深入分析走神原因的同时，也练习和掌握了注意力提升的方法。整个授课环节由浅入深，层层递进，既寓教于乐又发人深省。

3.方法多样，注重应用。学生先根据案例人物的走神特点，讨论和实践了应对方法，再由案例到自身，尝试应用已讨论的方法，补充新的方法，这既给了学生思考的机会，也便于他们在后续学习生活中坚持实践。

（点评嘉宾：万咏梅，上海市黄浦区教育学院附属中山学校，中学高级教师）

【参考文献】

［1］王雪枫，严燕.走神研究的理论、方法与展望［J］.心理发展与教育，2020，36（3）：11.
［2］于阗.从"离身"到"具身"：教育戏剧在心理健康教育课程中的应用［J］.中小学心理健康教育，2023（27）：22-25.

【学案纸】

修炼"凝神"妙招——走神的应对（当堂学案纸）

姓名：_____   班级：_____   学号：_____

1. 最困扰我／频繁出现的一个走神"魔怔"：_____。
2. 它属于四种类型的（在对应的区域打钩）：

```
                      外部原因
                        ↑
                        |
                        |
  与任务无关 ←———————————+———————————→ 与任务有关
                        |
                        |
                        ↓
                      内部原因
```

3. 我认为将该"注意力"吸引回来的招数有：_____。
4. 我门派的同仁认为将该"注意力"吸引回来的招数还可以有：_____

_____。

【学案纸】

修炼"凝神"妙招——走神的应对（课后学案纸）

姓名：_____　班级：_____　学号：_____

我承诺我将在接下来的一周观察自己的走神情况，积极应对它，争取早日炼成"凝神"妙招。

监督我的少侠：_____。（建议找目前修炼等级比你高的）

一周走神记录表：

星期	出现的原因、与任务的关系等	我当下的应对方法	方法是否有效
周一			
周二			
周三			
周四			
周五			

我最可能在_____时走神。

对我来讲，最厉害的应对招数得_____。

我的"学习心流瓶"

江苏省无锡师范附属太湖新城小学　秦李子颖

北京市首都师范大学附属中学　王榕

【驱动问题】

如何提升学生在学习中的心流状态?

【基本信息】

适用学段:五、六年级

准备道具:彩笔、学案纸

【设计思路】

心流是个体在专注进行某行为时所呈现出的一种心理状态。马西米尼和卡利提出,当个人面临的挑战和可能掌握的技能处于平衡状态,并且都达到一定强度水平时会产生"心流体验",而这个强度水平正好是上述挑战与技能的平均水平。他们提出了"八区间心流体验模型",根据挑战和技能的匹配程度可呈现心流、掌控、厌倦、轻松、淡漠、担心、焦虑、激发八个状态。当挑战和技能都处于"高"水平时,个体处于心流状态,具有掌控、幸福、有力、积极、投入、创造、自由、兴奋、开放、清晰、满足等感觉,并想继续进行手头的工作和活动[1]。

《中小学心理健康教育指导纲要(2012年修订)》指出,对小学高年级阶段的学生而言,在学习方面,心理健康教育的主要内容包括着力培养学生的学习兴趣和学习能力,引导学生端正学习动机,调整学习心态,正确对待成绩,体验学习成功的乐趣。其中学习兴趣、学习动机、学习能力和学习乐趣等内容都与学习的心流状态有着密切关系。

本节课通过"学习心流瓶"的绘制与探讨,帮助学生梳理自己当下的学习心流状态，思考理想的心流状态，再与同伴交流、探讨提升学习心流状态的方法，通过挖掘自身和同伴的积极资源，找到提高自身学习心流状态的方法和动力。

【教学目标】

1.情感目标：感受同辈支持，激发学习信心和动力。

2.认知目标：认识自己当下的学习心流状态和理想的学习心流状态。

3.行为目标：找到提升自己学习心流状态的方法，挖掘内外部积极资源。

【教学思路】

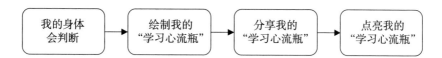

【教学过程】

一、我的身体会判断（5分钟）

老师：在平时的学习中，你们会调动身体的哪些部分？

学生思考1分钟并回答问题。

老师：大家提到了大脑、眼睛、耳朵、手等，学习的确是一项需要调动多个感官来完成的活动。接下来，我们先借助"手臂"这个"工具"，来为自己近一个月的学习状态打分。

老师边讲解边用身体进行演示。

手臂自然垂落是0分，代表自己在学习时"无法专心，且非常抗拒"。

手臂抬起30度是3分，代表自己在学习时"能专注一小会儿，但不太喜欢学习"。

手臂抬至水平是5分，代表自己对学习"不喜欢也不排斥，大多数时间能保持专注"。

手臂抬高过肩膀是7分，代表自己在学习时"比较享受，基本能够做到专心致志"。

手臂高举到耳朵旁是满分10分，代表自己在学习时"沉浸其中且感到快乐，充满动力和兴趣"。

老师：请同学们闭上眼睛，思考10秒钟，用"手臂"来判断和表达自己最近一个月的学习状态。

学生闭眼思考 10 秒钟后用身体进行呈现，并讨论交流。

教师小结：看来，同学们对于学习这件事真的有很多心里话想要诉说。今天，让我们用一种不一样的方式——绘画——来关注自己在学习这件事上的表现和感受。

设计意图：通过肢体热身和头脑热身，活跃课堂氛围，引发学生兴趣，导入课程主题。

二、绘制我的"学习心流瓶"（12 分钟）

老师：请同学们思考"学习状态"与"学习力"有什么关系。

学生思考并回答问题。

老师："学习状态"会影响我们的"学习力"，包括学习效率、学习动力、学习兴趣等。大家一定都有这样的经历，在某段时间内，你能够做到"沉浸式学习"，最后的学习成果和你的感受都特别好。这种沉浸式学习的状态，也就是学习心流状态，它可以帮助我们在学习中更加愉悦、高效。接下来，大家要通过绘制"学习心流瓶"（如下图所示）来了解自己的学习状态。

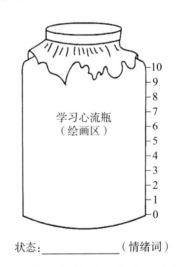

学习心流瓶（绘画区）

状态：＿＿＿＿＿＿（情绪词）

老师：请同学们思考自己目前整体的学习状态，选择 1～3 个词汇进行描述，写在瓶子下方。可选的词汇包括：掌控、幸福、有力、积极、投入、创造、兴奋、清晰、满足、动力、兴趣、掌控、轻松、目标感。

学生思考并选择词汇，写在"学习心流瓶"下方。

老师：这就是我们"学习心流瓶"的第一个组成部分——状态。大家目前的学习状态怎么样？

学生举手回答。

老师：请同学们对自己目前的学习状态进行打分，分数值是 0 ~ 10 分，分数越高，代表这样的学习状态越明显，在对应的分数刻度上进行标记，并在瓶内画出一条虚线。

学生思考并打分，在瓶内画出虚线。

老师：这就是我们"学习心流瓶"的第二个组成部分——刻度。大家认为自己目前的学习状态如何？你打了多少分？

学生举手回答。

老师：接下来，同学们将在"学习心流瓶"中进行绘画，规则如下。

①思考在学习什么的时候，你会出现瓶子中的感受，如学习语文、数学、绘画、唱歌等。

②想象几个学习情景，就画几个泡泡。每一个泡泡代表一种学习类型，注意，只能在刚才画出的虚线之下的部分进行绘画。

③可以绘制不同大小和颜色的学习泡泡。大小代表它对自己的重要性或自己对它感兴趣的程度，颜色按照自己对该学科的感觉填涂。

④在学习泡泡内写明该学习泡泡代表的是什么学科或事物。

学生思考并绘制"学习泡泡"。

老师：这就是我们"学习心流瓶"的第三个组成部分——情境。大家都是在学习什么事物的时候会出现相应的学习状态呢？

学生举手回答。

老师：请和小组内的同学互相交换自己的"学习心流瓶"，介绍自己的"学习泡泡"，说明为什么它是这样的大小和颜色，并说说在学习这些事物时有什么感觉。

学生进行小组讨论和分享。

老师：通过绘制"当下"的"学习心流瓶"，大家对自己的学习状态一定有了更清楚的认识。这个"学习心流瓶"是你最理想的吗？你还想改变和提升哪些方面呢？

学生举手回答。

教师小结："学习心流瓶"的绘制让我们清晰地看到了自己目前的学习状态，也有了想要变得更好的想法。接下来，就让我们去探索自己理想的"学习心流瓶"吧。

设计意图：分步骤带领学生完成"学习心流瓶"的绘制，通过对状态、刻度和情境的思考，学生能深入剖析自己的学习状况，并探寻理想的学习状态。

三、分享我的"学习心流瓶"（15分钟）

（一）我理想中的"学习心流瓶"

老师：请同学们思考自己理想的"学习心流瓶"，以"刻度"为衡量标准，在"学习心流瓶"的"刻度"上画一个目标线，并选择环节二中你最喜欢的词汇来描述你理想中的"学习心流瓶"，把它们标注在瓶子的旁边。

学生绘制目标线并进行标注。

老师：请同学们观察并分享当下的"学习心流瓶"和理想的"学习心流瓶"是否一致？有哪些差别？对此，你的感受如何？

学生思考并回答问题。

（二）提升我的学习心流

老师：心流指的是一种非常专注、投入、沉浸的状态，在心流状态下，我们会变得非常有动力、有兴趣、有目标，这一定是每个同学都期待在学习中能够拥有的状态。那究竟怎样才能达到心流状态呢？请大家回忆自己在学习中曾经出现过的心流状态以及当时是怎样达到这一状态的。各小组进行讨论，一起总结提升心流状态的方法。

学生进行小组讨论、交流和总结。

老师：每个小组派一位代表分享本组想到的提升心流状态的方法。

各小组派代表依次分享。

老师：同学们想到了很多好办法！现在，大家在两个刻度之间，写下几条具体的行动方案，让自己离理想的"学习心流瓶"更近一步。

学生思考并书写。

教师小结：分析了自己目前的学习状态后，我们又展望了自己理想的学习状态。对于如何提升心流，大家在小组讨论中碰撞出了精彩的火花，也有了更多的资源和办法。我们可以采用这些方法提升心流状态：1. 创造环境：创造良好的学习环境，如清空桌面、接杯水、列出任务清单等；2. 简单任务：从简单的任务开始进入学习状态，如练几分钟字、记几个单词、抄写等；3. 合理目标：制定明确可行的目标，体验成就感。

设计意图：在分析自己目前学习状态的基础上，引导学生展望理想的学习状态，分析二者之间的差别，进一步激发学生的学习动力。同时，"心流体验"的分享和总结，使学生在交流中丰富问题解决的资源库，找到适合自己的提升心流状态的办法。

四、点亮我的"学习心流瓶"（8分钟）

老师：除了可以自己点亮"学习心流瓶"外，身边的小伙伴也能为我们助力。请以四人小组的形式，按顺时针方向传递每个人的"学习心流瓶"，在瓶子外部进行绘画，并在两条刻度虚线中间为他人写下一些行动建议，或者写下他人可能需要养成的学习品质、获取的学习方法或其他本领等。小组成员点亮彼此的"学习心流瓶"，帮助他人把这个瓶子变得更美丽、更多彩、更有力量。

学生展开小组合作，进行创作。

老师：这节课到这里也进入了尾声，让我们再次用自己的身体来判断自己此刻的学习状态吧。请大家闭上眼睛，开始打分。

学生闭上眼睛，思考，并按照身体感觉进行打分。

教师小结： 被点亮的"学习心流瓶"代表了我们美好的希望与期待，代表了他人的鼓励和支持，也代表了我们提升学习心流状态的信心。希望大家能在学习中获得更多心流体验！

设计意图： 通过小组绘画创作使学生收获朋辈的力量，通过相互点亮"学习心流瓶"，激发学生的学习动力。最后以按照身体感觉打分收尾，首尾呼应，让学生体验到进步的喜悦。

【课程迭代】

在初始版本中，笔者只聚焦当下，但在后续的研究与修改中，基于对"终身学习"理念的思考，笔者希望这节课带给学生的思考不止于当下的学习，而是延伸到未来的学习中，所以，增添了理想的"学习瓶"的绘制。在课程实践中，基于学生在课堂上的生成与提问，笔者又引入了心流这一概念。心流是体现专注度的一种心理状态，如果学生能在学习时拥有心流体验，那不仅能提高学习效率，也能极大地增强学习动力，因而在之后的版本中，笔者将学习瓶升级为"学习心流瓶"，在学生绘制自己当下和理想的"学习心流瓶"之后，引导学生思考心流的内涵，并回顾自身的学习心流体验，再通过朋辈间的交流和讨论，建构出提升学习心流状态的具体方法，使学生充分挖掘内外部的积极资源，对达到理想的学习心流状态有具体的行动方案和强烈的内在动力。

【教学反思】

"学习"对学生来说是一个永恒的主题。如何更好地认识和接纳学习中的自己，制定适合自己的学习目标，保持学习动力，这些问题对每一个学生来说都很重要。本节课以"学习心流瓶"贯穿课堂，结合了肢体动作与绘画等形式，从自我与他人的角度，通过多种活动，让学生直观地感受到自己的学习状态并进行调整。

当然，这节课也有需要提高的地方。本节课的活动很多，对学生纪律的维持有很高的要求，教师在课前可以进行课堂约定，确保学生保持良好的课堂秩序。在点亮"我的'学习心流瓶'"这一环节，不同班级学生的差异会比较大，此处教师有必要结合实际情况来决定是否需要做更具体的指导，如邀请学生先分享再创作。

【专家点评】

这是一节好课，体现在三个方面。

1. 这是一节"好玩"的心理课。教师通过我的身体会判断、绘制"学习心流瓶"、分享"学习心流瓶"、点亮"学习心流瓶"四个主题活动，在轻松愉悦的氛围中自然表达、自主建构，让学生处在愉悦放松的课堂氛围中，既是一种思想上的交流，更是一种互相间的借鉴。

2. 这是一节"好看"的心理课。"学习"是一个比较重要的话题，五、六年级的学生已经逐渐体会到了学习的压力。如何讲好"学习"这一话题？在本节课中，教师运用社会计量、绘画等方法，透过积极心理学的视角，通过小组团队的力量，展示学生的课堂作品，创生出更"好看"的故事。

3. 这是一节"好用"的心理课。本节心理课的活动素材源于真实生活，活动方法源于自我体验，辅导策略源于教师的引导。并且，在本节课中，"学习"这一概念不仅局限在学业学习中，教师还拓宽了"学习"这一概念的广度，并将其延伸到生活中，体现了"处处是学习"的理念，实现了课程可创新、可持续、可推广使用的目的。

（点评嘉宾：吴敏，江苏省无锡市教育科学研究院心理健康教研员）

【参考文献】

[1] 邓鹏. 心流：体验生命的潜能和乐趣 [J]. 远程教育杂志，2006（3）：74-78.DOI：10.15881/j.cnki.cn33-1304/g4.2006.03.020.

【学案纸】

我的"学习心流瓶"

姓名：_____　班级：_____　学号：_____

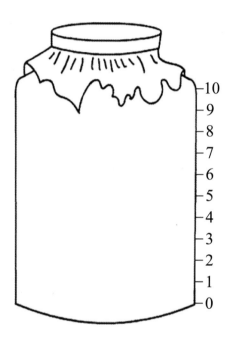

记忆棋盘

上海市曹杨第二中学附属学校　许颖

【驱动问题】

如何提升学生的记忆力？

【基本信息】

适用学段：六年级

准备道具：棋子、骰子、学案纸（每张学案纸上有 1/4 棋盘，每组 4 人，4 张棋盘学案纸可以拼成一张完整的棋盘）

【设计思路】

记忆是学习的重要环节，也是巩固知识的重要手段。任何一项学习活动都需要学习者具备良好的记忆力将所学的知识牢记并灵活巧妙地应用于实际。所以说，掌握科学的记忆方法，不仅有利于提高学习效率、加速知识积累，还有助于提升自身的终身学习能力。

六年级是培养学生记忆力的黄金阶段，是为拥有超强的记忆力打下基础的最佳时期。良好的记忆力是良好学业水平的基础，也是个人提高今后生活质量的重要因素。但是，随着年级的增长、学科种类的增加、学习量的加大、学业负担的加重，需要记忆的知识越来越多、越来越难，这对学生记忆能力的要求大大提高。然而在现实生活中，不少学生由于不善于运用科学合理的记忆方法，在记忆方面存在诸多困难和烦恼，导致自己记忆力不强、学习效率低下、学习成绩不够理想。所以，引导学生探寻适合自己的科学记忆方法刻不容缓。如果能培养学生养成良好的记忆习惯和方法，使记忆变得"快、准、久"，并将所学方法运用到日常学习生活中，对学生提高记忆效率、适应学习任务、打好学习基础都具有现实意义和深远影响。

《中小学心理健康教育指导纲要（2012 年修订）》对学生心理健康教育内容提出了要求：着力培养学生的学习兴趣和学习能力，……让学生体验学习成功的乐趣。因此，本课以设计、实践"记忆棋盘"活动为主线，旨在让学生通过游戏挑战体验记忆的乐趣和成就感，提高学习兴趣和学习积极性，主动发现知识特点、掌握记忆规律、探寻科学的记忆方法，继而提高自身的记忆能力。课堂上，学生自主回忆自己的记忆活动、倾听同伴分享的记忆方法，并通过记忆不同素材、用不同方法记忆同一素材等实战演练，探索、总结适合自己的、适合不同素材的各类记忆方法，使记忆力训练能够落到实处，并初步构建属于自己的记忆策略。课堂的最后，在每一组学生手中"诞生"的"记忆棋盘"，既是记忆成果的一种展现，也是蕴藏记忆方法的学习宝典。

【教学目标】

1. 情感目标：体验记忆的乐趣、成就感，增强学习的兴趣和自信心。

2. 认知目标：认识到科学记忆的重要性，初步构建自己的记忆策略。

3. 行为目标：找到适合自己的记忆方法，并落实到实际学习生活中。

【教学思路】

手操热身：寻找规律 → 记忆挑战：体悟方法 → 实战演练：玩转记忆棋盘 → 思维连接：课堂总结

【教学过程】

一、手操热身：寻找规律（3 分钟）

老师：请同学们完成热身游戏。

活动规则：

1——举右手，2——收回，3——举左手，4——收回，5——举双手，6——收回，7——举双手，8——收回。老师随机报数字（如：1、4、8、6、5），学生根据老师报的数字做出相应动作。

老师：哪位同学发现了这个游戏的通关小秘诀？

学生举手回答。

老师：同学们已经发现了，秘诀就是报到双数的时候，对应的都是手收回的动作。所以说，看似复杂的东西，找到秘诀就能变得很简单，记忆也是如此。今天，同学们需要勇闯关卡，完成指定任务，共同制作"记忆棋盘"。

设计意图：热身游戏的设计，既能活跃课堂气氛，又能激发学生的学习兴趣。借助热身游戏，引导学生通过寻找规律和方法简化任务难度，从而揭秘课题。

二、记忆挑战：体悟方法（20分钟）

（一）第一关卡：破译数字记忆

老师：请同学们完成第一关挑战内容。在不动嘴、不动笔、不交流的前提下，尝试记住指定通关密码。挑战成功的同学，可以从老师手中赢取制作棋盘的重要素材（学案纸）。

记忆素材：310107200306012016（授课教师可以根据自己所在地区的身份证编码、上课学生的出生年月等调整这组数字）。

学生识记，举手回答所记内容。

老师：你是如何记下这么长的一串数字的呢？

学生思考并分享所用方法。老师归纳总结学生分享的各类记忆方法。

①规律记忆法：找出关键线索或规律（如身份证的编码规则），进行记忆。

②分段记忆法：将复杂的信息分成几个部分，让记忆变得更简单。

③谐音记忆法：将数字转换成文字，利用谐音重新解读。

老师：听了同学们的分享后，你觉得哪些记忆方法适合自己呢？为什么？

学生举手回答。

老师：很高兴大家在这轮活动中都找到了适合自己的记忆方法。刚才全部答对或是找到适合自己记忆方法的同学都可以领取此次制作棋盘的素材（每张学案纸上有1/4棋盘，每组4人，4张棋盘学案纸可以拼成一张完整的棋盘）。

（二）第二关卡：挑战图片记忆

老师：请同学们将领取的学案纸，与屏幕同方向摆放（学案纸的摆放不受棋盘素材颜色的影响，也无需拼凑成完整棋盘，只需将"箭头→"统一指向右侧即可），进入下一关挑战。

活动规则：小组在棋盘的空格处进行绘制，共同美化棋盘。同学们需要记住屏幕上展示的图片及相对位置（屏幕中呈现需要记忆的图片 40 秒），然后在学案纸上棋盘的空白处的相应位置填写自己记住的内容。

记忆素材：所选图片需要便于引导学生从中寻找规律，从而总结记忆方法。

老师：请大家仔细观察棋盘素材，你有什么发现吗？

学生识记，填写学案纸，举手回答所记内容。

老师：大家是如何迅速、准确地完成任务的？请大家以小组为单位进行讨论。

学生进行小组讨论，探讨所用记忆方法，选派小组代表进行分享。

教师小结：（教师归纳总结学生分享的各类记忆方法）

联想记忆法：将枯燥、零散、无意义的记忆素材组合成有意义、有意思的信息、词句或故事，并赋予其一定的涵义，让记忆素材变得好玩好记。

首字 / 连字记忆法：将每个记忆素材的第一个字或有代表性的字连在一起组词，将图片转换成最精简的字词。

归类记忆法：寻找记忆素材之间的规律，按照种类、形状、功能等进行分类，便于记忆。

理解记忆法：如果记忆素材内容比较丰富、比较繁杂，可以在理解大意的基础上，通过抓关键、做比较、列图表、绘思维导图等方式，提升记忆效率。

多通道记忆法：参与记忆的感知觉越多，如借助视觉、听觉、动觉、触觉等同时进行识记，记忆的效果往往越好。

设计意图：以设计、制作"记忆棋盘"为载体，选用与学生心理特征和认知水平相适应的记忆素材，帮助学生在回顾自己的记忆活动、分享他人记忆方式的过程中，学会针对不同素材寻找、运用合适的记忆方法，体验科学记忆方法的重要性，感受掌握高效记忆方法的成就感和自信心。

三、实战演练：玩转记忆棋盘（15分钟）

老师：请同学们以小组为单位，拼出一张完整的棋盘。活动规则如下。

①每位组员依次移动棋子：以掷骰子的方式决定棋子的行动距离，每轮投到数字几即飞行几格。例如，投到数字6，该轮掷骰子的人可以将棋子飞行6格。

②棋子走完所掷数字的对应格数后，如最后一格有图案，必须完成同组组员指定的记忆任务，并归纳出所用的记忆方法。挑战成功，可前进2格；挑战失败，则后退2格。每轮进退格都只进行一次，不能连续进退。每盘中所答记忆方法不能重复。

③棋子到达终点的先后顺序，为本轮游戏的获胜顺序。

学生根据要求进行活动。

设计意图：通过小组讨论的方式，探寻更多的记忆方法。通过学生实际操作的"记忆飞行棋"游戏，在趣味体验中，进一步激发学生的学习兴趣，鼓励学生总结、运用课堂上所学的记忆方法。

四、思维连接：课堂总结（2分钟）

老师：请闭上眼睛，回想这节课我们掌握了哪些记忆方法？针对不同记忆素材的特点，请大家思考适合自己的记忆方法。

学生回顾活动，总结方法。

教师小结：人的记忆就像这盘飞行棋，可能起步速度有快有慢，但是只要针对自身记忆水平和记忆素材特点，选择最适合自己的记忆方法，就能有效提高记忆效率。

设计意图：通过学生的分享，引导学生巩固所学、畅谈收获，促使学生将本节课上所学的记忆方法内化，形成感悟，并在平时的学习生活中自觉总结经验、学以致用。

【课程迭代】

本节课的最终版与之前版本相比，改动最大的是教学内容的载体。最开始的设计是单纯的记忆任务叠加，结构松散、形式单一、课时拖沓。为了提升教学内容的完整性、连贯性和生动性，笔者收集了学生的反馈意见，对课程进行了修订，以提高课程的质量，充分发挥学生的主体作用，最终版为以"记忆棋盘"的设计和实施为载体，让学生在充满趣味的活动中去摸索、体验和感悟，关注学生已有的知识经验与课堂生成，真正调动起学生的积极性，引导学生在闯关与探讨的过程中不断去探寻、运用、巩固科学的记忆方法，从而找到适合自己的、简单实用的记忆方法。

【教学反思】

本节课着重记忆能力的培养。教学设计立足学生的认知发展特点和实际情况，切合学生的现实需求和学习兴趣。以"记忆棋盘"为线索，通过"手操热身：寻找规律"活动引出"破译数字记忆""挑战图片记忆""玩转记忆棋盘"三关挑战，环环相扣，层层递进。记忆素材的选择内容多元、贴近生活，让学生在自我体验、自我感悟、自我探寻的过程中领会本节课的意图，认识到记忆是有规律、有方法、可训练的，从而学习掌握一些科学的记忆方法，并在学习生活中学以致用。

在实际教学中，本节课通过游戏的形式，激发了每一位参与者的学习积极性，充分发挥了学生的主体作用，让学生们在愉悦、积极的体验式活动中去摸索和感悟。闯关过程中，学生体验到了记忆的乐趣、成就感，尝试主动改善记忆方式，并在自省中收获更多记忆方法并加以实践，以此提升学习的积极性和自信心。学生现场反应热烈、参与度高，达成了良好的活动效果。

本节课还有一些值得关注的地方。第一，教师可以在记忆素材的选取和一些具体的辅导细节上下功夫，使其更贴近学生的日常学习生活，应该会取得更好的效果。第二，考虑课程的时长、学生的兴趣点，可以选择几种记忆方法重点拓展、操练，以加深学生的记忆，其余内容略讲。第三，要激发学生对以往经验的思考，在分享交流中总结成功经验，找到真正适合自己的科学记忆方法，并将其迁移到学生日常的学习生活中。第四，注重课堂氛围的把控。学生十分喜欢游戏的形式，往往参与度极高，但也可能因为太过兴奋，影响到课堂的正常秩序。这就需要老师提前评估学生当下的记忆水平，在教学设计中适当增强挑战的难度和趣味性，引导学生调整好状态、积极参与课程活动和讨论。

【专家点评】

本节课属于学习方法中的记忆板块，符合《中小学心理健康教育指导纲要（2012年修订）》对六年级学生的要求：着力培养学生的学习兴趣和学习能力，培养学生分析问题和解决问题的能力，从而找到适合自己的记忆策略。棋盘游戏和闯关挑战的设计十分吸引人，能引导学生体验记忆的乐趣和成就感，从而主动寻找科学有效的记忆方法。各环节环环相扣，逻辑连贯，教学目标清晰可达成。学生在手操游戏中能够认识到记忆方法的重要性，这一游戏可以为下一环节的闯关做铺垫，调动学生在游戏中寻找更多记忆方法的积极性；棋盘游戏可以引导学生进行实战演练与实践应用，在分享讨论和进退格的游戏中找到适合自己的记忆方法。记忆材料的选择符合该阶段学生的思维发展水平和记忆特点，且呈现出多样性。整节课学生的参与度很高，课程深受学生欢迎。

（点评嘉宾：孔庆雯，上海市北海中学心理高级教师）

该课曾获上海市学校心理辅导活动课大赛（初中组）二等奖

【学案纸】

记忆棋盘（小组学案纸 A）

姓名：_____　班级：_____　学号：_____

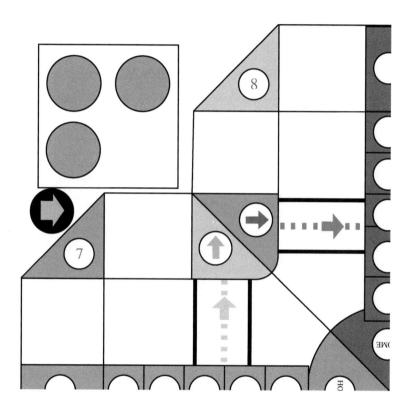

【学案纸】

记忆棋盘（小组学案纸 B）

姓名：_____ 班级：_____ 学号：_____

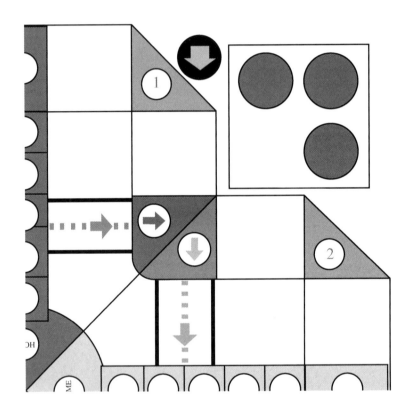

【学案纸】

记忆棋盘（小组学案纸 C）

姓名：_____　班级：_____　学号：_____

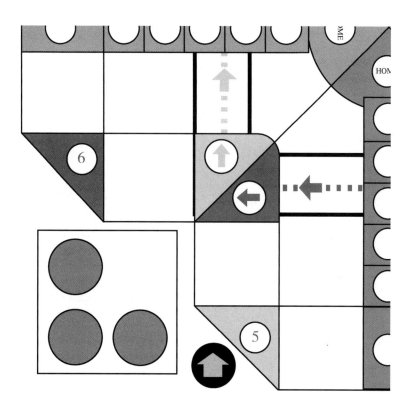

【学案纸】

记忆棋盘（小组学案纸D）

姓名：_____ 班级：_____ 学号：_____

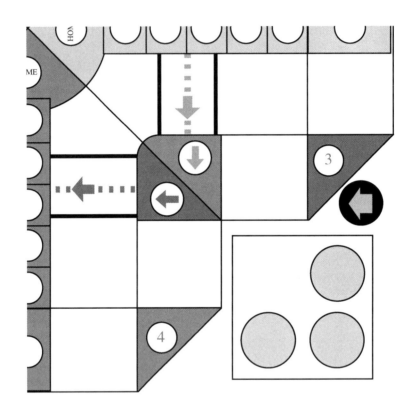

错题离家出走记

广东省深圳市格致中学　陈芷菁

上海市向明初级中学　陈聪

【驱动问题】

如何让学生学会管理错题？

【基本信息】

适用学段：六年级

准备道具：学案纸、错题本（由学生准备）

【设计思路】

《中小学心理健康教育指导纲要（2012 年修订）》指出，要帮助小学高年级学生在学习生活中品尝解决困难的快乐，调整学习心态，提高学习兴趣与自信心，正确对待自己的学习成绩。

对学生而言，错题管理就是认识到错题的重要性，根据自己对知识的掌握情况，搜集和整理错题，进行归类和改正，及时发现错题中隐含的知识点，巩固和加深对知识的理解。管理错题是学生的自控行为，能够帮助学生弥补原有知识的不足，查漏补缺。高年级段的小学生存在"假订正""浅订正"等不良情况。例如，为了完成任务而草草了事，流于形式，质量不高；过分关注结果，不深入分析错因，不注重思维过程；只关注一时的纠错，不重视后期对错误资源的再利用[1]。

弗雷斯等人提出，学习者在处理新的复杂任务时，错误的产生是不可避免的。也就是说，学生在学习新知识时所犯的错具有积极的意义，将错误主动整合到学习中有助于提升学习效果。在这个过程中，教师应该教给学生积极主动应对错误的策略，帮助学习者站在新的角度看待错误，将错误看作学习机会，并正确地运用情感和认知策略进行纠错学习[2]。

因此，本节课从错题出发，旨在通过引导学生正确看待错题、学会管理错题的方法，帮助学生学会管理错题，从错误中学习和成长。

【教学目标】

1. 情感目标：建立对待错题的积极态度，收获复习的信心。

2. 认知目标：认识到错题对学习的重要性，了解"三环订正法"。

3. 行为目标：学会错题的管理方法，并尝试将方法运用在日常的学习中。

【教学思路】

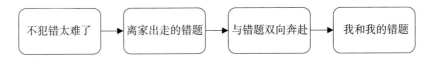

【教学过程】

一、不犯错太难了（5分钟）

老师邀请学生参与游戏，明确游戏指令（当教师喊"1"和"2"时，男生和女生做出相应动作），并且约定做错的同学上台抽取惩罚卡，包括看图摆动作、反手鼓掌、用头写字等。

第一轮：当教师喊出"1"时，男生举手；当教师喊出"2"时，女生举手。

第二轮：难度升级，当教师喊出"1"时，女生起立，同时男生坐下；当教师喊出"2"时，男生起立，同时女生坐下。

第三轮：难度加倍，当教师喊出"1"时，男生向左转，女生向右转；当教师喊出"2"时，男生向右转，女生向左转。

老师请学生起立，尝试做出相应动作，待学生熟悉游戏规则后，游戏正式开始。学生站定后，根据教师的口令做相应的动作，要尽可能快地做对动作。老师询问是否有同学没有出错或很少出错，以及他们是如何做到又快又准的；询问出错同学的感受。学生分享游戏经验和感受。

教师小结：在刚刚的游戏中，面对越来越复杂的指令，同学们或多或少都犯了些错误。有的同学在脑内复盘，有的同学更加集中注意力，有的同学用笔把指令记下来提醒自己，有的同学直接模仿同桌的动作……大家处理错误的方式不尽相同。在学习中，我们也常常出错。那么，面对错题，我们又该如何处理呢？前几天，老师遇到了一道离家出走的错题，它向我哭诉了它的经历，我们一起来看看它都经历了些什么。

设计意图：通过活动，活跃课堂气氛，引入主题。

二、离家出走的错题（15分钟）

老师呈现案例内容。

我叫错题843号，和其他只会被动接受订正的错题不一样，我是一道有梦想的错题，我希望自己能够发光发热，帮助主人更好地复习，可是……

第一幕：我的第一任主人叫A，是他赋予了我生命，他有很多好看又精致的文具，把我装饰得漂漂亮亮的，所有人看了他的错题笔记都会惊叹，可是后来我才知道，写得这么花花绿绿的根本看不清楚。于是我离开了他，去追求我的价值。

第二幕：我的第二任主人叫B，他看起来很刻苦，每天都花很多时间管理错题，老师很喜欢他，所以我选择了他。我想，这回我可找到归宿了——一个被认真打理的家。可是后来我才知道，他只不过是把参考答案还有老师的板书完全照搬了过来，根本没有意义。于是我离开了他，继续去追求我的价值。

第三幕：我的第三任主人叫C，他很聪明，偶尔会有些深度的反思，他的同学还会把他的错题本借去抄，所以我选择了他。我想，这回我可找到归宿了——一个智慧之灯常亮的家。可是后来我才知道，他记完错题后就再也不看了，我仿佛被他打入了冷宫，光和热都熄灭了，于是我离开了他，但我不知道该去哪里追求我的价值了……

老师依次展示案例内容，再引导学生思考和回答该主人管理错题的问题，并进行归纳，然后邀请学生以小组为单位，依次提出改进方式，并将讨论与分析结果记录在学案纸上，最后小组代表进行发言。

教师小结：值得肯定的是，三位主人在面对错题时没有选择逃避或忽视，而是积极地正视。但我们也能发现，错题在三位主人的身边都是无所适从的，无法发挥出自己应有的作用，因而选择了离开。那么，离开三位主人，错题将何去何从呢？同学们刚刚提出了一些改进的方法，错题很感动，希望你们能够成为它的新主人，你们愿意给它一个好的归宿吗？

设计意图： 通过错题的故事，还原常见的管理错题误区，引发共鸣，让学生发现这些管理方式的错误所在，并思考如何改进。

三、与错题双向奔赴（15分钟）

老师组织学生讨论错题的特点以及可以给自己带来的帮助，学生分享讨论结果。老师肯定学生的讨论结果，而后邀请几位有管理错题习惯的同学分享自己是如何看待错题、如何管理错题的。学生分享自己管理错题的心路历程和方法。老师鼓励学生，总结"与错题相处的法则"（比如及时回应错题、经常关心错题）。在这些方法之外，老师补充分享错题管理秘籍"三环订正法"。

①诊断错因，理清知识。

第一步，当天订正错题。订正时阅读题目，并通过自行思考或请教老师及同学的方式来寻找错因。第二步，将错题写在便利贴上，找出它与课本对应的具体知识点，做好记录。第三步，在便利贴上自主写出订正过程，步骤应尽量翔实。第四步，将写好错因和正解的便利贴贴在错题旁边，以便二次查阅。

②规范整理，筛选分类。

将错题分类，看看是否存在同类型、同知识点的错误。另外，在整理时，根据掌握的情况，也可以将错题分为"掌握"和"易错"两个类型。针对"易错"类型的错题要进行多次练习，直到掌握。

③定期复习，巩固迁移。

每月定时复习，特别是在考试前，更应该着重复习错题及相关的知识点，以达到巩固效果。

教师小结： 恭喜错题，它终于找到了一个好的归宿，结束了漫长的旅途。也恭喜同学们，你们得到了错题这样一位可贵的同伴。相信大家在今后的学习中一定能够在错题的帮助下不断进步。

设计意图： 通过小组讨论，学生可以发现周围同学不同的错题管理方法，并从中学到一些好的方法。

四、我和我的错题（5分钟）

老师邀请学生翻阅自己的错题笔记，思考如何改进，并鼓励没有错题笔记本的同学从今天开始养成管理错题的习惯。

学生翻看自己的笔记，总结自己惯用的错题管理方法，回忆在过去的学习中这种方法的有效性，并结合上一环节的内容及自身的学习情况，完善自己的管理方法，并记录至当堂学案纸。

教师小结： 对于错题，我们要看到它的价值，它能让我们发现自己对其背后涉及的知识点并不熟悉，从而督促我们进行复习，加深理解。好的错题管理方法，不仅能加强我们对知识的理解和记忆，还可以提升我们的复习效率——复习前翻翻笔记本，就可以快速找到重点难点。记住，不要害怕犯错，直面错题，合理地对待错题，我们才能在错误中进步。

设计意图： 通过翻看自己的错题笔记，学生可以认识自己管理错题的风格，并将其和上课讲的内容进行对照，结合自身的学习情况，找到可以改进的地方。

【课程迭代】

本节课在优秀教师的指导下，历经了多次修改，主要改进了"与错题双向奔赴"环节。此环节涉及错题笔记的分享活动，最初的安排是由学生在小组里相互展示错题本，介绍自己如何做笔记，一起推选出一本比较好的笔记，由笔记主人上台展示，小组成员说明选择该笔记的原因，笔记主人分享自己做错题笔记的方法，并谈谈笔记帮助复习的有效程度，最后小组根据成员的不同方法以及其他同学分享的内容，取长补短，整合成一套属于自己小组的错题管理方法。后考虑到每个小组都找到合适的方法可能较难，笔者将此环节的活动方式改为课前向学科教师了解后，确认班级中认真对待错题的学生，给予一定的分享思路指导，而后邀请学生在课上分享自己管理错题的方法，教师予以肯定和鼓励，总结"与错题相处的法则"，并且分享"三环订正法"，以确保学生在课堂上能真正学习到错题的管理方法。

【教学反思】

本节课的主题为"学会复习"。关于复习，已有很多优秀的心理课尝试教会学生复习的方法，班主任和学科任教老师在日常教学中也不断地向学生传授这些方法、不断地强调要复习，在作业的布置上也费尽心思地引导学生进行复习。可以说，学生对"复习"一词并不陌生，但在实际学习中，有些学生虽然知道复习很重要，却因为各种原因没有进行复习；还有些学生明白错题对学习的影响，情感上并不回避错题，也进行着错题管理，但对错题的价值认识不足，缺乏良好的错题管理意识与系统的错题管理策略。

因此，本节课的优点在于，尝试从不同的角度出发，以学习和复习中错题本的使用为落脚点，通过拟人的方式，让学生代入错题的视角，生动形象地说明不好的错题管理方法会给复习带来负面影响，引导学生正确看待错题、调整错题管理风格、学习高效的错题管理方法。接着借错题之口，讲述错题的价值，引导学生探索管理错题的妙招。总结和延伸环节引导学生进行实践，将课堂上学到的新方法应用到自己的错题笔记中去，并且在学习的过程中不断调整，找到适合自己的方法，从而提升自己从错题中学习的效果，真正实现课后高效复习。

本节课切合学生需求，课堂氛围佳，实施效果好，但仍存在一些不足。例如，热身游戏对学生的反应力和配合度有一定的要求，可能会产生学生跟不上、懒得做、不想做等问题。该活动意在从游戏中的错误引出学习中的错题，重点在于如何将话题自然地过渡到学习上，因此，教师应仔细观察学生在游戏中的表现，结合"错误"这一核心观念，探讨学生做错和不配合背后的原因，灵活地给出反馈。

【专家点评】

这节课的亮点主要体现在以下三个方面。

1. 适应需要，切合学情。六年级学生正处在小升初的过渡阶段，需要参加升学考试，这就需要学生回顾小学六年所学知识，对所有知识融会贯通，因而正确的复习方法在这个关键时期显得尤为重要。本节课以六年级学情为基础，针对学生在复习中存在的缺陷和盲区，重点讲授错题管理的方法，适应学生的需要。

2. 角度新颖，生动有趣。心理课中的"学会复习"课，多结合记忆方法来引导学生记忆错题，本节课看到错题在复习中的重要性，以错题为切入点，借错题之口创设情境，引导学生从观众的视角与错题互动，循序渐进地从理解错题的重要性、意识到忽视错题和不会管理错题对学习的负面影响，这个过程可以帮助学生学以致用，将学习到的方法落到实处。

3. 营造氛围，鼓励分享。一方面，六年级学生有充分的表达欲，本节课设置了多个讨论分享环节，给了学生足够的分享空间；另一方面，学生们有时候会因为成绩排名比较和认知偏差不太愿意分享自己的学习方法。本节课邀请在错题管理方面略有心得的"小专家"进行分享，不仅给了"小专家"一个展示的舞台，还为其他学生树立了榜样。

（点评嘉宾：隋莎莎，广东省深圳市格致中学心理高级教师）

【参考文献】

［1］徐素珍，储粮 . "三环订正法"在小学数学教学中的运用［J］. 上海教育科研，2017（12）：87-90.

［2］彭霞 . 打造"升级版"错题本［J］. 中小学管理，2016（9）：54.

【学案纸】

错题离家出走记（当堂学案纸）

姓名：_____ 班级：_____ 小组成员：_____

主人	存在问题	可以如何改进	改进后我的错题本
A			1. 我要保留的过去的整理方法： 原因：
B			2. 我将尝试的新的整理方法： 原因：
C			3. 改进后我的错题与我的情感浓度（1～100分）：
我			原因：

【学案纸】

错题离家出走记（课后学案纸）

姓名：＿＿＿＿＿＿　班级：＿＿＿＿＿＿　学号：＿＿＿＿＿＿

三环整理法	具体内容	完成程度	反思
诊断错因 理清知识	1. 当天订正，仔细阅读题目，找出错误所在及原因 2. 抄在便利贴上，注明错题的来源、页码及题号，再写出错因 3. 在便利贴上自主写出订正过程，步骤应尽量翔实 4. 将写好的错因和正解的便利贴贴在错题的旁边		
规范整理 筛选分类	1. 每个周末，先把累积在作业本或试卷上的错题重做一遍，再根据对错的情况分成"掌握"和"易错"两个类别 2. 把贴在错题旁边的便利贴撕下来，分成两类（"掌握"和"易错"）粘贴到错题本上；"掌握"型的错题不用再次订正，"易错"型的错题要在错题本上重新订正一次		
定期复习 巩固迁移	1. 每月定时复习一次错题本上的错题；对"掌握"型错题，要细看一遍，回顾其对应的知识点，理解其解题过程；对"易错"型错题，要在便利贴上重做一遍，再梳理其对应的知识点，分析比较每次出错的原因，然后贴在错题本上 2. 梳理单元内所学知识，画出思维导图，在思维导图上将错题对应的知识点用红色的记号笔进行标注，然后阅读课本的相应章节，直到真正理解 3. 学习小组的组员互换错题本，做一遍他人的错题（只看题目，不看错因和正解）；如果正确，细看同学的错因和正解；如果错误，先自己分析错因，订正，再看同学书写的错因和正解 4. 总结全组成员的错误类型，每一位组员仿照其他组员的"易错"型错题重新命题，各自回答，批改反思		

插上坚毅的翅膀

北京市朝阳区花家地实验小学朝来校区　张颖

【驱动问题】

如何引导学生通过刻意练习增强坚毅品质，从而提升学习动机和学习成绩？

【基本信息】

适用学段：六年级

准备道具：学案纸、眼罩、五种不同颜色的水彩笔、签字笔、前测问卷

【设计思路】

《中小学心理健康教育指导纲要（2012年修订）》指出，小学高年级心理健康教育的主要内容应包括着力培养学生的学习兴趣和学习能力……体验学习成功的乐趣。《北京市中小学健康教育指导纲要（试行）》指出，学段三（小学五、六年级）健康教育的内容及要点包括"掌握基本的学习方法"。

坚毅是一种能帮助自己或他人获得幸福生活的品质，属于意志力范畴，表现为对某件事的坚持不懈，对既定目标的持久热情和努力，对学习中的成功和工作中的成就有重大意义[1]。劳伦·艾斯克瑞斯 - 温克勒的研究发现，刻意练习可以将坚毅品质与个人成就联系起来。刻意练习是一种有目的、系统和专注的训练方法，旨在提高特定技能或领域的表现。它的核心理念是通过有意识地选择和设计练习任务，以及持续的反馈和修正，不断挑战和超越个人的现有能力水平。劳伦·艾斯克瑞斯 - 温克勒在研究中发现，使用刻意练习这一方法，不仅可以有效提升小学生的学习动机和学业成绩，还能提升他们的坚毅品质。

本节课通过难度递增的"三画鼻子"挑战，引导学生进行刻意练习，帮助学生意识到刻意练习的重要性和正向作用，进而将刻意练习与学习相联系，反思自己在学习

中的刻意练习行为存在哪些不足，并做出调整，以培养学生的坚毅品质，增强学习动机，提升学业成绩。

【教学目标】

1. 情感目标：体验到通过刻意练习取得进步所带来的积极情绪，培养坚毅品质。

2. 认知目标：能够正确理解刻意练习的概念和五要素。

3. 行为目标：掌握刻意练习的方法，使用刻意练习进行有效学习。

【教学思路】

正念练习 → 三画鼻子 → 我的"学习比萨" → 再努力一点点

【教学过程】

一、正念练习（4分钟）

老师：同学们好，今天我们会进行一次正念练习，大家准备好了吗？跟着老师的指导语一起来练习吧！（指导语见附录）学生根据教师的指导语进行正念练习，而后慢慢睁眼，将注意力转移回课堂。

设计意图：通过正念练习，帮助学生提升专注力和自我觉察能力，调整情绪，从而为下一环节的刻意练习做好心理准备。

二、三画鼻子（15分钟）

老师呈现没有鼻子的小丑图片，组织学生进行"三画鼻子"活动。教师讲解规则。

（一）第一次画鼻子：自己画

老师组织学生进行"画鼻子"活动。邀请学生拿出一张没有画鼻子的小丑图，给小丑画上鼻子。学生独立画鼻子。老师询问学生绘画的难易程度和感受。学生举手回答。

（二）第二次画鼻子：两人合作画

老师提升活动难度。要求学生两两组队合作完成画鼻子任务。一名同学用语言指挥，另一名同学蒙上眼睛，在同伴的指导下，在另一张小丑图上画鼻子。学生根据要求进行活动，体验蒙眼画鼻子。如果有学生觉得画鼻子没有难度，可以再次提高难度，如让学生画小丑衣服上的扣子等。

老师请学生思考并回答问题。

问题1：两次画鼻子，哪次更难？

问题2：两次活动有什么不一样的地方？

学生举手回答。

教师小结：大家认为第一次给小丑画鼻子非常简单，其实这是我们能力的舒适区，在舒适区里进行的练习叫"天真的练习"，没有难度，很容易完成。如果我们想要提高自己的能力，只在舒适区进行练习，会让我们进步缓慢。那怎么办呢？脱离舒适区，增加任务难度，树立更高的目标。为了达成这个目标，我们要进行刻意练习，这样我们才能有提高、有进步，变得更优秀，甚至出类拔萃。

（三）第三次画鼻子：体会刻意练习的效果

老师组织学生体验刻意练习。学生两人一组，再次练习画鼻子。要求用铅笔作画，可以反复、多次尝试，直到两人配合默契，能用很短的时间画好鼻子。

学生第三次练习作画，感受刻意练习后的效果。

老师：回顾刚才的活动，为了更好地完成"画好鼻子"这一目标，需要注意哪些细节？我们可以使用什么样的方法？

学生分组展开讨论，并分享。

教师小结：同学们所讨论、分享的内容，正是我们刻意练习的关键要素。首先，完成画鼻子任务需要做好指挥，这对应刻意练习中"有引领"这一要素：由有经验的人告诉我们应该怎么做，为我们找到目标。其次，完成画鼻子任务需要同学们认真听，这对应刻意练习中"全身心"这一要素：专注于目标，并全神贯注地去实现目标。再次，完成画鼻子任务需要同学们不断询问进展，这对应刻意练习中随时"要反馈"这一要素：根据自己和他人的评估，判断自己当前努力的方向是否正确。复次，完成画鼻子任务需要同学们不断尝试调整，这对应刻意练习中"再尝试"这一要素：我们需要通过反复不断的尝试来进行提高。最后，刻意练习中还有一项重要的要素——"后内化"，即坚持反复练习，以逐渐掌握知识和技能，并形成对它们的理解。通过对画鼻子活动的详细分析，我们从中提炼出了刻意练习的五要素：有引领、全身心、要反馈、再尝试和后内化。

设计意图：通过画鼻子的多次练习，亲身体验刻意练习的过程和相关要素。

三、我的"学习比萨"（15分钟）

老师呈现"学习比萨"案例，请学生根据平时的学习情况，仿照案例，画一张特别的、代表自己学习状况的"比萨"。然后把这个比萨分成5份，分别代表五个刻意练习的元素。哪个部分平时做得多、做得好，就给这部分多一些空间；平时做得不够的部分，就少一些空间。

老师介绍自己学做锅贴的经历作为示范。

内容简介：首先，我在网上搜索做锅贴的方法，通过向高手学习，我了解了方法，获得了专家的指导（有引领）；其次，我全身心地投入准备和制作（全身心）；再次，制作好后，请家人品尝，对咸淡、火候、用油量等给予反馈（随时要反馈）；最后，按照家人的要求再进行调整和制作，此次基本成功，符合家人的口味（再尝试）。但是因工作比较忙，基本都是家人做饭，再练习的情况不多（后内化）。

老师：参照我对自己每一个环节的评价，请同学们绘制自己的"学习比萨"，哪一部分平时做得多、做得好，哪一部分就占比大。

学生：根据教师展示的案例，绘制自身的"学习比萨"图。

老师请学生思考未来自己想要加强哪个部分。学生反思自己在刻意练习过程中的优点和不足，回答问题。

设计意图：引导学生结合自己的学习情况，思考自己在刻意练习中可以进步的方面，进一步提升自己。

四、再努力一点点（6分钟）

老师播放视频《再努力一点点》，并请学生思考刻意练习的精髓是什么，能带给我们什么积极的影响。

视频简介：讲述一个小男孩在母亲"再努力一点点"的鼓励下，坚持不懈地练习踢足球、在赛场上顽强拼搏的故事。

学生带着问题观看影片，进行思考，并与同学交流分享。

教师小结：我们今天学习了刻意练习，并联系自己的学习情况进行了分析和反思。其实，每一次的努力训练，每一次碰触到小目标，都是刻意练习的精髓。希望同学们通过刻意练习来提升自己的学习能力，让自己变得更勇敢、更坚强、不怕困难和挫折，成为一个更出色的人。请同学们课后继续完成"学习比萨"的绘制，整理好后张贴在班级文化墙或文化走廊上进行展览。

设计意图：将课程内容延续到课外。

【课程迭代】

为了确保每个学生都参与活动，理解刻意练习的必要性，并掌握其方法，本节课进行了数次内容迭代，同时增加了体验游戏的层次性，同一个游戏，依据学情设定不同的难度，可以满足更多学生的需求。

在画鼻子游戏中，最初只让学生体验了一次蒙眼画鼻子，而后进行刻意练习。但学生体验不到难度的变化，也就难以感受刻意练习的作用。因此笔者将这一活动做了难度上的区分，创造情境设置"脚手架"，帮助学生从最初的直接画，再到蒙眼画或画纽扣等，让学生从游戏中感受到难度的增加，理解准确作画时刻意练习的必要性，进而为后面的教学做好铺垫。而后还组织学生利用铅笔多次讨论与尝试作画，突出刻意练习这一行为，使学生体验"一次就成功"的喜悦，同时更体会到刻意练习的重要性。

【教学反思】

本节课的课程设计有以下优点。

1. 在学习指导方面：能针对学习目标和学习内容，通过指令性语言等给予学生规范、清晰、易懂的示范。

2. 在课堂呈现方面：在以学生为主体的互动式、启发式、探究式、体验式等多样的学习活动中，教师发挥了指导和促进作用，引导学生积极参与师生、生生互动。课程重视学生的探究过程，让学生在合作中结合自己的活动体验，从自己真实的经验中找到规律，在此基础上，教师再揭示刻意练习的内容。课程充分尊重学生的元认识和发展区，通过有趣的活动提升学生的探究兴趣，在积极的课堂氛围中提升学生的学习效果。

但是，本节课依旧存在不完善之处。首先，须管理课堂突发情况。有的学生可能觉得蒙着眼睛画鼻子的任务也很简单，那就需要教师依据学生状况及时调整，如加大难度，画出衣服上的扣子等。总之，要关注每个学生的情况，让他们体验到游戏难度的提升，明白自己需要更努力才能做得更好。其次，注意课程的延续性。可以设置一个展示区，让学生陆续贴上自己绘制的"学习比萨"作品，引导学生在日常学习中进行刻意练习，真正做到学以致用。

【专家点评】

在教学过程中，画鼻子的活动由易到难，引导学生对比几次画鼻子的感受，引出刻意练习的概念，比较"简单练习"和"刻意练习"，并引导学生相互分享经验，分享总结出来的感受，继而从学生的回答中提炼刻意练习的五要素，这样，"五要素"便与学生建立了紧密的联结。

教学学案的运用能联系学生的学习情况，老师分享的案例能给学生起到示范作用。基于此，老师进一步和学生阐明刻意练习五要素的具体内容，学生的分享也表明学生掌握了刻意练习的五要素。本节课的最后，老师分享了视频，鼓励学生也去努力一点点，进步一点点。

优点：1. 老师进行了课前调研，结合课前调研，有针对性地解决学生问题；2. 活动很集中，通过同一个活动让学生有深刻的体验。

本节课节奏感强，内容凝练集中，是一节很优秀的心理课。

（点评嘉宾：殷晓莉，中国科学院心理研究所副教授）

【参考文献】

［1］官群，薛琳，吕婷婷. 坚毅和刻意训练与中国大学生英语成就的关系［J］. 中国特殊教育，2015（12）：78-82.

【附录】

正念练习指导语

请各位同学脊背保持挺直，双肩尽量打开，双脚平放于地面，双手放在腿上或桌子上。随着音乐闭上眼睛，同时随着指导语调节呼吸。保持身体的觉醒状态。

如果你准备好了，请将注意力放到当下这一刻的呼吸上，感受一下吸气时，空气经过鼻腔，进入胸腔，最后达到我们腹部的过程；留意一下从吸气转换成呼气前那一个小小的停顿；再感受一下呼气时，体内的气息经由胸腔、鼻腔缓缓呼出体外的过程……就这样一刻接一刻地去观察吸气和呼气的过程……观察一下你的注意力，如果觉察到自己走神了，那么不需要做任何评判，只需要将我们的注意力温和而坚定地拉回到呼吸上就可以了。继续关注自己的一吸一呼，不需要控制吸气和呼气的过程……

留意自己注意力的情况，也许你的注意力很快被自己喜爱的事情、目标或成功时的畅想所占据了，那么你不妨在这美好的场景中待一会，感受一下这时的激动与美好……继续关注自己的呼吸。在下一次吸气时，把满满的能量与身边亲朋好友带给我们的支持深深地吸入身体。呼气时，把沮丧、失落等负面情绪随着呼出的气体一起排出体外……随着我的呼吸，我内心的目标变得十分清晰，我感受着因目标实现而激发出的满满的力量，感受着身边一切的支持性力量，我相信自己，愿意为自己热爱的事情不断努力与奋斗。

接下来我将从一数到三，数到三的时候，请你慢慢睁开眼睛，转转脖子，轻轻活动活动身体。

一、二、三……

【学案纸】

插上坚毅的翅膀

姓名：_____ 班级：_____ 学号：_____

【学案纸】

我的"学习比萨"

姓名：_____ 班级：_____ 学号：_____

仿照案例，画一张特别的、代表自己状况的"学习比萨"。把这个比萨分成 5 份，分别代表刻意练习的五要素。哪个部分平时做得多、做得好，就给这部分多一些空间；平时做得不够的部分，就少一些空间。

最后看看你和小伙伴的比萨是怎样的，说一说在未来的学习中，你应该加强哪部分的练习？

1. **有引领**：要有目标。

2. **全身心**：要全神贯注地行动。

3. **要反馈**：要根据反馈调整努力的方向。

4. **再尝试**：要反复不断地尝试以求提升。

5. **后内化**：要通过反复的练习将知识内化到大脑中。

第六章

生涯规划

生涯规划单元的主要目标是激发学生的生涯意识，使学生树立生涯规划的正确态度和积极理念，主动进行探索，明确自己的性格、兴趣、能力等方面的特点，了解与生涯发展相关的信息，掌握搜集与整合生涯信息的方法，培养生涯选择与生涯管理的能力，在此基础上尝试对自己的未来做出初步规划，并在生涯的动态发展过程中不断实践和调整自己的规划。

在生涯规划单元中，常见的课程主题包括生涯意识的激发，关于性格、兴趣、能力、价值观的自我探索，关于大学、专业、工作等的外部探索，生涯决策的方法，生涯管理能力的培养等。这些主题旨在引导学生增加对自己的认识和对社会的了解，提高自己的生涯探索能力，同时学会整合各方面的生涯信息，选择适合自己的发展方向，最终调动自我发展的内驱力，有方法、有方向地为个人的发展做好准备。

小学生处于生涯发展的启蒙期，各方面还不稳定。在此阶段，他们的自我概念逐渐开始发展，兴趣容易转移，对职业的愿景往往基于一定的想象，对当下和未来的联系缺乏认知。小学生生涯教育应帮助他们初步进行自我探索，树立基本的职业观念，形成对生涯发展的思考，增强主动发展自己的意识。

《走进疯狂动物城，开启性格探索门》聚焦性格探索这一话题，增强学生对自身性格的认识，引导学生将个人性格与未来发展相结合。《职业放大镜》让学生在感受职业异同的过程中形成对体验职业的兴趣，提升自己对职业的认知。《燃烧的雪花》以"志愿服务"为切入点，引导学生发现自身的优势，发展自己的专长。《小目标，大成就》在"制定旅游攻略"的情境中引导学生学会制定合理的目标，激励学生在有效达成目标的行动中发展自己。《未来之路》引导学生尝试初步厘清理想职业所需要的能力，制定行动策略以通向理想的未来。

在本单元的心理课中，教师们从不同的切入点出发，选取了符合学生心理特点的教学素材，辅以情境体验、趣味活动、团体探究等生动的课堂形式，呈现出各具风采的生涯课堂。在生涯课程的具体实践中，读者还应积极学习先进的生涯理论，熟练掌握各种生涯工具，从学生的实际需求出发，以理论为依据、以工具为载体，巧妙地创设学生乐于参与的生涯活动情境，这样才能让学生在体验中认同生涯规划的理念，感悟生涯规划的意义，以负责任的态度对待自己的生涯发展。

走进疯狂动物城，开启性格探索门

福建省厦门市金林湾实验学校　苏巧妙

【驱动问题】

如何引导学生发掘自身的性格优势？

【基本信息】

适用学段：六年级

准备道具：学案纸、面试官帽子、面试摊位牌

【设计思路】

由于生理上的变化和抽象思维能力的进一步发展，小学六年级学生的自我意识迅速发展。六年级是学生生涯发展的早期阶段，学生对未来充满了幻想。在此阶段，教师应遵循小学生的身心发展规律，有意识地开展生涯教育，这对学生更好地认识自我、发展自我有重要的启蒙和引导作用。"迈尔斯·布里格斯类型指标"以瑞士心理学家荣格划分的八种类型为基础，后加以扩展，形成四个维度，即"外倾与内倾""感觉与直觉""思维与情感""判断与理解"，并根据四个维度将人的性格分为 16 种类型[1]，不同的类型具有不同的性格特征，也对应不同的职业方向，这可以作为教师指导学生生涯规划时的一项科学、有效的参考。

本节课以经典的"迈尔斯·布里格斯类型指标"为依据，用英国学者罗贵荣提出的 4F 理念[2]引导小学六年级学生进行生涯规划的"性格自我探索"。4F 即 Feel、Fact、Find、Future。Feel——通过活动、视频、歌曲等形式引导学生对主题有所感受 /体验；Fact——通过电影资料引导学生了解主题的现象与事实；Find——通过分享启发学生找到关注主题的知识技能；Future——将主题学习中学到的知识和技能运用到生活中。本节课旨在引导小学六年级学生进行生涯规划的"性格自我探索"，在活动体验中

带领学生了解性格对职业选择的影响，加深学生对自己性格的认识，从而提升他们完善性格的动力和信心，并引导学生进一步将个人性格优势与职业梦想相结合，激发学生规划未来、畅想未来的动力。

【教学目标】

1. 情感目标：提升完善自我性格的动力和信心。

2. 认知目标：加深对性格及性格与职业选择之间关系的认识。

3. 行为目标：在对个人具备的性格优势、不足进行初步探索的基础上继续完善自己的性格，并将性格优势与职业梦想结合起来。

【教学思路】

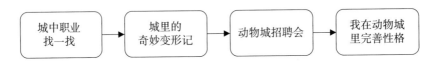

【教学过程】

课前约定：每当老师说出"走进疯狂动物城"时，学生立刻坐端正并整齐地喊出"开启性格探索门"。

一、城中职业找一找（5分钟）

老师请同学们观看电影《疯狂动物城》的宣传片，认真观察并记忆短片中各种动物对应了哪些不同的职业。小组交流后，正确回答问题数最多的组获胜。学生举手回答。

教师小结：在电影《疯狂动物城》中，各种动物被拟人化地赋予了迥异的性格，也被赋予了各种职业，而大部分职业与我们对这种动物的印象是匹配的，如狮子市长、公牛队长、北极熊保镖等。如果我们每个人都是一种动物，那你觉得自己像什么动物？你又适合什么样的职业呢？今天，让我们一起走进疯狂动物城，开启性格探索门。

设计意图：通过电影《疯狂动物城》宣传片，让学生了解不同动物被赋予的不同性格和所从事的不同职业，进而引出课题。

二、城里的奇妙变形记（15分钟）

老师：下面我们进入"疯狂动物城"，了解一下发生在这里的故事。（播放视频）

视频简介：兔子朱迪和狐狸去找树懒闪电办事，从早上等到了晚上，事情才办好。

老师：树懒闪电的性格特点就是做事情慢悠悠的，你觉得我们班上谁和它一样？

学生举手回答。

老师：在日常生活中，我们有时会觉得某个人的性格给人感觉像某种动物。例如，这几个大家非常熟悉的经典人物：孙悟空像猴子；张飞像老虎；薛宝钗像狐狸。请你凭第一感觉判断这些人物的性格像哪种动物。

学生举手回答。

老师：那么，你觉得自己可能会是城里的哪种动物呢？下面我们就通过四个选择题来探索一下自己的性格。请同学们从学案纸的四个选择题中选出符合自己的一项，并记录下对应的字母。请结合对应的四个字母，从"对照表"中查找自己对应的动物及性格类型，做好记录。你发现了什么？

学生举手回答。

教师小结： 现在大家对自己的性格有了进一步的了解，这只是一个初步的探索，我们的性格也在不断地发展，那么目前这样的性格会帮你做好什么事情呢？你性格中的哪些方面是你想继续去完善的呢？我们继续去动物城里看一看吧。

设计意图： 通过观看电影《疯狂动物城》中树懒做事的片段，引导学生借助某种动物来形容一个人的性格，并通过体验简易版本的"MBTI测试"指引学生初步察觉自己的性格。

三、动物城招聘会（15分钟）

老师：这一天，动物城里举行了一次大规模的招聘会，并提供了以下六个岗位，每个小组各承担一个职业的招聘工作：动物城超市总经理（企业型）、动物城欢乐小学教师（社会型）、动物城环保局调研员（研究型）、动物城汽车维修师（现实型）、动物城城市形象设计师（艺术型）、动物城银行职员（常规型）。请你结合不同职位的工作内容及个人兴趣进行岗位申请，每人最多可以申请两个岗位。请在投递申请前认真完善个人简历，在简历上写明个人的相关经历和性格优势，以增加应聘成功率。

各小组根据本组的岗位需求讨论面试时要考察的内容和面试的问题，并选出两名面试官（时间：3分钟）。其他组员完成个人简历后，离开座位进行简历投递。

老师：接下来请大家在小组内讨论以下问题。

①每一种职业兴趣类型中，哪几种动物比较多，应聘这种类型岗位的同学在性格上有什么共同之处？

②你的小组最终录取了谁（从应聘者中选一名最合适的）？录取他原因是什么？

③没有被录取的人，今后在性格养成方面还应提升和完善的地方是什么？

小组代表分享。

老师：现在请各小组完成任务单上的"面试官聘用意见"部分，写明录用或不录用的原因，为求职者注明性格优势及其需要完善之处。

小组代表分享。

教师小结：在面试过程中，应聘者的性格优势有助于他找到适合自己的领域，不过值得注意的是，别人的意见只是一个参考，最后形成什么样的职业梦想，还是得听当事人的，因为这是我们自己的梦想。

设计意图：在进行模拟招聘会的活动中引导学生感受每种职业类型应聘者应具备的共同性格特征，思考今后在性格方面需要提升和完善的地方，从而激发完善性格的动力。

四、我在动物城里完善性格（5分钟）

老师：不同的职业对性格有不同的要求，如果我们的性格特点符合我们理想职业的要求，那非常值得开心，但如果我们的性格特点还不太符合我们理想职业的要求，例如，想做医生但是不够细心，想当老师可是不敢公开发言，那么我们就有必要在未来的时间里向"兔子朱迪"一样，不断突破、不断尝试、不断完善自己的性格，使自己的性格和理想职业更加匹配。接下来，请大家结合个人情况，完成学案纸上的"我在动物城里完善性格"记录卡。

学生完成学案纸上相应的内容并举手分享。

教师小结： 每个人都有无限的可能，我们要不断尝试、突破，争取成为更好的自己。今天课后的拓展任务是：根据自己的性格优势录制一段个人简历视频，发给班主任。学校将发起投票，选出最佳简历视频，在学校视频号进行展播。最后，老师将《疯狂动物城》电影的主题曲"Try Everything"送给每一名同学，希望大家都能不断完善自己的性格，成为更好的自己。

设计意图： 引导学生通过完成"我在动物城里完善性格"记录卡，尝试完善自己的性格，以使自己的性格和理想职业更加匹配，并通过电影主题曲结束课堂，升华主题。

【课程迭代】

本节课最终版本与前几个版本相比，优化之处在于：一是在课堂中设置了多元的职业场景，创设了更多机会让学生沉浸式体验《疯狂动物城》中的职场氛围，例如，进一步优化了"动物城招聘会"等体验活动，使课堂情境更加生动；二是笔者发现心理健康课的课程设置一般为每两周一节，课堂效果难以及时巩固，因此作为生涯拓展活动，最终版本增加了"根据自己的性格优势录制一段个人简历视频"的课后作业，以加强生涯规划课的课后延续性和时效性，也重点突出了4F理念中的"Find"和"Future"，启发学生将生涯主题中学到的知识、技能运用到生活中。

【教学反思】

本节课是生涯规划课中的"性格探索"主题课程，创新点在于利用经典的"迈尔斯·布里格斯类型指标"（即MBTI职业性格倾向测验）作为理论依据，同时，巧以心理电影课4F理念引导学生进行生涯规划中的"性格自我探索"。本节课的设计符合学生的年龄及心理特点，活动设计有静有动，可以很好地调动学生的积极性，学生参与的热情很高，课堂气氛轻松活跃。学生在活动的参与和体验中，认识到了性格对职业选择的影响，加深了对自己性格的认识，也增强了完善性格的动力和信心。活动主线清晰，层层递进，收发有度，导而无痕。稍显不足的是，在教师请学生回答几位经典人物像什么动物的环节，学生的答案丰富，且易受前一环节的影响，所以教师在课堂组织时可以在此环节为学生选择动物提供一定的范围，同时鼓励学生在回答时分享原因，以引导学生认真思考经典人物的性格特点。

【专家点评】

这是一节有厚度、有深度、有效度的心理课。

1. 巧用 4F 活动反思引导技术，让心理课"有厚度"。这节课将 4F 理念融入心理课，以学生的心理健康发展为宗旨，根据学生心理发展特点，以 4F 模式充分发挥优秀电影资源的优势，基于心理健康教育课程资源，建构"完整式、互动式、开放式"的教学体系，在电影观赏和心理体验活动的过程中，实现学生心理素质的自主发展，这样的心理课才"有厚度"。

2. 注重体验与感悟，让心理课"有深度"。心理课上，体验与感悟比知识的传授更重要。心理课往往以活动始，以活动终。在这节课上，教师带领学生"变身"为不同的动物，走进《疯狂动物城》，在活动体验中引导学生了解性格对职业选择的影响，加深学生对自己性格的认识，从而提升他们完善性格的动力和信心。只有教师注重引导学生在活动中参与、在活动中感悟、在活动中体验，让学生在体验中开放心灵、获得学生间与师生间的情感共鸣，活动才是有价值、有深度的。

3. 以真实情景实现深度学习，让心理课"有效度"。教师巧妙创设疯狂动物城中举办招聘会的情境，引导学生模拟参与招聘会的活动，并在活动后思考每种职业类型应聘者共同的性格特征，以及通过未被录取的"类真实情境感"的体验和聆听"面试官"的聘用意见，思考今后在性格养成方面还应提升和完善的地方，从而总结得出职业兴趣与个性特质的关系。最后，通过电影主题曲升华主题，激励学生强化优势，向着梦想出发，成就更好的自己，达成心理课的效度。

（点评嘉宾：蔡贺真，福建省厦门市集美区教师进修学校心理教研员）

该课曾获福建省厦门市中小学生涯教育优秀课例小学组一等奖

【参考文献】

[1] 曾维希，张进辅. MBTI 人格类型量表的理论研究与实践应用 [J]. 心理科学进展，2006（2）：255-260.

[2] 周志峰. 巧用 4F 活动反思引导技术提升心理视频赏析课的观影效果 [J]. 中小学心理健康教育，2022（26）：24-26.

【学案纸】

走进疯狂动物城，开启性格探索门

姓名：_____　班级：_____　学号：_____

（一）城里的奇妙变形记

你觉得自己可能会是疯狂动物城里的哪种动物呢？

请同学们从以下四个维度中选择符合自己的一项，并记录下对应的字母。

1.外倾与内倾维度：不累的时候，你愿意和朋友们聊天聚会（E），还是喜欢独处（I）？

2.感觉与直觉维度：更喜欢抽象、遥远、有深度的话题（N），还是明确、有规律、琐碎的操作步骤（S）？

3.思维与情感维度：对我来说，原则和讲理更重要（T），还是人情与和谐更重要（F）？

4.判断与理解维度：喜欢按照计划行事（J），还是喜欢随性灵变（P）？

请把你的四个方面所选择的对应字母填写在这里：_____、_____、_____、_____。

根据我选择的结果，我像动物城里的_____（动物）。

（二）动物城招聘会

动物城里将举行一次大规模的招聘会，并提供了以下六个岗位：**动物城超市总经理（企业型）、动物城欢乐小学教师（社会型）、动物城环保局调研员（研究型）、动物城汽车维修师（现实型）、动物城城市形象设计师（艺术型）、动物城银行职员（常规型）**。请你结合不同职位的工作内容及个人兴趣进行岗位申请，每人最多可以申请两个岗位。请在投递申请前认真完善个人简历，在简历中写明个人的相关经历和性格品质优势，以增加应聘成功率。

在动物城里，我是一只_____，我想申请的岗位是_____。因为我的性格品质优势是_____。

关于这个岗位（或我的性格品质优势），我的相关经历有：我曾_____

_____

_____。

面试官聘用意见：

我们（□想录取 / □暂时无法录取）_____先生 / 小姐，因为_____

_____

_____。

（写明录用或不录用的原因，为求职者注明性格优势及需要完善之处）

（三）我在动物城里完善性格记录卡

我现在是_____（动物），我期待自己未来成为具有_____（品质或性格）的_____（动物）。

职业放大镜

上海市奉贤区青村小学　宋未来

【驱动问题】

如何引导学生探索职业特点，增强职业兴趣？

【基本信息】

适用学段：四年级

准备道具：自制职业百宝箱（内含多种职业卡片）、学案纸

【设计思路】

美国斯坦福大学教育和心理学教授约翰·克朗伯兹的生涯社会学习理论指出，职业发展过程错综复杂，受许多因素交互作用的影响，其中最主要的影响因素有四种：遗传素质和特殊能力、环境条件与特殊事件、学习经验、工作定向技能[1]。笔者对所教授的四年级学生进行调查后发现，学生对职业的了解较少，对自己的目标职业意向模糊。小学阶段是学生人生观、世界观、价值观的奠基阶段，对小学生进行有意识的生涯教育，可以使学生认识自己的个性特征、兴趣倾向、能力特点；提高他们对生命价值、生活意义的理解，以及对自身发展潜力与未来人生道路的关注；可以帮助学生建立起当下的学习与理想的追求之间的联系，尽其可能地规划未来人生发展的方向。

本节课围绕生涯教育中的"职业启蒙"展开，通过飞行员和医生这两种需要具备多种能力的职业，引导学生了解从事社会职业需要具备的能力，对职业规划进行初步探索，激发学生学习的内在动力。同时，通过制作个性名片的形式，唤醒学生的生涯意识，促进学生的自我认知，激发学生体验各种职业的兴趣。

【教学目标】

1.情感目标：对体验各种职业产生兴趣，形成未来想要从事理想职业的愿望。

2.认知目标：了解从事各种职业需要具备的基本能力，提升对身边职业的认知。

3.行为目标：初步确立未来的职业梦想，在生活中进行职业规划的初步探索。

【教学思路】

【教学过程】

一、猜猜我是谁（5分钟）

老师：同学们，今天的课从一个有趣的游戏开始，叫"猜猜我是谁"。老师从"职业百宝箱"中随机抽出一张职业卡片，我来描述卡片上职业的特点，看谁能最先猜出这是什么职业。（注意：老师在描述的过程中，不可以出现含有职业名称的字词）

学生根据游戏规则猜职业。

教师小结：通过游戏，老师发现大家对各种职业的特点有了一定的了解。关于职业，还有哪些需要我们进一步探索的呢？今天的这节课，就让我们一起走进"职业放大镜"，体验我们的未来职业梦。

设计意图：通过我来描述你来猜的游戏，激发学生参与课堂的兴趣并引入主题。

二、职业知多少（8分钟）

老师：我们先来了解一个大家可能知道但也许没那么熟悉的职业。（播放关于"飞行员日常训练"的视频）

学生观看视频。

老师：通过视频，我们对飞行员这个职业有了一些了解。那么怎样才能成为一名飞行员呢？我们再来看看飞行员招募的基本条件。

普通高校毕业生参加飞行员招募，需符合下列基本条件。

①热爱祖国，热爱人民，热爱中国共产党，热爱人民军队。

②身高为164～185cm，体重为54～75kg，双眼裸眼视力均在0.8以上，未做过视力矫治手术，未佩戴过眼镜，无色盲、色弱、斜视等。

③对飞行有较强的兴趣和愿望，思维敏捷、反应灵活、动作协调。

④性格开朗、情绪稳定、有良好的心理素质。

⑤品学兼优，学习能力强。

老师：观看了飞行员日常训练的视频，了解了飞行员招募的基本条件后，你能说说成为一名飞行员需要具备哪些能力吗？在小组内讨论交流。老师这里也出示几个基本职业能力给大家参考。

动手能力 □	空间分辨能力 □	味觉能力 □	想象能力 □
表达能力 □	方向辨别能力 □	听觉能力 □	写作能力 □
观察能力 □	运动能力 □	视觉能力 □	绘画能力 □
记忆能力 □	平衡能力 □	心理承受能力 □	身体素质 □

学生根据资料进行思考，小组讨论后每组选代表分享。

教师小结：飞行员需要具备很强的空间分辨能力、方向分辨能力、听觉能力、记忆能力、想象能力、视觉能力、观察能力、平衡能力、运动能力、身体素质和心理承受能力。

设计意图：通过视频和呈现的文本内容，引导学生提取信息，归纳想要成为一名飞行员需要具备的基本能力。

三、职业放大镜（10分钟）

老师：有没有同学的家长是医生或医护人员？你长大以后想不想和爸爸或者妈妈一样成为医生？（出示课件：医生们奋战在抗疫一线治病救人的图片）

学生举手回答。

老师：要成为一名治病救人的医生需要具备哪些能力呢？请大家继续进行小组讨论。

学生小组讨论后每组选代表分享。

老师：医生需要具备很强的学习能力、动手能力、表达能力、听觉能力、视觉能力、观察能力、记忆能力、写作能力、身体素质、心理承受能力。下面请大家观察飞行员和医生所需要具备的能力，试着归纳他们共同具备的能力有哪些。（可在课前布置作业让学生对医生这个职业进行职业小调查，了解医生的基本职业能力）

学生举手回答。

教师小结：我们发现，无论未来从事什么职业，有些基本能力是我们都要具备的，在大家有明确的职业目标之前，可以着重努力提升自己的基本能力，这样才能为将来从事理想职业打下基础。

设计意图：通过总结飞行员和医生需要具备的基本能力，引导学生意识到某职业所需的基本能力需要不断在生活中进行提升。

四、职业总动员（10分钟）

老师：我们小学生该不该对自己未来的职业有所规划呢？

学生举手回答。

老师：大家也许对此有不同的看法，那我们来看看生涯发展专家是怎么说的。美国知名生涯发展学者唐纳·舒伯将人的职业生涯分为五个阶段——成长阶段、探索阶段、确立阶段、维持阶段和衰退阶段[1]。而小学生正处于成长阶段中的兴趣期，所以我们现在就要开始探索我们的职业兴趣。你自己未来想从事什么职业呢？现在，就让我们"穿越"到未来，打开创意之门，开启我们的"职业梦"。请大家充分发挥想象，结合自己的实际情况，设计属于自己的个性职业名片，可以包含姓名、职业、我的能力等内容。

学生设计自己的职业名片，进行小组分享。例如，我长大以后想成为＿＿＿＿＿＿，我需要具备的能力是＿＿＿＿＿＿，因为＿＿＿＿＿＿＿＿＿＿＿＿＿＿＿＿＿＿。

老师：同学们的个性职业名片设计都很有创意，我想邀请几名同学分享他们的名片，谁愿意分享展示？

学生举手分享。

老师：要实现你的职业梦想，你现在已经具备了哪些能力？还欠缺哪些能力？接下来你打算怎么做呢？

学生举手回答。

教师小结：是的，梦想是美好的。刚刚同学们都对自己未来的职业生涯进行了一番畅想，也对自己将来从事这份职业所需要的能力有了初步了解。听到大家为实现梦想职业而做出的打算，老师也很期待你们未来的表现！

设计意图：通过设计职业名片激发学生的职业兴趣，促使学生连接当下与未来，培养学生的生涯规划意识。

五、我的未来不是梦（7分钟）

老师：现在，就让我们继续畅想一下，如果15年后，你的职业梦实现了，你最想对现在的自己说些什么？请大家想一想，写下来。

学生思考并书写。老师邀请3～5名学生分享。学生举手分享。

教师小结： 梦想只是一个开始，是奋斗之路的起点。让我们怀揣梦想，发挥优势，提升能力，脚踏实地地去追求梦想，相信未来我们必将梦想成真！课后，同学们也可以对自己感兴趣的职业进行深入了解，还可以寻找机会进行职业体验。

设计意图： 通过畅想"职业梦"，引导学生树立职业目标，体验成功感，激发学生在生活中自我发展的内驱力。

【课程迭代】

本节课最终版与之前版本相比，优化的地方是添加了"归纳飞行员和医生共同具备的能力"这个教学环节。之前的教学设计中，飞行员的能力分析和医生的能力分析两个部分是平行展开的，导致课堂呈现中这两个环节的设计意图不明确。最终版的教学设计中，笔者将这两个环节进行了融合，引导学生归纳日常生活中不常见的飞行员职业和常见的医生职业所要具备的普适能力，给予学生启发：无论从事什么职业，一些基本的普适能力，如表达能力、记忆能力等是必须具备的，这些能力需要自己在平时的学习中进行提升。课程的优化让学生对职业能力有了更深入的了解，也整合了本节课的设计逻辑。

【教学反思】

本节课的教学目标、教学重点难点的设置符合学生的心理发展规律，教学中充分体现"以教师为主导，以学生为主体"的理念，引导学生积极主动参与活动，并能积极探索问题，找到解决方法。本节课采用了讲授法、讨论法、游戏法、创设情境法等多种教学方式，在教学过程中，通过层层递进的教学设计，借助丰富多样的视频、图片等教学素材，引导学生思考、讨论及畅想未来职业，指引学生了解从事社会职业所需要具备的能力，初步建立对未来职业的规划，激发学生体验各种职业的兴趣。值得注意的是，在最后一个学生分享职业名片的环节中，老师需要进一步引导学生，让他们结合自身的实际情况进行探索和深入思考，从而更有效地激发学生的内在学习动力，以更好地落实这一环节的活动目的。此外，本节课在"职业知多少"和"职业放大镜"两个环节中的学生活动相似，在实际上课时学生可能会逐渐失去新鲜感，这就需要老师在课堂上积极调动学生的参与感，或者教师也可探索如何用更多元的形式呈现这两个环节，从而让学生获得不同的体验。

【专家点评】

这节课的亮点主要体现在以下三个方面。

1. 依据学生的心理发展规律，通过有趣的暖身游戏、层层递进的教学设计、生动直观的视频图片，以及对飞行员、医生两个职业的相关能力介绍，引导学生了解从事身边的职业需要具备的基本能力，帮助学生提升对身边职业的认识，激发学生体验各种职业的兴趣。

2. 通过小组讨论和设计个性名片等环节，启发学生初步确立对未来职业的梦想，为未来从事理想职业树立信心。将丰富多彩的课堂交给学生，让孩子们作为课堂的主人，在轻松的活动中获得思维的启发，形成自己对于职业能力的初步理解，建立生涯意识。

3. 通过创设情境，结合名片设计和未来职业想象的活动，让全体学生都能参与课堂活动，由参与到表达，进而到有所感悟，这让每个孩子都有了体验"梦想成真"和交流感悟的机会。让学生真正在内心中树立职业目标，并建立实现职业目标的初步规划。本节课是一节能真正进入孩子内心的心理课。

（点评嘉宾：钱月兰，上海市奉贤区教育研究院心理健康教研员）

该课曾获上海市奉贤区中小学心理健康教育课堂评比活动小学组一等奖

【参考文献】

[1] 金树人. 生涯咨询与辅导 [M]. 北京：高等教育出版社，2007.

【学案纸】

职业放大镜

姓名：_____　班级：_____　学号：_____

生涯任务单1
飞行员需要具备的能力：_____
_____
_____
_____。

生涯任务单2
医生需要具备的能力：_____
_____
_____
_____。

飞行员和医生共同具备的能力：
_____
_____。

我的职业名片（姓名、职业、我的能力等）

未来的自己想要对现在的自己说：_____
_____。

燃烧的雪花

广东省惠州市惠阳区新圩第二中学　杨依萍

【驱动问题】

如何启发学生发展自我优势？

【基本信息】

适用学段：五年级

准备道具：学案纸、彩笔

【设计思路】

生涯规划是一个渐进式的发展过程，是中小学教育的一项重要内容。《关于加强中小学生涯教育的指导意见》指出，小学阶段的生涯教育侧重于生涯启蒙。根据舒伯的生涯发展理论，小学高年级属于学生生涯发展的成长阶段。在此阶段，教师需要培养学生主动发展自我意识，引导学生树立正确的工作观念，并了解工作的意义，增强角色意识与责任意识，主动连接外部世界、拓展生涯视野[1]。《中小学心理健康教育指导纲要（2012年修订）》提出，教师要在小学高年级阶段积极促进学生的亲社会行为，使学生逐步认识自己与社会、与世界的关系。根据多元智能理论，每个人都有独特的智能组合，要学会了解自己的能力强项。综合上述理论，本节课以"志愿服务"为主题，通过情景故事、体验活动等教学形式，帮助学生认识到每个人都能发挥自己的优势，同时感受付出的快乐和价值，激发学生主动发掘自身优势的动力，引导学生自觉承担起对他人、集体和社会的责任和义务，将社会责任感体现在人生目标和行为方式中。

【教学目标】

1. 情感目标：认同志愿服务的积极意义，感受志愿服务的快乐。

2. 认知目标：认识到每个人都能发挥自己的特长和优势，在志愿服务中体现自己的价值。

3. 行为目标：发掘自身的独特优势，发展自己的专长，欣赏自己的品质。

【教学思路】

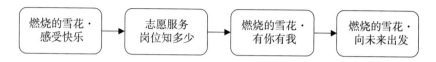

【教学过程】

一、燃烧的雪花·感受快乐（5分钟）

老师：（展示国家举办大型体育赛事的图片）同学们，我们今天的课题是《燃烧的雪花》，看到课题和展示的图片你想到了什么？

学生举手回答。

老师：是的，今天这节课我们要从这些体育赛事出发，聊一聊它们背后的志愿者们。其实，《燃烧的雪花》是献给北京冬奥会和冬残奥会的3.9万名志愿者的主题曲。今天，就让我们一起来感受志愿服务的魅力。课前，我们先热热身，做一个活动。这是一个需要大家合作，用身体去感受的活动。请大家向右转，把双手搭在前面的人头上。最近的学习辛苦了，请你帮他轻轻地拍一拍："拍拍你的头呀，学习不用愁呀；拍拍你的肩呀，学习会领先呀；拍拍你的背呀，学习不会累呀。"

学生按照口令参与活动。

老师：按摩服务享受得怎么样？我看到很多同学露出了笑容。现在到你回报对方的时候了。所有人向后转，把双手搭在前面人的头上，请你帮他轻轻地拍一拍。（重复前面的口令）

学生按照口令参与活动，然后归位。

老师：互相为对方服务，身体有什么感受？心情怎么样？

学生举手回答。

老师：大家感受到了同学服务的温暖，也感受到了自己服务他人的喜悦。看来，不管是付出服务的同学，还是接受服务的同学，都有很愉快的感受。这个活动就像做志愿服务一样。你做过志愿者吗？请和大家分享你的经历和感受。

学生举手回答。

教师小结： 同学们都有不少志愿服务经历，老师很高兴听到大家的踊跃分享。志愿服务虽然辛苦，但会让我们收获很多。每次志愿服务体验都是宝贵的经验，体验他人的服务是快乐的，为他人服务也是快乐的。

设计意图： 通过同伴互助按摩的小活动，引导学生认识到在服务他人的过程中，双方都能感受到快乐，并引出"志愿服务"主题。

二、志愿服务岗位知多少（18分钟）

老师：根据加德纳的多元智能理论，当我们个人需要解决难题或创造有用的产品时，我们需要的"智能"有8个。在这节课之前，老师把大家分成了8个小组，让大家对冬奥会中的8种志愿服务岗位进行资料搜集。现在请各小组依次上台汇报。（汇报形式：故事或定格表演，每组2分钟）

学生根据课前准备，分别对下表的志愿服务岗位进行汇报（见表6-1）。

表6-1　志愿服务岗位

志愿服务岗位	主要体现的智能
记者/翻译	语言智能
会计/IT科技	逻辑智能
吉祥物设计者	空间智能
开幕式表演者	音乐智能
教练/制冰师	运动智能
组织策划人员	人际智能
医护工作者/心理辅导师	内省智能
园丁/植物养护	自然智能

老师：台下的同学也请仔细听，等汇报结束，你需要在学案纸上写下你最想要致敬的3个志愿者岗位，并在组内讨论"这一岗位需要哪些能力"。

学生完成学案纸并进行小组讨论。

老师：你心目中的冬奥会志愿者岗位"C位"（中心位）是什么呢？为什么？

学生举手回答。

老师：通过对志愿者岗位的深入了解，你有什么发现？同学们最欣赏的志愿服务岗位有哪些？哪些岗位是让你觉得有点意外的，为什么？

学生举手回答。

教师小结： 志愿服务的类型多种多样，不同职业的人都可以发挥自己的特长和优势，更好地帮助他人，同时也让自己有所收获和成长。只要大家愿意，每个同学都能成为志愿者。

设计意图： 通过寻找冬奥会志愿者岗位"C位"活动，引导学生了解志愿服务的不同类型，认识到不同的职业都可以发挥自己的能力，提供不同的志愿服务。

三、燃烧的雪花·有你有我（15分钟）

老师播放网络视频《参与就是幸运》片段并呈现图片。

视频简介：主人公从2008年目睹北京奥运会火炬传递到2022年成为冬奥会志愿者，志愿服务从种子长成参天大树。

图片内容：各地小学生为大型体育赛事画画、做海报、录制运动视频。

老师：我们看到参与志愿服务的形式是多种多样的。现在，让我们坐上时光机，去到20年后。如果你的家乡成了冬奥会的举办地，你成了一名光荣的志愿者。想一想，这时的你，会是以什么身份参与其中？

学生举手回答。

老师：现在让我们做一做属于自己的"雪花火炬"，从我做过（我在什么时候做过志愿者？做过什么样的志愿者？）、我拥有（我已经拥有了什么特长？如运动。我有哪些兴趣？如喜欢科学设计。我有哪些品质？如热心帮助他人）、我愿意（为了实现自己的职业梦想，接下来我会做什么事情？我要怎样实现我的职业梦想？）三个方面对自己的职业发展展开畅想。

学生完成学案纸并在小组内进行分享，最后派代表上台展示。

教师小结： 当我们埋下志愿服务的种子，养成优秀的品质和习惯，不断努力和成长，我们的能力也会越来越强，梦想也会逐渐实现。

设计意图： 通过制作属于自己的"雪花火炬"，引导学生探索自己理想的职业，并努力实现自己的职业愿望。

四、燃烧的雪花·向未来出发（2分钟）

老师：请同学们一边聆听歌曲《一起向未来》，一边在自己制作的火炬上签上自己的名字和日期。最后，我们一起来回顾一下，通过今天的学习，你有什么收获呢？

学生举手回答。

教师小结：燃烧的雪花，照亮天与地，让我们怀揣梦想，勇敢地出发！希望每一片小雪花，在未来都有大大的能量！

设计意图：引发学生对未来的期望，巩固本节课上学生的收获。

【课程迭代】

最终版与之前版本相比，较大的改动有两处。一是"志愿服务岗位知多少"这一环节，之前版本中，学生先观察教师剪辑的视频，对视频中出现的志愿者进行模仿表演，台下同学猜测志愿服务岗位，并说出该岗位所需的能力品质。这种形式较好操作，但不同班级的学生参与程度参差不齐，表演中涉及的志愿服务岗位较单一，这让学生对多元能力的了解不够深入。在最终版中，课前各小组提前收集了相关的志愿服务岗位材料，并在课堂上进行汇报。在资料收集过程中，学生便能发掘这类岗位的志愿者所具备的能力和闪光点。在汇报时的定格表演中，学生能讲述岗位故事，能更清晰地阐述完成志愿服务所需要的能力，从而为下一环节做铺垫。但这一过程需要教师提前给学生布置收集相关资料的任务，确保学生课前有准备。如果学生未能按要求收集资料，教师也可提前收集好资料，在课堂上以课件的形式分别呈现给各小组，让学生学习后再进行课堂汇报。二是课程引入环节，在之前版本中，该课程的背景为冬奥会，现在继续用冬奥会的素材进行引入稍显过时，因而笔者进行了改编，以国家举办的大型体育赛事引入，并通过对志愿服务岗位的认识，对职业生涯的畅想等活动，引发学生对自身生涯的思考。

【教学反思】

1. 本节课在主题选择上针对性强，教学目标明确，贴近小学五、六年级学生的日常生活，紧跟国家时事，以冬奥会、亚运会等大型体育赛事为情境。以志愿服务为媒介，引导学生对职业、生涯进行思考，为实现理想付诸行动。

2. 教学环节层层递进，充分发挥了学生的主动性，学生参与度高，尤其是在"制作雪花火炬"的活动中，学生通过制作火炬，了解不同职业及其所需的优秀品质和能力，认识并欣赏自己身上的优秀品质。这里也可以采用小组比拼的形式提升学生的参与度。

3.本节课活动安排紧凑，这要求教师对课堂的把控更为细致和准确。此外，本节课需要教师对学生的分享进行鼓励性回应，以促进学生产生积极的课堂情感体验。教师还应创设安全的分享环境，给予学生积极的正向反馈，带给学生良好的情感体验。

【专家点评】

这节课的亮点主要体现在以下三个方面。

1.主题新颖，紧扣时事。课程结合我国举办的多场国际赛事，如冬奥会、大学生运动会、亚运会等，并以此为背景，通过情景故事、体验活动等形式，帮助学生认识到每个人都能发挥自己的优势，在志愿服务中感受付出的快乐。激发学生主动发掘自身优势，认同志愿服务的价值。

2.内容充实，环节循序渐进。从为同学服务的游戏到畅想未来可能从事的职业活动，在此过程中教师逐步对学生进行职业生涯启蒙，增强学生的社会意识，提升学生的志愿服务意愿，引导学生锻炼自己的社会参与能力。

3.教学理论给予课堂支持。课程引入多元智能理论，让学生认识到每个人都有独特的智能组合，要学会了解自己的能力强项。在活动中，学生根据八大智能理论进行职业汇报，加强了自己对各项职业的认识。另外，制作六边形雪花火炬的活动也与多元智能理论相契合。

（点评嘉宾：周芸婷，江苏省无锡市梁溪区教师发展中心心理教研员）

【参考文献】

［1］张洪烈.舒伯生涯发展论的评析及应用［J］.云南财经大学学报，2010（4）：154-160.DOI：10.16537/j.cnki.jynufe.2010.04.001.

【学案纸】

燃烧的雪花

姓名：＿＿＿＿＿＿ 班级：＿＿＿＿＿＿ 学号：＿＿＿＿＿＿

1. 我心中的雪花"C 位"

❋ 志愿服务岗位 1：＿＿＿＿＿，原因：＿＿＿＿＿＿＿＿＿＿＿＿＿＿＿＿＿＿＿＿＿。

❋ 志愿服务岗位 2：＿＿＿＿＿，原因：＿＿＿＿＿＿＿＿＿＿＿＿＿＿＿＿＿＿＿＿＿。

❋ 志愿服务岗位 3：＿＿＿＿＿，原因：＿＿＿＿＿＿＿＿＿＿＿＿＿＿＿＿＿＿＿＿＿。

2. 我的雪花火炬

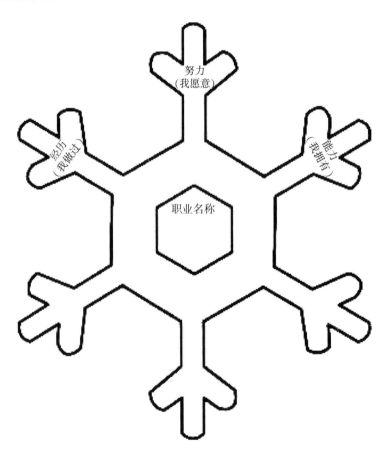

小目标，大成就

福建省厦门市翔安区第一实验小学 林旭

【驱动问题】

如何提升学生达成目标的意愿和能力？

【基本信息】

适用学段：五年级

准备道具：学案纸

【设计思路】

每到新学期，家长就会给孩子制定新目标，一部分学生也会给自己制定目标。但许多学生往往因为目标空泛、过于理想或自身缺乏耐心、注意力容易被转移、意志力薄弱等原因完不成既定的任务和目标。《中小学心理健康教育指导纲要（2012年修订）》指出，在小学高年级阶段，教师要培养学生分析和解决问题的能力。管理大师彼得·德鲁克在《管理的实践》中提出了 SMART 原则，即目标管理方法，按照这个原则制定出的目标才能保证可实施、可跟进、可考核，也更容易实现[1]。"具体化"是目标制定的 SMART 原则之一，也是实现目标的基础。

本节课针对学生在生活中遇到的"目标难以执行"等问题，旨在培养学生自主制定目标、持之以恒地完成目标的能力。通过游戏活动、情境设计、问题辨析等方式，引导学生认识到目标能够明确方向，激励每个人去努力；了解到目标越具体就越容易完成。在此基础上，培养学生为自己制定具体的目标，并调动资源、运用方法达成目标的能力。

【教学目标】

1.情感目标：在活动中坚定制定目标的决心，增强制定目标的意愿。

2. 认知目标：知道目标的重要性，了解具体的目标所带来的行动效果。

3. 行为目标：为自己制定具体的目标，并增强调动资源达成目标的意愿。

【教学思路】

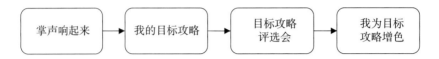

【教学过程】

一、掌声响起来（5分钟）

老师带领学生完成三轮鼓掌游戏。每一轮游戏在教师说"开始"时学生立即鼓掌；教师说"停"时学生立刻停下来。第一轮，要求学生鼓掌；第二轮，要求学生鼓掌30秒；第三轮，要求学生30秒内要鼓掌超过60下。学生按照指示进行活动。

老师：在这三轮活动中，哪一轮你最努力？为什么？

学生举手回答。

教师小结： 是的，第三轮大家最努力、最投入，因为老师在规则中清楚地给了大家一个具体的目标。在这个活动里，小目标给了我们一个方向，激励我们达成了30秒内鼓掌超过60次的成就。

设计意图： 借助游戏调动学生的积极性和参与度，把"鼓掌"分成三轮，第一轮没有目标，第二轮有目标但不够具体，第三轮有目标且具体。在三轮游戏对比及教师的引导下引出主题，为后续的教学内容做铺垫，并让学生初步感受具体目标给自己带来的不同感受。

二、我的目标攻略（10分钟）

老师：最近老师也有一个小目标，就是下一次假期去内蒙古旅游。我毫无头绪，想请大家帮忙出谋划策，我该从哪里做起呢？

学生举手回答。

老师：有的同学说可以做一份旅游计划和攻略。这让我想到，许多人在旅行前都会查攻略、做准备。如果把内蒙古旅游当作老师的目标，我应该做哪些准备，查哪方面的攻略呢？

学生举手回答。

老师：有的同学说要带够钱，那我要带多少钱呢？除了带够钱，大家还有哪些提议？（根据学生的回答从预算、时间、交通、住宿、民俗等方面进一步提问）

学生举手回答。

老师：你们觉得待多少天合适呢？

学生举手回答。

老师：（将学生的分享在黑板上以思维导图的形式记录下来）同学们好贴心，从手机、花销、民俗、时间、交通、住宿等方面帮老师做了旅游攻略，让老师更接近"去内蒙古旅游"这个目标。老师还很好奇，坐飞机去内蒙古要注意什么？

学生举手回答。

老师：（根据学生的分享，继续对黑板上思维导图中的"交通"部分进行补充）通过探讨，大家帮助老师把"去内蒙古旅游"这个目标变成了一个又一个更加具体的方案和行动计划。假如现在的旅游目标变成"带 5000 元坐飞机去内蒙古旅游 7 天"，与一开始的目标相比，你觉得哪一个更可能实现？说说你的理由。

学生举手回答。

（课堂上可能会有学生认为之前的目标好，因为不会被限制太多，想什么时候出发就什么时候出发，想做什么就做什么，教师可进一步追问）

老师：听上去，你更喜欢自由一些、随意一些的旅游方式。在生活中的什么时刻你会采用这样自由随意的方式？能说说你的理由吗？

学生举手回答。

教师小结：有的时候，目标来自外界，例如，父母或老师给我们定的，就像有的同学说"父母会给我们布置一些作业"，这样的目标也许不是我们自己想要的，可能会让我们感到被限制，我们可能因此动力不足甚至感到反感。现在的你是否有自己想要完成的目标呢？新学期开始了，你会如何设置自己的目标？让我们在新学期伊始也为自己的目标制定一份攻略吧。

设计意图：创设旅游情境，通过师生互动示范如何制定具体的目标。同时，团体探究的形式、旅游攻略的制定活动，有利于减少学生对"谈学习目标就要被说教"的抵触情绪，有助于引导学生进一步明晰何为具体目标。

三、目标攻略评选会（20 分钟）

老师：现在请大家完成学案纸上的前两个部分，写下自己想要实现的目标及为了达成这个目标，自己可以做些什么。

学生用 6 分钟时间填写学案纸"我的目标攻略"。

老师：看到同学们都完成了自己的目标攻略，现在老师想请大家在小组里交流一下。交流的时候请你们评选出小组内最可能达成目标的"目标达人"。

要求如下。

①以小组为单位进行交流讨论，时间 4 分钟。

②组内成员相互尊重、认真倾听，并做好随时被老师邀请分享的准备。

③如果他人有很棒的想法，你可以写下来作为借鉴。

学生进行小组分享，交流自己的目标攻略并倾听小组伙伴的观点。

老师：你们小组谁最有可能完成目标？为什么？你觉得他的目标吸引你的部分是什么？如果我们要优化这个目标，让这个同学可以尽快达成目标，你会提出什么意见？（教师可从具体明确、可衡量、可操作等方面来引导学生优化目标）

学生举手回答。

教师小结：具体明确、有操作性还能被衡量的目标让我们更有可能完成它。同时你要记得，这个目标是你为自己制定的，而不是他人强加给你的。新的学期，让我们拥有一个属于自己的具体目标。

设计意图：在谈完教师的目标后，邀请学生制作自己的目标攻略，由他人到自己，由理论到实践。在学生展示自己的目标后，通过团体探究促使学生进一步完善自己的目标。

四、我为目标攻略增色（5 分钟）

老师：请你把攻略上的目标再次细化，如果你暂时没有想法，也可以请周围的同学帮帮你。完成后请你思考以下两个问题。

①修改后，你的攻略发生了什么变化？

②当你达成这个目标后，你的生活将会出现什么变化？

学生将思考结果写在学案纸上相应的位置，然后举手回答。

教师小结：新学期的目标已经新鲜出炉。接下来，老师期待同学们行动起来，一步一步达成它，让目标指引你收获属于自己的成功。

设计意图： 引导学生带着好奇心看待彼此的目标，通过想象目标达成后带来的变化增进完成目标的意愿，为自我赋能。

【课程迭代】

本节课需要把握课堂时间，团体探究式的教学需要充分的课堂时间。一方面，学生内在观点需要足够的时间才能展现出来，同时，也要设置课程活动让学生减少对讨论目标的"抵触"情绪；另一方面，要有足够的时间让学生对彼此的观点进行补充和优化，这样才能激发团体动力。一开始，笔者在"老师的旅游攻略"环节设置了15 ～ 20分钟时间让学生自由表达，但后来发现这样会导致后续"我的目标攻略"环节时间不够。所以，在最后的版本中，笔者将"老师的旅游攻略"删减到10分钟，让学生对制定目标的框架和内容有一个初步印象，把对目标的完善、修订活动放到后续的环节，增加了"我的目标攻略"环节的时间，以充分突出本节课的教学重点。

【教学反思】

本节课基于教育科学出版社《心理健康（五年级）》第一课《小目标，大成就》的教学内容设计而成，运用了SMART法则，以"具体化"维度作为主要授课内容。这个"具体化"主要表现在以下几个方面。

1.从教师自身的备课角度：教师需要在课程设计时厘清"具体化"指的是"具体的目标"还是"达成目标的具体方法"，分清两者的差异后，才能让这节课的主线更加清晰、课堂目标更加具体。

2.从学生思维发展的角度：五年级学生的思维依然以具体形象思维为主，思考时还不能做到面面俱到，因此课程设计和教师提问环节要给学生设置很具体的"抓手"，这样才能让学生的思维动起来。

3.从咨询技术的角度："追问"和"具体化"是本节课师生互动中主要运用的心理咨询技术。教师善用"追问"和"具体化"技术可促进学生思考，帮助学生制定具体目标，进而激发学生达成目标的行动力。

值得注意的是，本课在"我的目标攻略"环节采用了团体探究的方式去探索有效目标的特征，这个过程中会有较多的师生互动，需要教师在学生回答的基础上既灵活地给予回应，又按照课程设计的思路向下推进，这对教师的课堂组织能力有一定的挑战。实际课堂中，学生在此环节的参与兴趣往往比较强烈，教师要特别关注课堂上不同的声音，避免找到了"想要的答案"就忽略其他回答，造成部分学生参与课堂的积极性降低。

【专家点评】

关于学业规划和目标制定的心理课一般不那么容易上好，学生也许会有抵触心理，觉得"这节课不就是催我学习吗"。本节课老师用"掌声响起来"游戏和看似闲聊的"内蒙古旅游"讨论引出主题，降低了学生可能存在的抵触情绪；而运用电子游戏中常见的"攻略"一词来指代"目标的具体化"，使本节课的主题生动易懂，也给了学生很好的心理暗示，让他们在以后设定目标时立刻想到——我不仅要有目标，还要有攻略。

课堂中的一个小细节十分值得肯定。老师想要引导学生意识到"目标越具体越好"。因此，当老师对比"去内蒙古旅游"和"带5000元坐飞机去内蒙古旅游7天"这两个目标时，显然是希望学生意识到后一种更好，但同时也允许学生表达与大家不同的意见（这种勇气折射出老师平常在班里善于营造开放、平等的氛围）。而学生所举的例子可能会是自己在家被父母布置了很多任务，没有时间玩。借助这样的"意外"，老师巧妙地进行引申，区分了他人设定的目标与自己设定的目标。我们不难发现：如果目标是他人在没有与我们商量的情况下设定的，那么设定得越具体，我们就越有受压迫、受束缚的感觉。反过来，如果这种具体目标是自己独立设定或参与设定的，我们就不容易有这样的负面感受。因此学生对本节课的主题有了反思——我们不仅应该设定具体的目标，而且应该自己为自己设定目标。这样的课堂理念和灵活的课堂生成，是与教师扎实的心理学素养与灵动的课堂对话感分不开的。

（点评嘉宾：黄睿，厦门大学哲学系特任副研究员）

【参考文献】

［1］彼得·德鲁克.管理的实践［M］.北京：机械工业出版社，2006：82-91.

【学案纸】

小目标，大成就

姓名：＿＿＿＿＿＿　　班级：＿＿＿＿＿＿　　学号：＿＿＿＿＿＿

我的目标攻略

1.我的目标（可以给你的目标取个名字）：＿＿＿＿＿＿＿＿＿＿＿。

我可以把这个目标具体描述为：＿＿＿＿＿＿＿＿＿＿＿＿

＿＿＿＿＿＿＿＿＿＿＿＿＿＿＿＿＿＿＿＿＿＿＿＿＿＿

＿＿＿＿＿＿＿＿＿＿＿＿＿＿＿＿＿＿＿＿＿＿＿＿＿＿

＿＿＿＿＿＿＿＿＿＿＿＿＿＿＿＿＿。

2.为了达成这个目标，我可以做些什么：＿＿＿＿＿＿＿＿＿

＿＿＿＿＿＿＿＿＿＿＿＿＿＿＿＿＿＿＿＿＿＿＿＿＿＿

＿＿＿＿＿＿＿＿＿＿＿＿＿＿＿＿＿。

3.上完本节课，我会这样修改我的目标：＿＿＿＿＿＿＿＿＿

＿＿＿＿＿＿＿＿＿＿＿＿＿＿＿＿＿＿＿＿＿＿＿＿＿＿

＿＿＿＿＿＿＿＿＿＿＿＿＿＿＿＿＿。

4.这个目标将会给我的生活带来的变化：＿＿＿＿＿＿＿＿＿

＿＿＿＿＿＿＿＿＿＿＿＿＿。

未来之路

上海市松江区泗泾第五小学　杨燕

【驱动问题】

如何启蒙小学生的生涯规划意识?

【基本信息】

适用学段: 六年级

准备道具: 学案纸、板贴

【设计思路】

生涯规划是指在生命成长的整个过程中, 个体在考虑自己的智能、性格、价值, 以及阻力、助力的前提下, 找到引领自己前进的方向, 并借此不断调整自己, 从而拥有自己想要的人生[1]。因此, 生涯教育是开启未来、追求幸福的教育, 生涯教育关注的是个体对未来生活主动准备的过程, 其根本目的是帮助学生在体验、思考和领悟中获得生涯规划的智慧, 进而发展出自我成长的调节机制。小学阶段是学生生涯发展的"萌芽"阶段, 但小学的生涯教育并不是让孩子在孩童时期就选定发展方向, 为将来的职业进行具体规划, 而是根据他们的生理、心理特点进行有针对性的引导, 帮助他们加强自我认识, 初步形成生涯规划的意识, 初步了解一些简单的生涯规划策略, 从而为他们未来的人生选择奠定重要的基础[2]。本节课通过搭建自己的"未来之路"这一主体活动, 引导学生初步了解自己的梦想职业, 尝试厘清自己梦想职业所需的能力特点, 寻找实现梦想的策略。

【教学目标】

1.情感目标: 增强对未来生活的向往, 提升对未来生活的规划意识。

2.认知目标: 初步了解自己的梦想职业, 尝试厘清自己梦想职业所需的能力特点,寻找实现梦想的策略。

3.行为目标：在生活中实践实现梦想的策略，尝试进行生涯规划的初步行动。

【教学思路】

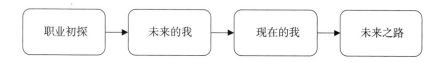

职业初探 → 未来的我 → 现在的我 → 未来之路

【教学过程】

一、职业初探（3分钟）

老师：刚才我们互相问好的时候，大家都叫我 ×× 老师。众所周知，教师是我的职业。今天，我要和大家一起谈谈职业这个话题。让我们来一场头脑风暴吧。请大家听一段录音，边听边思考，这段情境让你联想到了哪些相关职业？

录音简介：早上起床，我一看闹钟，快七点啦！我赶紧套上衣服，拿起桌上的牛奶和面包，走出家门。今天我很幸运，公交车不挤，我找了个位子坐下，慢慢吃着早餐。下了车，我匆匆向路边的垃圾箱投去手上的包装袋，可惜"投篮"不准，落在了"篮框"外。不管了，要赶时间，反正会有人打扫的！一进教室，胡老师已经在黑板上写了许多题目，看来这个上午又要进行"题海大战"了！

老师：你联想到了哪些职业？请同学们接龙回答。

学生接龙回答。

教师小结： 大家思维都非常敏捷！确实如大家所说，世界上存在各种各样的职业。

设计意图： 引出本节课的话题，通过"头脑风暴"活动唤醒学生对职业种类的记忆。

二、未来的我（10分钟）

老师：同学们，未来你想从事什么职业呢？请你在学案纸"未来的我"那里画一个太阳，然后在太阳里写下你梦想的职业。过程中请大家不要告诉他人你梦想的职业。

学生根据要求完成学案纸上相应的内容。

老师：写好之后，我们来玩个小游戏。请你将你梦想的职业表演出来，让大家猜一猜。我们的游戏规则是：自己或邀请他人一起表演自己梦想的职业。不能说话，尽量通过肢体动作，模仿这种职业的相关行为。

学生根据活动要求表演。

老师：你们认为从事这种职业需要具备什么样的能力？或者这种职业有怎样的特点？

学生举手回答。

老师：老师发现，部分同学在探索自己梦想的职业需要具备的能力时遇到了一些困难。比如有的同学梦想的职业是厨师，那我们来想一想厨师需要具备的能力有哪些？

学生举手回答。

老师：同学们提到了一些厨师要具备的能力。除了这些，厨师还需要有敏锐的味觉和嗅觉、扎实的基本功、超凡的耐心和毅力、良好的团队合作精神、学习和创新的能力、健康的体魄、良好的卫生习惯、沟通和表达能力等。团队的力量是无穷的，大家可以和自己小组的同学相互交流，帮助自己探索自己梦想的职业需要具备的能力。请大家一边交流一边记录。老师也是大家的资源，你们遇到困惑也可以求助我哟。

学生交流并记录自己梦想的职业需要具备的能力。

老师：现在你们的思路是不是更清晰了？谁愿意说一说自己梦想的职业需要具备的能力？

学生举手回答。

教师小结：每种职业都需要具备相应的能力，如果未来的你具备这些能力，你就能更好地胜任这个职业。

设计意图：引导学生初步确立自己梦想的职业，简单了解梦想的职业需要具备的能力。

三、现在的我（5分钟）

老师：现在的你具备哪些能力？或者你认为现在的你拥有什么特长或优点能帮助你实现你的梦想？请你想一想，然后和同桌交流。

学生与同桌交流后举手回答。

教师小结：每个人都是独一无二的，每个人拥有的能力和优点也不尽相同。你们现在只是孩子，具备的能力很可能跟梦想的职业需要具备的能力有些差距，但你们潜力无限。

设计意图：引导学生初步了解自己具备的能力和优势。

四、未来之路（17分钟）

老师：我们大家都希望自己梦想成真，那怎样实现自己的职业梦想呢？你有思考过吗？

学生举手回答。

老师：让我们来听一听《星强的故事》[3]，这个故事说不定会给我们带来一些启示。

录音简介：大家好，我叫星强。小学时，我特别喜欢研究植物、观察动物，对大自然充满了好奇。当时，我就幻想自己将来能当一名优秀的导游，周游世界。初中时，我积极参加学校组织的野外活动，锻炼自己的体质，学习独立生活的本领。我还常常给大家唱歌、讲笑话。高中时期，我经常泡图书馆看历史和地理方面的书籍，同时努力学习英语，因为我知道想要周游世界，学好英语是必备条件。当时我还是学生会干部，策划组织外出活动是我的拿手好戏。大学里，我在旅游系念书，除了认真学习专业知识，寒暑假我会去实习，积累实际工作经验。大学四年里，我还学了好几门外语——英语、法语、日语……现在呢，我已经30岁了，是一家国际旅行社的明星导游。

老师：星强在小学时的梦想是什么？他当时喜欢做什么？他的梦想成真了吗？他为了梦想做了哪些努力？

学生进行小组讨论，然后全班交流，梳理出星强的未来之路。

老师：星强的故事给了你什么启发？如果你想实现梦想，你打算做些什么？请大家把自己想做的事情或实现梦想的方法写在自己的"梦之翼"上，一个翅膀上写一个。

学生根据要求完成学案纸上的相应内容。

老师：请将写好的"梦之翼"贴到活动纸上，小组交流自己实现梦想的职业的方法策略。

示例：为了成为_____（梦想职业），我打算（可以）_____。

学生进行小组交流，然后选出代表在全班展示。

教师小结：现在的你，借助你写的这些实现梦想的策略——梦想的翅膀，在不久的将来一定能在梦想的未来世界中自由翱翔！不过，同学们，成长过程中，你梦想的职业也可能发生变化，这也很正常。重要的是，我们可以一直为成功实现梦想而努力，成为我们想要成为的样子！

设计意图：通过提供学习支撑，引导学生在讨论星强梦想成真故事的基础上，初步思考自己实现职业梦想的行动策略。

【课程迭代】

本节课最终版与之前版本相比，改动最大的部分是教学目标。本节课初版的教学目标侧重于学生通过活动了解职业的多样性及霍兰德职业兴趣的类型，进而初步定位自己的梦想职业。但这一过程缺少对学生行为层面的生涯策略指导。于是笔者后期加入了第四板块"未来之路"，通过讨论星强梦想成真的故事促发学生初步思考自己实现职业梦想的行动策略，鼓励学生将实现梦想的策略在生活中实践，尝试生涯规划的初步行动。另外，本节课修改最费力的地方是学案纸的设计。起初笔者是想把生涯"车日路模型"改造成小学生能够理解并乐于探究且能串联整堂课所有活动的学案纸，但最终版的学案纸仅保留了"梦之翼"部分，它代表实现职业梦想的行动策略，弱化了"现在的我"和"未来的我"的形象表达。

【教学反思】

心理辅导活动课要遵循"主体性"原则，尊重学生的主体地位，因为学生是心理发展的主体，这种成长与发展是一种自觉和主动的过程。因此，心理教师必须调动学生自我心理发展的自觉性和积极性。

本节课意在引导学生初步确定自己梦想的职业，了解梦想的职业需要具备的能力，启发学生尝试寻找实现梦想的方法与途径，初步了解生涯规划理念，形成生涯规划意识。但这节课也很容易上成班会课，所以如何推动学生积极自觉参与课堂活动，是笔者在进行教学设计时反复追问自己的问题。本节课力求课堂效率最大化，牢牢把握教学目标，笔者受生涯规划"车日路模型"启发，创设了搭建自己的"未来之路"这一主体活动，辅以形式丰富的小活动，层层推进。本节课的不足之处在于课程设计比较注重对学生认知的引导，学生在情感上的体验较少，后续的课程改进中还需在这方面进一步完善，通过创设更加生动的教学情境，使学生在认知上有改变，在情感上有触动，进而在行动上有落实。

需要注意的是，在"现在的你"活动中，部分学生由于自身认知和生活体验的限制，思路不够开阔，写不出职业对应的能力。鉴于此种情况，教师可以课前布置搜集职业资料的任务，增加学生们对各种职业相关知识的了解。此外，笔者对教材中星强的故事的改编也是成功的，比较符合小学生的阅读理解水平。学生在讨论星强的未来之路时非常顺利，为下一环节讨论自己的未来之路做了铺垫。所以，根据学情用好教材内容对教学目标的达成也非常关键。

【专家点评】

《未来之路》这节课为我区生涯辅导主题的一次公开课。在小学开展生涯辅导活动要考虑小学生的认知能力，课程内容不可过于深奥，要符合儿童心理。本节课的亮点主要体现在以下几个方面。

1.目标明确，构思巧妙。本节课的重点是向学生传输生涯规划理念，启蒙学生的生涯规划意识。教师巧妙改编"车日路模型"，设置让学生搭建自己的未来之路这一主题任务，教学设计构思非常巧妙，活动循序推进，过程一气呵成，教学目标达成度很高。

2.紧扣学情，善用素材。对小学生进行生涯辅导有一定的难度，因为他们的社会经验少，认知能力有限。因此，活动素材的选择与处理必须符合学生的认知水平。教师在本节课中始终紧扣学情，精心选择符合学生认知的活动素材。课中解读素材时，学生能轻松理解并大胆表达，这一素材完全能帮助学生积极参与活动，积极思考，增加收获。

3.活动多样，成效明显。小学生注意力维持时间短，富有童趣的各种活动形式能有效激发他们参与体验的积极性。活动形式"花样"多，大大激发了学生参与活动的热情，在最后分享自己的"未来之路"的环节中，学生们纷纷举手、兴奋地想要展示自己的作品，活动成效不言而喻。

（点评嘉宾：田银平，上海市青浦区教师进修学院心理健康教研员）

该课曾在上海市青浦区心理健康教育公开课上展示

【参考文献】

［1］［2］黄天中，吴先红.生涯规划——体验式学习（小学版）［M］.北京：北京师范大学出版社，2011.

［3］上海市中小学（幼儿园）课程改革委员会.小学生心理健康自助手册教学参考资料［M］.上海：上海教育出版社，2015.

【学案纸】

未来之路

姓名：_____ 班级：_____ 学号：_____

未来的我

现在的我

第七章

生命成长

生命成长单元的主要教学目标是帮助学生理解并珍爱生命，懂得保护自己，学会尊重他人，焕发生命能量，以良好的状态投入生活，实现积极成长。通过学习本单元的内容，学生能够感受到生命的独特性与多样性，体会生命的美好，懂得关爱自己和他人。在自我探索、与他人联结、迎接挑战等过程中，学生尝试构建积极关系，感受积极体验，激发自身的内在能量，不断寻找生命的意义和价值，让自己的身心健康成长。

在生命成长单元中，常见的心理课主题包括生命教育、青春期教育、性教育、积极心理、潜能激发等。这些内容能引导学生充分认识生命，懂得生命的意义，学会尊重自己与他人；建立支持系统，预防伤害的发生；感受积极的心理体验，培养积极的心理品质，形成积极的生命观和人生态度，促进身心和谐发展。

小学生正处于具象思维逐步向抽象思维过渡的阶段。他们对"生命""意义"等概念的认识相对模糊，同时又充满好奇心。对他们来说，绘本故事、情境创设、沉浸式游戏等活动方式能更好地激发他们的兴趣与想象力，帮助他们体会生命的内涵。同时，小学生的自我保护意识和能力相对较弱，引导学生保护自己的身体，积极应对侵害与骚扰，对学生的健康成长尤为重要。

《我的身体秘密基地》和《做一只＿＿＿的小绵羊》聚焦自我保护及预防性侵害这一话题，前者将身体的隐私部位形象地比喻成秘密基地，引导学生学会保护自己、尊重他人，在必要时学会积极求助；后者则通过"身体雕塑"的方式帮助学生积极应对性骚扰，减轻求助的顾虑。《生命真美好》《大"富"翁：生命之旅》和《"獾"给世界的礼物》分别通过"快乐星球"情境创设、"大富翁"棋盘游戏、"'獾'给世界的礼物"故事改编的形式，引导学生感受生命、体验生命、尊重生命，初步探寻生命的意义。

本单元课程内容丰富，关注学生对生命的思考与感悟、对成长的体验与领悟。相关课程契合学生需求，教学方法适合贴切，课堂效果良好。面对"生命成长"这样一个较抽象的主题，教师巧妙地采用绘本故事、情境游戏、沉浸式活动、身体雕塑、角色扮演、绘画表达等方式，为学生创设有效情境，提升学生的参与兴趣，注重学生的活动体验，让学生真实地感受生命之美，体会成长之乐。在这样理论与实践并行、感性与理性兼备的课堂中，学生定能焕发生命活力，实现积极成长。

我的身体秘密基地

广东省深圳市龙岗区外国语学校（集团）致美学校　张梦婷

【驱动问题】

如何提升学生的身体保护意识？

【基本信息】

适用学段：三年级

准备道具：学案纸

【设计思路】

2021 年 6 月 1 日，新修订的《中华人民共和国未成年人保护法》（以下简称新《未保法》）正式实施，这是我国儿童权益保护领域的一项重大法规。在新《未保法》的"学校保护"一章中，一项新内容引起了广泛关注：学校、幼儿园应当对未成年人开展适合其年龄的性教育，提高未成年人防范性侵害、性骚扰的自我保护意识和能力。这也是性教育的实施首次在法律中被明确规定，这为我国青少年的性教育带来了新的变革。青少年性教育是一项长期工程，需要社会各界共同关注和努力，我们应当为儿童提供科学合理、全面丰富的性教育，保护他们的权益，帮助他们在健康、平等、安全的环境中成长。

小学低年级学生处于性发展的关键阶段，这一时期的学生性意识和性保护能力相对较弱，对性的认识也相对模糊。近年来的一些调查显示，我国儿童性早熟现象的发生率逐年上升，这对儿童健康成长提出了新的要求。因此，新《未保法》强调学校和幼儿园有责任对未成年人进行适龄的性教育，以提高他们对性侵害和性骚扰的防范意识和自我保护能力。

儿童性教育并不局限于传授生理知识，更应涉及性健康、性别平等、人际关系和自我保护等多个层面。在传统观念的影响下，家长往往对性教育采取回避的态度，不愿谈论性，导致我国青少年性教育较难落实。然而，儿童性侵害事件逐渐增多呼唤着社会更深度地介入儿童性教育。通过适龄的性教育，学生可以更好地理解自己的身体，认识到自己的权利，提升自我保护意识，学会自我保护方法，提高对潜在危险的判断力，为青春期的到来做好知识性铺垫。

【教学目标】

1. 情感目标：增强保护身体隐私部位的意识，提升应对性侵害事件的信心。

2. 认知目标：正确识别身体隐私部位，学会识别危险人物并形成自我保护意识。

3. 行为目标：学会保护自己的隐私部位，加强自我保护能力，能够拒绝侵害和主动求助，预防性侵害的发生。

【教学思路】

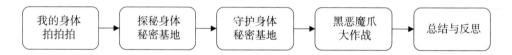

【教学过程】

一、我的身体拍拍拍（5分钟）

老师带领学生一起玩身体节拍歌游戏，并向学生提问身体的哪些部位只能自己接触。

游戏规则：学生全部站立，听教师口令。教师说到哪个部位，学生就拍哪个部位。例如，当教师说"肩膀拍拍"时，学生就双手拍肩。教师口令会包含身体的多个部位，如头部、眼睛、臀部、大腿、小腿等。

学生举手分享。

教师小结：通过游戏，我们接触了自己的身体。今天，让我们一起走进身体的秘密基地，进一步了解自己的身体，学会保护自己的身体吧！

设计意图：通过身体节拍歌，活跃课堂气氛，激发学生兴趣；通过问题引导，展示本节课的主题，并为后面的环节做铺垫。

二、探秘身体秘密基地（8分钟）

老师播放视频《身体的秘密》。

视频简介：每个人的身体里都有秘密基地，男孩和女孩的身体里分别有"魔法钥匙"和"粮食仓库""微型宫殿"，这些秘密基地也有不同的功能。

老师引导学生思考以下问题。

①：身体的秘密基地是什么？

②：它们的作用是什么？

学生带着问题完成学案纸的第一部分，并进行分享。

教师小结：原来身体里藏着这么多秘密基地，这些秘密基地对我们而言意义重大。例如，男生拥有魔法钥匙（生殖器），它的功能是：上厕所、排出小蝌蚪（精子）。女生拥有粮食仓库（乳房），它的功能是：给小宝宝提供粮食，让他们快快长大；女性还拥有微型宫殿（子宫），它的功能是：孕育小宝宝，为他们提供住所。我们要保护好自己身体的秘密基地。

设计意图：通过视频，引导学生直观地理解身体的隐私部位，意识到隐私部位对每个人的意义，激发学生保护自己隐私部位的意识。

三、守护身体秘密基地（10分钟）

老师：日常生活中，身体的秘密基地每天都会有守卫守护，大家猜猜这些守卫是什么？

学生举手回答并完成学案纸。

老师：内衣裤作为守卫保护着秘密基地，这些守卫有着良好的视力和严格的自我要求，不轻易离开自己的岗位。有哪些特殊情况它们会离开呢？

学生进行小组讨论并分享。

教师小结：日常生活中，在内部扫除、外部清理、交接换班、身体检查等情况下，内衣裤守卫会暂时离开我们的身体。但除此之外，其他任何情况下它们都要守护我们的秘密基地。

设计意图：通过小组讨论，引导学生联系过去的经验，进一步了解在生活中如何保护身体隐私部位的安全，初步提升保护身体的意识，学会保护自己的隐私部位。

四、黑恶魔爪大作战（13分钟）

老师：在长大的过程中，即使有内衣和内裤的守卫，也无法完全抵挡黑恶魔爪的攻击。黑恶魔爪善于乔装，可能会隐藏自己真实的模样。请结合日常经验和你了解到的信息，思考黑恶魔爪在现实生活中可能会打扮成什么形象？又会在何时何地出现？

学生思考 1 分钟，然后进行小组讨论并分享。老师根据学生的回答进行总结。

①出没时间：上学、放学、周末、晚上或早晨、睡觉休息时、外出时、洗澡时等。

②出现地点：没人或人很少的地方（小巷里、破旧的地方、人少的公共车上、树林里）、公共厕所、学校、没有摄像头的地方、家里（自己家、朋友家或亲戚家）、拥挤的地方（地铁或公交车上）等。

③样子：老人、学生、邻居、亲戚、父母的同事、司机、伪装成弱者的人、给诱惑物的人、威胁恐吓的人等。

老师：黑恶魔爪出现的情况并不确定，它们尤其喜欢在我们单独一个人的时候出现。因此，我们更要提高防护意识，保护身体的秘密基地。接下来，老师考考大家，当你一个人面对视频中的情况时，你会如何处理？会选择向谁求助？

视频内容：女孩自己单独在楼道里玩耍，隔壁叔叔用玩具等诱惑她。女孩来到叔叔家里，叔叔说："如果你每天都来玩，叔叔每次给你分享不同的玩具。"

学生观看视频，分享自己的应对方式。老师总结学生的应对方式。

①学会及时离开令人不舒服的场所。

②大声拒绝，大声说"不"。

③及时向守护名单上的人求助：父母、老师、警察、信任的大人等。

设计意图：引导学生将自己的过往经验进行迁移，思考如何应对不舒服的身体接触等情况。通过小组讨论，指引学生了解同伴的经验，提升应对此类情况的信心，学会保护自己的隐私部位。

五、总结与反思（4分钟）

老师：今天，我们共同经历了一场奇妙的身体秘密基地之旅，确认了身体的神秘所在，深入了解了它们的神奇功能。身体的秘密基地需要守卫的保护，更需要我们提高警觉，对其进行保护，在必要的时刻，我们要勇敢地寻求援助。希望同学们可以在日常生活中保护好自己的身体秘密基地。

设计意图：总结课程内容，提醒学生在实际生活中注意保护自己。

【课程迭代】

本节课改动最大的地方是导入部分的活动设计。导入部分虽然用时较短，但往往影响学生对整节课的兴趣和课堂参与度,最终版本更改了活动导入的形式,由之前的问题导入优化为师生互动引发思考的导入形式,这样能够聚焦主题,引导学生主动进入课程环节。

"黑恶魔爪大作战"活动是整节课修改最费力的地方。这一部分作为教学目标和教学难点,需要老师深入思考如何引导学生联系实际生活,并总结出如何应对潜在危险的方法,这就要求课程贴合学生现阶段的学情。小学三年级学生在之前的学校生活和家庭教育中已经初步了解了性教育的前置知识,但对现实生活中经常被忽视的危险没有全面的了解,因此,笔者优化了案例,选择"熟人邻居邀请你去家里玩"这样的实际案例引发学生讨论。此案例的更改和优化更贴近学生的生活,有助于提升学生的自我保护意识。

【教学反思】

课程通过身体拍拍活动引导学生思考什么部位只能自己接触,开启了本节课的主题。随后,教师通过视频引导学生了解身体的隐私部位,并知道它们的功能和意义。接下来,教师引导学生思考日常生活中如何守护自己,意识到守护隐私部位的重要性。随后,通过小组讨论分享外在"黑恶魔爪"出现的可能情形,增强学生的防护意识。最后,通过情境演练,引导学生思考遇到危险可以向哪些人求助,完成自己的守护名单。

本节课的特点体现在以下几个方面。

1.选题切实,有效共鸣。本节课探讨了生命教育大框架下的性教育主题。性是学生平时讳莫如深的话题,但性教育又需要尽早开展。结合当下学生性知识匮乏等现象,依托学生心理发展阶段理论,并考虑到家庭性教育缺失现状,笔者特意选取青春期性教育作为心理课主题,真正做到选题切实,可引发学生的有效共鸣。

2.目标明确,落实到位。本节课通过生动的隐喻、体验式游戏等形式,引导学生通过自我探索识别自己的身体隐私部位,学习性知识,并在遇到令自己不舒服的身体接触时学会拒绝和主动求助。在课堂中,学生小组讨论了"黑恶魔爪"的样貌及其可能出现的时间、地点,并进行了危险情景模拟及处理的现场演绎,突破了教学难点,即提升保护自己身体隐私部位的意识,树立正确的自我保护观念。

3. 循序渐进，严谨有序。本节课在环节设置上循序渐进、严谨有序。通过"我的身体拍拍拍""探秘身体秘密基地""守护身体秘密基地""黑恶魔爪大作战""总结与反思"五个环节实现教学重点难点的突破，环节衔接流畅，层层推进，学生在活动中的体验与思考也越发深入。

4. 自我反思，优化提升。本节课依旧存在一些不足之处。第一，在第三环节中，学生的探讨还未完全深入，教师虽然带领学生思考了内衣裤守卫何时可能会离开身体，但是没有引导学生思考如何独自面对这些情况，如要如何一个人面对医生检查等。第二，在第四环节中，学生分享了黑恶魔爪可能出现的样子、时间、地点，这里还需要教师进一步提炼归纳，也需要引导学生学会正确辨别，而不是让学生形成一种除了父母之外的人几乎都可能是黑恶魔爪的意识。这一部分的内容还需要教师深入思考。

【专家点评】

本节课的设计展现了教师的教学智慧，通过切题的选题、趣味性强的故事引入，以及生成性强的开放式课堂，成功地加强了小学中年学段学生对身体保护的关注，加深其对身体保护的理解，进而提升学生自我保护的能力。本节课有如下三个亮点。

1. 选题精准，贴合学生。本节课选择了"隐私部位的保护"这个切入点，授课内容非常精准地贴合了小学中年学段学生"开始探索身体、了解性别界限"的发展特点，以点概面，以小见大，将自我保护的意识融入生活的细节之中。

2. 视频引入，趣味性强。通过浅显易懂的视频，引导学生在故事中探索身体的秘密；整节课多次运用比喻、拟人的手法，避免了性相关的艰深难懂的词汇给学生认知带来的负担，又增强了课程的生动性和趣味性。

3. 课堂开放，生成性强。教师创设了相对开放的课堂情境，在每个环节，均给学生提供了独立思考或小组讨论的空间，鼓励学生将故事与生活实际相联系，也将课堂所学运用于生活实际，让整节课有很强的生成性。

总体而言，这节课的设计巧妙地融合了知识性与趣味性，使看似严肃的内容在教学中显得自然和易于接受，有效激发学生的兴趣，提高学生的课堂参与度，在性教育启蒙方面起到了积极的作用。

（陈静雯，广东省深圳市龙岗区教育科学研究院心理健康教育教研员）

该课曾获广东省深圳市龙岗区生命教育活动月心理精品课一等奖

【学案纸】

我的身体秘密基地

姓名：＿＿＿＿＿＿ 班级：＿＿＿＿＿＿ 学号：＿＿＿＿＿＿

活动一

身体秘密基地在哪里？请你圈出来，并思考它的作用。

活动二

秘密基地的守卫是什么？小组讨论。

活动三

小组完成寻找黑恶魔爪的活动，并进行分享。

做一只＿＿＿的小绵羊

广东省深圳市宝岗小学　林洪

【驱动问题】

如何增强学生应对性骚扰的求助意识？

【基本信息】

适用学段：五年级

准备道具：计时器、学案纸

【设计思路】

近年来，儿童和青少年性骚扰事件常有发生。根据《中小学心理健康教育指导纲要（2012 年修订）》的要求，在小学高年级要开展初步的青春期教育。一项针对高年级学生预防性骚扰的调查显示，随着安全教育的普及和学生认知能力的发展，大部分五年级学生已经初步具备了识别性骚扰行为的能力。但超过半数的学生仍认为遭遇性骚扰是一件不光彩的事情，更担心事情说出来后会被同学传谣言、笑话，被父母不信任、责备等。因此，减少学生在遭受性骚扰时进行求助的担忧和顾虑，增强他们应对性骚扰的勇气和信心，可以一定程度上减少此类恶性事件的发生。

本节课主要以体验式学习理论为依据进行设计。体验式学习是指设置精心设计的活动、游戏和情境，让参与者在参与过程中观察、反思和分享，从而对自己、他人和环境等获得新的感受和认识，并把它们运用到现实生活中。本节课的主体教学活动运用教育戏剧范式，能充分调动活动参与者的各种感官，增强参与者的体验和感悟[1]。小学高年级学生处于青春期早期，随着身体外形的发育和成熟，性意识也开始萌芽，对性骚扰这个话题更加敏感。采用教育戏剧范式不仅能有效降低学生的心理防御，还能加深学生对角色和情境的体验和理解，实现知行统一。

【教学目标】

1. 情感目标：减少求助的担忧和顾虑，增强应对性骚扰的勇气和信心。
2. 认知目标：树立积极的应对观，并意识到周围有可信赖的社会支持网络。
3. 行为目标：积极应对性骚扰，学会勇敢说"不"，并主动求助。

【教学思路】

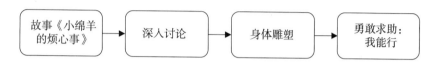

故事《小绵羊
的烦心事》 → 深入讨论 → 身体雕塑 → 勇敢求助：
我能行

【教学过程】

课前准备：暖身活动——节奏步行

老师请学生跟随铃鼓的节奏在教室里自由走动，当铃鼓声音停止时，根据教师指令，将身体定格为各种物体或展现情绪状态。学生根据要求完成活动。

设计意图：通过调动身体，体会和同伴玩耍的乐趣，并通过定格活动学会控制自己的身体，增强肢体表达能力，为后续活动热身。

一、故事《小绵羊的烦心事》（3分钟）

老师：今天，有一只小绵羊到我们班来做客。小绵羊很苦恼，却不敢对任何人说。同学们愿意帮助小绵羊吗？请认真倾听小绵羊的诉说，仔细体会小绵羊的内心感受。

老师播放视频《小绵羊的烦心事》。

大家好。我是小绵羊，最近发生的事情让我感觉实在糟糕透了。前几天，我去坐地铁，发生了一件奇怪的事情，旁边的大叔眯着眼睛慢慢地靠在我的肩上。正当我不知如何是好时，大叔的头竟然越来越往下沉，和我贴得越来越紧。终于，我鼓足勇气站了起来，谁知他还用色眯眯的眼神在我身上扫来扫去，我的心里跟吃了苍蝇一样难受。

对了，还有发生在寒假里的一件事。那天，爸爸妈妈带我去姑姑家做客，当大人们有事外出时，原本和我一起坐在沙发上看电视的表哥，让我坐到他腿上，他叫了几次见我没反应，想把我抱到他腿上，他的手臂从我的后背伸到前胸，紧紧环住了我，幸好这时大人们回来了，我赶紧跑出去，差点哭了出来。

从那之后，无论姑姑怎么邀请，我再也不去他们家了。这些事情深深地藏在我心里，我不敢和任何人说。为什么？为什么遇到这些事情的偏偏是我？

设计意图：创设故事情境，通过小绵羊的自述引出课程主题。

二、深入讨论（10 分钟）

老师提出问题，引发学生思考与讨论。

①小绵羊遭遇了什么？请用一个词概括。

②猜一猜小绵羊的性别。

③你身边的人有类似的遭遇吗？

④如果你是小绵羊，你的心情是怎样的？

⑤假如你是小绵羊，你敢告诉身边的人吗？满分 10 分，请你用手势给你的求助勇气值打分。

⑥为什么小绵羊不敢把他的遭遇告诉父母、老师、朋友和同学？他在担心什么？

学生举手回答。

教师小结：不管是男生还是女生，都有可能遇到性骚扰，性骚扰离我们并不遥远。在遇到性骚扰时，我们可能会感到恶心、恐惧、害怕……这些都是正常现象，但并不是每个同学都有求助的勇气。

设计意图：通过开放式问题，启发学生思考，唤起学生的同理心，并引导学生设身处地地理解受害者的担忧和处境。

三、身体雕塑（22 分钟）

老师：小绵羊担心家长不相信或者不理解自己，怕他人嘲笑自己……但是这些担忧真的会发生吗？在遭遇性骚扰之后难道只能忍气吞声，面对求助无门的困境吗？接下来，老师邀请大家做一个"身体雕塑"活动，一起来看看事实是否真的如此。

（一）"身体雕塑"活动

老师说明"身体雕塑"活动规则。

①全班分成路人组、同学组、好朋友组，4 人一组。

②3 分钟讨论：假如你是小绵羊的好朋友 / 同学 /（目睹他遭遇的）路人，在你听完小绵羊的遭遇时，你的心情是怎样的？你会对小绵羊说什么？

③讨论结束后，请小组代表上台，用肢体表达感受并定格，同时用一句话表达想对小绵羊说的话。

学生在学案纸上写出想法后，开展小组讨论，并进行排练，最后派代表上台展示。

教师小结： 作为目睹小绵羊经历的路人、同学和好友，大部分同学都对骚扰者的行为感到愤怒并进行了指责，很多同学愿意鼓励小绵羊，并用行动帮助小绵羊，例如，陪小绵羊去报警、告诉家长和老师、安慰小绵羊、陪伴小绵羊，等等。

（二）视频讨论

老师：我们身边的成年人对小绵羊的经历会有怎样的看法呢？

老师播放视频《孩子，我想对你说》。

视频简介：采访学生家长、教师、路人等，请他们分享对学生遇到性骚扰的看法。

学生观看视频，并分享自己的感受。

老师：假如你是小绵羊，听完大家的支持和鼓励后，你敢向他们求助吗？满分10分，请你用手势给自己的求助勇气值打分。

教师小结： 大家逐渐意识到周围人并不像小绵羊想的那样会嘲笑甚至责备自己，大部分人都愿意关心、支持小绵羊。相信小绵羊跟我们一样，此刻心里也有了更多的勇气和力量。

设计意图： 通过教育戏剧的"身体雕塑"范式，促使学生认识到社会支持系统的每一环中都有人关心并乐于帮助自己，从而减少被骚扰者求助的顾虑，增强求助的勇气和信心，进一步树立积极应对性骚扰的观念。

四、勇敢求助：我能行（5分钟）

老师：请同学们思考：假如遇到跟小绵羊类似的情况，你希望自己能"做一只_____的小绵羊"，你会向谁求助，会说什么或希望对方为自己做什么。

学生思考相关问题，并将想法写在便利贴上。老师邀请学生分享。

老师：今天我们收获了满满的勇气。每个人都有可能遇到性骚扰，遇到性骚扰并不是我们的错。希望同学们在遇到性骚扰时，都能积极应对，勇敢求助。因为勇气和智慧是保护自己的最好武器！

设计意图： 总结课程内容，呼应本节课的主题。

【课程迭代】

本节课最终版与之前版本相比，改动最大的地方是教学目标的设置和教学重点难点的定位。一开始笔者理所当然地将教学目标设置为"识别和应对性骚扰",但在试课过程中发现,这样的主题对于五年级学生来说太过简单。经过一系列的问卷调查和访谈,笔者了解到,五年级学生对性骚扰的认识远超我们的想象,绝大多数孩子是可以识别性骚扰行为的。他们也知道不管男生还是女生都有可能遇到性骚扰,性骚扰也有可能会发生在同性之间。

问卷调查和访谈结果表明,对于性骚扰这一主题,学生最想了解的是"面对性骚扰,如何克服求助的羞耻感"。而对处于青春期早期的五年级孩子,他们更担忧同伴的看法。例如,有的学生"担心告诉老师,老师会把自己当成教育案例说出来,然后同学就知道了,会传谣言"。也有的学生担心告诉父母,父母不相信自己,或者父母也有可能告诉老师,之后又被同学们知道而传谣。由此,笔者得到灵感和启发,通过"身体雕塑"环节,引导学生了解路人、同伴和朋友对这类事件的看法,减少学生顾虑,增强学生求助的勇气和信心。

另外,原来设计的导入活动《小绵羊的烦心事》采用的是"教师入戏"的方式,即由教师进行演绎。但实际效果并不理想,一到入戏环节,学生就哄笑。之后,学生反馈可以采用布偶戏或动画视频的方式,他们更容易接受。

【教学反思】

本节课有以下亮点。

1. 从课程选题来看:"遭遇性骚扰,克服羞耻感,勇敢求助"不仅是心理议题,更是宏大又复杂的社会议题。作为一节市级心理公开课,从选题上来说,这是一次勇敢的尝试,需要教师巨大的勇气和决心。同时,从"克服羞耻感"和"求助"这个视角切入,让这节课更有"心理味"。

2. 从教学设计来看:本节课进行了将教育戏剧融入心理课的大胆尝试。课程目标清晰,重点难点突出,整节课的设计层层递进,不断实现重点难点的突破。

3. 从学生体验来看:本节课主要以体验式学习理论为依据进行设计,学生在活动中体验,在体验中感悟。用教育戏剧的范式让学生认识自己的社会支持系统,体会到身边人对自己的关心和帮助,从而减轻求助的顾虑,增强求助的勇气和信心。

本节课也存在一些不足:第一,由于教学目标和教学内容的设置,本节课并没有向学生解释性骚扰的定义,对小学生来说,可能这也是不可或缺的一环;第二,本节课强调唤起受害者的求助勇气，但倘若学生鼓起勇气求助却没有得到帮助和支持，这对他们来说将是二次伤害。因此，"性骚扰"主题可以设计为系列课程。第一节课聚焦于"识别和应对骚扰"，本节课可作为第二课时，重点在于突破"引导学生在面对性骚扰时能有求助的勇气"这一教学难点，第三课时的话题则可设置为"如何提高求助的有效性，如果求助无效该怎么办？"

【专家点评】

1. 主题立意新颖，选题大胆突破。作为一节市级公开课，选择性骚扰这个敏感的话题是一次大胆的尝试。对于课程目标、教学重点难点的钻研和打磨是细致且精准的，充满了"心理味"，也贴合学生的需求。心理教师们应该勇敢地尝试自己不敢触碰的课题，因为"上课的过程也是疗愈自己的宝贵过程"。

2. 心理教育应当重视和注意伦理关系的处理工作。例如，在学生们扮演受害者的角色后，要帮助学生抽离角色，调整他们的情绪状态。

3. 本节课授课教师具备极高的综合素质，课程选题新颖独特，教学设计层层递进、逻辑清晰，学生体验深刻且充分。但本节课缺少了对导入部分小绵羊的两个情境进行回应的环节，教师应引导学生在不同的环境下采取不同的方式进行求助，且求助的对象不仅是他人，还可以是自己。

4. 本节课的课程目标清晰明朗，课程设计完整，时效性强，整体围绕着"勇气"两字展开。在课程中教师可以对不符合期待的部分做出处理和调整。本节课还为孩子点燃了希望，人只要有希望，行为就可能发生改变，而孩子们心存希望，才能为未来行为的改变提供动力，这也是心理课存在的最大的意义和作用。

（点评嘉宾：王秋英，广东省深圳市教育研究院心理健康教研员；

林映，广东省深圳市盐田区心理教研员；

余洁玉，广东省深圳市南山区心理教研员；

彭丽，广东省深圳市大鹏新区心理教研员）

该课为深圳市积极心理活动课研讨活动公开课

【参考文献】

[1] 田雨露.性骚扰经历、性骚扰污名与人格的关系研究 [D].哈尔滨：哈尔滨工程大学，2016.

【学案纸】

做一只_____的小绵羊

姓名:_____　　班级:_____　　学号:_____

同学组

- 假如你是小绵羊的同学，听了小绵羊的遭遇，你的心情是怎样的（请用肢体动作
  表达你的感受并定格）？你想对小绵羊说什么？

（听完后，我感到_____，我想对小绵羊说:_____。）

（限时 3 分钟）

好友组

- 假如你是小绵羊的好友，听了小绵羊的遭遇，你的心情是怎样的（请用肢体动作
  表达你的感受并定格）？你想对小绵羊说什么？

（听完后，我感到_____，我想对小绵羊说:_____。）

（限时 3 分钟）

路人组

- 假如你是目睹小绵羊遭遇的路人，听了小绵羊的遭遇，你的心情是怎样的（请用
  肢体动作表达你的感受并定格）？你想对小绵羊说什么？

（听完后，我感到_____，我想对小绵羊说:_____。）

（限时 3 分钟）

生命真美好

江苏省无锡市天一第二实验小学　沈纯鸯

【驱动问题】

如何引导学生尊重生命、呵护生命？

【基本信息】

适用学段：一年级

准备道具：彩笔、贴画材料

【设计思路】

生命教育是以"生命"为中心和原点而展开的教育。学校里倡导的生命教育是为了生命主体的自由和幸福所进行的生命化教育。然而，小学生年龄尚小，尤其是低年级学生，他们对"生命"概念的理解比较模糊，也更难清楚表达。因此，从小学开始进行有关生命的启蒙性、基础性教育就变得至关重要。通过生命教育，我们可以帮助学生感受生命的美好，提高他们对生命意义的认知，增强尊重、呵护生命的意识，培养自我保护的能力。

在设计低年级心理课时，课堂内容编排尤其需要注重学生对生命的感受。本节课根据小学低年级学生的心理特点和需求，围绕"生命真美好"这一主题，通过团体辅导的形式，引导学生进行各种体验，引发学生的情感共鸣。在联系生活的基础上创设情境，带领学生感受身边一切有生命的事物，感受生命的美好。同时，指引学生学会表达对生命的尊重与呵护，与生命共成长。

【教学目标】

1.情感目标：感受生命的独特性，体会生命的美好。

2.认知目标：了解生命的多样性，认识生命的价值。

3.行为目标：学会尊重生命、呵护生命。

【教学思路】

SOS星球求助信：畅言生命多样之美 → 星球生命猜猜屋：体验生命独特之美 → 美丽星球画像馆：合作共绘生命之园 → 星球故事分享会：生命相遇现美丽 → 生命种子齐播种：呵护尊重共成长

【教学过程】

一、SOS 星球求助信：畅言生命多样之美（3分钟）

老师：老师收到了来自快乐星球使者的求助信号，让我们一起来听一听。

同学们，我们的星球现在遇到了巨大的危机，森林里没有了声音，山坡上失去了颜色，海洋里没有了生命。现在，这个星球一点生机和活力也没有。请求支援！请求支援！

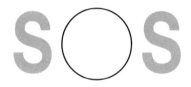

老师：老师想紧急成立一个"改造小分队"，帮助这个星球再现美丽，重获生机！现在，我需要每位同学带一个小生命到这个星球上去，你会带什么？

学生举手回答。

教师小结：同学们带的小生命可真多！天上飞的、地上走的、水里游的……相信有了它们的点缀，这个星球一定会再现美丽，重获生机！大家的行为也让我感受到了"生命真美好"。

设计意图：以"重建快乐星球"任务开启课题，符合学生活泼好动、思维活跃、充满好奇的特点。通过设置情境任务，提高学生的代入感与参与度。

二、星球生命猜猜屋：体验生命独特之美（15分钟）

老师：快乐星球在大家的帮助下越来越美丽了，吸引了越来越多的小生命，它们都争先恐后地想要去快乐星球上呢！

（一）摸一摸（含羞草）

老师：每一个小生命都有自己的独特之处，生命是可以摸得到的，请你和含羞草握个手，告诉大家你看到了什么？

学生触摸含羞草后举手回答。

老师：原来"害羞"是含羞草独特的表现。请你把它带到星球上去吧！

（二）闻一闻（栀子花）

老师：生命闻得到，栀子花有独特的香味；生命看得见，栀子花有洁白的颜色。

（三）看一看（老鹰）

老师：接下来出场的生命，会让大家觉得有一定的挑战性，请猜一猜它是谁？（逐步展示老鹰的形象）

学生举手回答。

老师：这样的嘴巴、爪子都是老鹰独有的。其实，每个生命都有它独一无二的样子。

（四）听一听（小马、海豚、人类）

老师分别播放马、海豚、人类心跳的声音，请学生猜是什么生物。学生举手回答。老师根据学生的回答，分别展示视频、图片等揭晓答案，并把这些生物也带到快乐星球上。

教师小结：刚才，我们通过摸一摸、闻一闻、看一看、听一听等形式，体验到每一个生命都以其独特的方式存在着。它们有动听的声音，有美妙的身姿，有五彩的颜色。只要我们善于发现，就能看到生命更多的美好。

设计意图：通过"猜猜屋"活动，营造沉浸式体验，引导学生从生活出发，调动各种感官，感受生命的丰富多彩、千姿百态，激发学生对生命的热爱之情。

三、美丽星球画像馆：合作共绘生命之园（10分钟）

老师引导学生以小组为单位，将自己心目中快乐星球改造后的样子画出来。教师可以给学生提供快乐星球上某个地方的图片，如河流、山坡、房子、蓝天、树林等，请学生用材料盒中的物品为它们贴上或画上可爱的小生命。

学生以小组为单位合作完成绘画，并派代表进行分享。

教师小结：在大家的共同努力下，快乐星球现在充满了生机和活力，处处展现出生命的美好。

设计意图：在"重建快乐星球"任务中，让学生开展小组合作，通过贴、画的过程，引导学生进一步认识生命的美好。同时，在合作互助中，学生进一步形成了对生命的认识，自身也得到了成长。

四、星球故事分享会：生命相遇现美丽（10分钟）

老师：快乐星球上出现了这么多美好的生命，但它们彼此间还很陌生。其实，生命与生命相遇会发生许多美妙的故事。请大家分享发生在快乐星球上的故事。（展示图片，如养护植物的图片、与小动物和谐相处的图片、亲子游戏的图片、与小伙伴做游戏的图片等，邀请学生分享生命故事）

学生举手分享。

老师：大家分享的故事让老师感到欣慰和温暖。既然生命如此美好，我们该怎么做呢？

学生举手分享。

教师小结： 其实每个生命都值得被尊重、被呵护，只有彼此和谐相处（把一开始"SOS"板书中的两个"S"拿下来，组成"∞"），生命才会有无限的精彩，世界才能变得更加美好！

老师：通过大家的努力，快乐星球又变得生机勃勃了。快乐星球的使者特意来到现场，向大家表示感谢。

谢谢同学们让我们快乐星球重获生机，变得美丽！

设计意图： 通过分享自身成长经历，引发学生共鸣，引导学生感知生命的美好，树立热爱生命、尊重生命、呵护生命的意识，学会与自然、与他人和谐相处。

五、生命种子齐播种：呵护尊重共成长（2分钟）

老师：老师给同学们准备了一份礼物，我叫它"生命种子"。大家可以和爸爸妈妈一起种下它，感受生命的成长与美好！

设计意图： 将课堂延伸至生活中，让学生通过和父母一同种下"生命种子"的活动，引导学生体会生命的成长与美好，将守护美好生命的种子种在学生的心田。

266

【课程迭代】

　　刚开始设计这节课时，笔者比较理想化，注重概念和方法的讲授，希望学生可以表达自己对生命的理解，谈论守护生命的做法。但笔者发现这样的方式对一年级学生来说是有难度的。一年级学生的语言体系还在建构和发展中，他们的语言表达还比较稚嫩。随后，笔者结合学生的年龄特点和当下需求，不断调整、优化自己的教学设计，在联系生活的基础上进行情境创设。课堂环节以学生体验为主，带领学生感受身边一切有生命的事物，从而引发学生的情感共鸣，引导学生学会尊重与呵护生命，与生命共成长。

　　一年级学生活泼、好动，想要他们整节课都能坐得住，并积极参与课堂内容，难度比较大。他们能够专注的时间比较有限，因而课堂内容的趣味性显得尤为重要。笔者积极创设有意思的情境，并将其关联学生的生活实际，让他们有兴趣加入，有话可说。另外，老师的课堂把控、对孩子的积极回应，也是吸引他们上好心理课的关键。对一年级学生来说，一定要给予他们充分的课堂活动时间，让他们真正"动"起来。小组合作这样活泼的形式，能维持学生整节课的积极性，让学生全情投入。

　　授课中笔者发现，一年级学生在感知生命分享故事的时候，分享的更多是动物、植物，常常会忽视自己的小伙伴，还会忘记自己也是可爱的小生命。在后续的课堂活动中，笔者侧重于引导学生关注自己，认识到自己与身边的人和谐共处也是一种生命的美好。

【教学反思】

　　如何上好小学生心理健康教育课已成为困扰老师的重要问题。对小学生来说，过多的专业词汇、概念给他们上好心理课制造了不小的困难。因此，心理课的内容在呈现方式上要便于孩子们理解、接受，教师需要尝试更实际、可操作的方法和技巧。结合小学生的心理特点和教学实践来看，这节课有以下亮点。

　　1.专业性定位，让课堂目标有准度。科学、精准地定位教学目标，是上好心理课的先决条件。课堂教学目标从何而来？依托教材、用好教材是其一，教师还要做的是在使用教材的基础上不拘泥于教材。目标的专业性定位，要从学生的生活实际需求入手，学生需要什么，教师就设计什么，教学内容只有源于学生的状态，心理课才能上得扎实、深入人心。

同一个主题，学生所处的年龄段不同，教师所要确定的教学目标也应不同。纵观省编义务教育阶段六册《心理健康教育》的教材，我们发现，"生命教育"这一主题总共出现了三次。在设计低年段（一年级）《生命真美好》这一课时，考虑到低龄学生对生命的概念比较模糊，所以课堂更应注重学生对生命的感受，带领他们去感受身边一切有生命的事物，去感受生命的美好；同时，正因为这阶段的孩子生命意识相对薄弱，所以在感受的基础上教师需要及时引导孩子学会珍爱生命。

2. 沉浸式体验，让课堂活动有深度。将活动的形式置于生活化的大情境下，学生更能融入其中，获得沉浸式的体验。在设计《生命真美好》一课时，笔者用了一个重建快乐星球的大情境来贯穿始末，将抽象的概念用具象化的形式呈现出来，便于学生理解。整个活动内容环环相扣，层层深入，从学生的生活出发，调动学生的各种感官，让学生沉浸得更深入，体验得更真实，同时引导学生在体验中不断思考、分享、收获，这样的方式才能把"生命"主题讲透、讲深。

3. 情感味回应，让课堂语言有温度。有感情、有温度的语言，让课堂处处充满"心理味"。学生在投入地体验课堂活动的过程中，一直可以感受到老师给予自己的是及时的情感反馈，是温暖有力量的话语。所以，学生就会觉得在这个课堂里自己是被尊重、被保护、被支持的。

在《生命真美好》一课的"星球故事分享会"环节，学生会讲述自己和不同小生命相处的故事。如何回应学生是笔者重点思考的问题。认真倾听孩子分享的内容，积极给予情感反馈和共情理解，会让学生内心感到更加温暖。

当然，本节课也存在一些不足之处。首先，一年级学生的注意力、自控力相对薄弱，要让学生在整个课堂活动中保持积极配合的状态，是非常考验授课老师的。在对学生的细心关注和巧妙引导上，笔者需要继续努力。其次，课程要注重合理运用生成性资源，使心理课堂更精彩，更有活力。在课堂教学过程中，要继续提高学生思维的自由度，少一些预设，多一些生成，尊重学生自己的感受、想法，进一步用好课堂上的生成性资源。另外，课堂可能会出现一些"突发状况"，需要教师加强应变能力。

【专家点评】

这节课的授课对象是小学一年级学生，沈老师根据这一年龄段学生所呈现出的心智特点进行活动设计，符合新教学的特点。

1. 将"拯救快乐星球"这一情境贯穿课堂始终。首先，富有科幻色彩的活动设计可以激发一年级学生的想象力，激发学生对生命主题的兴趣。其次，大情境的设计使课堂有一条清晰的逻辑线，让学生在感受生命本身、体验生命的独特性、体验生命的活力、回归真实情境的过程中，体验生命的价值和意义。本节课让一年级学生理解了生命的美好，也促使一年级学生形成了尊重生命、呵护生命的高阶思维。

2. 课堂内容设计结构化。沈老师用让学生"摸一摸，闻一闻，看一看，听一听"等方式让五官全方位体验，用绘画创作、故事共情等形式来承载课堂内容，使生命这一抽象概念更加具象化，让一年级学生能顺利地进行探究学习、合作学习和深度学习。

总体而言，整节课在教学目标的确立、教学重点难点的把握、教学方法的应用、学习内容结构化等方面，都实现了培养一年级学生"理解生命意义和人生价值"这一心理健康教育学科核心素养的目标。

（点评嘉宾：谢鸿瑾，江苏省无锡市惠山区兼职心理健康研训员）

该课曾获江苏省小学心理健康教育优质课展评研讨活动一等奖

大"富"翁：生命之旅

江苏省锡山高级中学实验学校　杨越

【驱动问题】

如何引导学生珍惜生命、感知生命的精彩？

【基本信息】

适用学段：五、六年级

准备道具：《大"富"翁——生命之旅》棋盘、空白小熊挂件、丙烯画笔等

【设计思路】

生命是教育的起点，教育是生命的需要。本节课旨在引导学生认识生命、敬畏生命、珍爱生命，理解生命价值，探寻生命的美好。通过生命教育，心理课可以将"生命"的关注点发散到教育的方方面面，从而助力孩子健康成长。

小学高年级是儿童心理发展的转折期，被称为"前青春发育期"。这个阶段的儿童逐渐进入了自我意识高速发展的阶段，对成年人的依赖减少，对生活、生命等问题有了自己的思考，也开始关注社会现象。然而，自我意识的高速发展必然会带来不平衡、不稳定等问题，在这一阶段，孩子的情绪、认知都会出现较大波动，容易产生冲动、偏听偏信等行为。同时，随着抽象思维能力的发展，小学高年级学生开始对生命有了更深入的思考。在这个阶段，学生的学业压力增加，情绪情感体验更加深刻，可能会出现部分学生感到"生命无意义"的状况。因此，在这个阶段开展生命教育可以帮助孩子树立正确的生命观念。

生命教育是校园心理课中有难度的主题，教师在备课中需要精心设计与孩子认知匹配的教学过程，课堂应兼顾启发学生认知思维和引导学生树立正确的生命价值观，真正做到浸润学生的心灵。

基于以上学情和教学实际，本节课的教学设计立足于具身认知理论，创设符合学生认知发展的情境，聚焦生活中亟待解决的问题，从"送你的生命礼物""生命的独特：感受生命的微光""生命的律动：触摸生命的奇迹""生命的美好：探寻生命的意义""生命的短暂：活出生命的精彩"五个板块展开，帮助学生在课堂上了解生命的独特性，感受生命的精彩多样，赞叹生命的奇迹，充分认识到生命是一个有始有终的过程，感受生命的可贵，懂得生命的意义，学会拥抱生命，活出精彩。

【教学目标】

1. 情感目标：体验生命的丰富和精彩，产生对生命的敬畏与热爱之情。

2. 认知目标：充分认识生命是一个有始有终的自然过程，尊重生命的多元价值。

3. 行为目标：通过"生命之旅"体验活动，追寻属于自己的生命意义，拥抱生命，活出生命的精彩。

【教学思路】

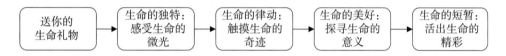

送你的生命礼物　→　生命的独特：感受生命的微光　→　生命的律动：触摸生命的奇迹　→　生命的美好：探寻生命的意义　→　生命的短暂：活出生命的精彩

【教学过程】

一、送你的生命礼物（5分钟）

老师分派"生命礼物"，邀请学生代表抽取信封里的奖券。

奖券1：用一个灿烂的笑容，把乐观情绪传递给身边的伙伴。

奖券2：竖起大拇指对同伴说："你真棒！"

奖券3：和周围的伙伴握手，并友善地说："很高兴认识你！"

……

学生根据奖券要求，做出相应动作，体验小美好。

设计意图：通过传递"生命礼物"，活跃课堂气氛，提升学生的情绪体验，传递人际互动的温暖。

二、生命的独特：感受生命的微光（5分钟）

老师：欢迎来到"大'富'翁：生命之旅"，今天这趟旅程的主角是上节课大家设计的"生命守护熊"（涂鸦小熊）。我们通过涂鸦的方式，呈现了各自生命的独特状态。在旅程开始前，让我们互相认识彼此吧！

①小组内分享自己的"生命守护熊"。

②学生代表分享自己的"生命守护熊"。

教师小结：相信大家都有了对他人更深入的认识，每个人都是大千世界中的一个特殊的存在，虽然微小，但不渺小，正如生命的微光，虽然不能明亮如白昼，但是只要我们彼此照亮，便能呈现出生命的精彩！

设计意图：通过分享（上一课时完成的）涂鸦小熊，感受生命的不同姿态。让学生认识到每个生命都有微光的瞬间，每个人都有属于自己的独特人生。

三、生命的律动：触摸生命的奇迹（10分钟）

老师播放视频《生命诞生的历程》。

视频简介：生命的起源是一个非常美妙的过程。三亿个来自父亲的精子，经过长途跋涉，经受了72个小时的考验，最后只有一个和母亲的卵子结合。它历经重重考验，成就了独一无二的你！

老师：让我们继续用心感受生命的律动，传递生命的力量（引导学生展开冥想）。

指导语：请调整舒服的坐姿，把玩偶握在左手手心，双肩微微放松下垂，当你准备好了，轻轻地闭上眼睛。首先试着把注意力从外界转移到自己的呼吸上，鼻子吸气，嘴巴吐气。请你觉察腹部随吸气而扩张，随着呼气而收紧。你也可以觉察到空气进入鼻腔的清凉和离开身体的松弛。无须花力气，你的身体会呼吸。感受每一次吸气时，新鲜的空气充满你身体内部的感觉，以及每一次呼气时，体内的浊气向外释放的感觉，这能让你更容易把注意力放在你的呼吸上。

（教师让学生平静呼吸数次）

你们感受到生命与外界生生不息的交互了吗？把你的右手轻轻抬起，缓缓地放到左边胸口，感受你的心跳，它是急促的，还是平稳的？把你的小熊抱在胸前，让它也来感受你生命的律动，赋予它生命的力量吧。请你缓慢地睁开眼睛。接着对你手中的小熊说一句：宝贝，欢迎你！

老师引导学生进行思考。

①在冥想中你感受到生命的律动了吗?

②你有什么感受想和大家分享?

③陪伴着你的小熊拥有了生命最初的体验,对此你有什么感悟?

④你在这个过程中得到了什么启发?

学生举手分享。

教师小结: 我们每个人都是生命的奇迹!作为天生赢家,我们应该感叹生命的奇迹,感知生命的可贵,热爱生命、珍爱生命。

设计意图: 通过正念冥想的方式,引导学生观察呼吸和心跳,感受自我和他人的生命律动。通过"宝贝,欢迎你!"这样的情境设计,让小熊也拥有了生命最初的体验,感受在生命诞生之初的喜悦,传递生命力量。

四、生命的美好:探寻生命的意义(15 分钟)

老师:接下来,让我们一起开启一段生命之旅吧。("大'富'翁——生命之旅"游戏地图见附录,此处教师说明游戏规则)

①通过掷骰子比大小,决定谁先开始。

②游戏中,玩偶熊从起点开始,向终点进发。每组同学按顺时针顺序轮流掷骰子,骰子的显示数字就是每次可以挪动的步数,每组所有人都掷过一次骰子为一轮。

③第一个人走过终点游戏结束,或者游戏结束提醒音出现后,游戏终止。

④每人的起始财富值为 10 分,走到"天使"处加分,走到"恶魔"处减分,走到"机遇"或"挑战"处,需回答问题后才获得相应分数。

⑤游戏结束后,结算游戏中的总财富值,分数最高的人为获胜者。

学生以小组为单位开展游戏。老师在游戏结束后,提问学生。

①刚才同学们都守护着自己的玩偶熊,体验了"生命之旅",在刚刚的生命旅途中你都经历了什么?

②你有什么感受?

③整个游戏给你带来怎样的启发?

④从中你感受到的属于自己的生命意义是什么?

学生举手回答。

教师小结： 在生命之旅活动中，大家经历了丰富精彩的旅程。有的人收获了人生财富，也有人抱有遗憾。生命就是这样，它有始有终，有收获，有错过，有挑战，但是至少我们都探寻到了属于自己的生命意义。

设计意图： 基于"生命有始有终"的状态设计棋盘，使学生能经历丰富的"生命历程"，体验历程中的情境，反思关于生命的问题，在模拟生命之旅中体验、思考、感悟生命意义。

五、生命的短暂：活出生命的精彩（10分钟）

老师： "生命之旅"到这里就要结束了，你的玩偶过完了它的一生。现在请你回忆它的整个"生命之旅"，为它写一篇墓志铭，总结它的一生。

学生为玩偶书写墓志铭，与它告别。老师请学生分享"墓志铭"。学生举手发言。

教师小结： 我们会因生命的离开而感到难过，也会在好好告别中感受到生命带来的温暖和爱，更会在体验了生命逝去之后更珍惜和享受当下。今天，老师把这个"生命守护熊"送给大家，让它作为守护生命的小天使呵护你们。课程结束了，属于你们的人生才刚刚开始。期待在未来的日子里，大家带着今天在"生命之旅"中获得的欢乐、"财富"与感悟，奔赴一个个山海，活出自己生命的精彩。

【课程迭代】

本节课的设计从初稿到终稿优化修改最多的部分是"大'富'翁：生命之旅"棋盘的设计。初稿趣味有余，意蕴不足，学生对生命意义的体悟多浮于浅层，难以促进学生的深度思考。在修改后，这一环节让孩子们充分展开对未来的遐想。该环节借助他人更加丰富、真实的学习生活体验（如访谈长辈退休后的生活日常状况和内心体悟），帮助每个参与活动的孩子都能更好地将自己带入生活情境，而不仅仅停留在游戏中。同时，该环节也更好地挖掘了学生面对情境时的个性化反馈，使生命体验更具象。

本节课修改最费力的地方是最后的书写"墓志铭"的环节，笔者纠结的地方在于学生书写前是否应给予引导。在此环节中，教师既需要给学生一定的自由度，又要对学生书写的内容进行约束，这对教师课堂的临场把控力有较高的要求。因此，在实际授课中，老师可以根据学生情况进行调整。

【教学反思】

本节课通过情境教学，引导学生认识生命诞生和消亡的自然过程，理解生命的可贵，体会生命的价值。通过活动体验，指引学生认识生命的价值，了解生命的独特性，体验生命的精彩，提高自身主观幸福感，进而树立珍惜生命的观念。

通过视频展示生命孕育的过程，引导学生感知生命的诞生，使他们意识到生命的诞生本身就是奇迹。这能促进学生感悟和珍惜来之不易的生命，培养其对生命的崇敬之情。通过模拟生命之旅，引导学生体验生命情境并思考情境中的问题，引发学生思考生命的价值和意义。鼓励学生勇敢地面对生命中的困境。通过生命的不同体验和生命"财富"的累积过程，引导学生明白自己生命的独特价值，用积极的态度尊重多元的生命价值。在课堂中，学生可以与伙伴们一起体验，一同分享，这有助于形成积极向上的氛围，让学生明白生命的珍贵，促使学生创造更多更精彩的"生命财富"。

死亡教育对每个人来说都是一堂必修课。生活中，面对"死亡"这一话题，成年人更多地选择浪漫化、神秘化的解释，或者使用虚拟文学、游戏等方式帮助孩子减轻对死亡话题的恐惧。但是，这种方式一定程度上会使孩子们对"死亡"感到迷惑，甚至有的孩子还会将这种"美化"信以为真，对"死亡"产生美好幻想，认为死亡是一种解脱。生命教育只有触及"死亡"这个话题时，才更完整。本节课通过撰写墓志铭给小熊去角色化，引发学生思考如何度过此生，引导学生把握当下。用充满爱的方式诠释"死亡"，传递给孩子们一种更加真实的生命观，使学生对死亡有更加严谨、科学的认知和更深刻的理解。

本节课内容较为饱满，课时条件允许的情况下可以拆分成系列课程，给学生充分的时间，将其行为背后的体验和思考呈现出来，使课堂更有深度。

【专家点评】

这是一节构思巧妙、情境新颖、体验深刻、互动自然的生命教育课，其亮点主要体现在以下三个方面。

1."看见"生存与生态。"看见"生存，就是引导学生探寻生命诞生和消亡的自然过程，领悟个体的成长过程，体悟生命的精彩。尊重生命价值，顺应生命规律，这是心理教师不忘生命教育初心，践行生命教育使命的具体体现。该教师通过巧妙的预设、走心的活动将生命教育润物于无声地渗透进课堂的每个环节，既让学生看到心理课的"深入浅出"，又让学生看到了生命的"持续发展"。

2."看见"生机与生成。生命教育主题贵在"看见"生机，即课堂具有可体验的活动、可互动的游戏、可升华的哲理、可评估的收获。相反，特别空泛的谈话只会让孩子们在课堂上失去真实体验和快乐成长的机会。本节课设计了四个任务板块，环环相扣，引导学生在感性认知与理性思考中探寻生命的真谛，在活动体验与生命感悟中升华生命的价值。

3."看见"生长与生命。本课基于学生年龄特点，紧贴学生认知水平，遵循教育教学规律，通过多样活动和多元素材的同频共振，引导学生聚焦生命话题，感悟生命体验，理解生命的律动，"看见"生命的可贵。该教师引导学生以"守护玩偶"隐喻自我，了解生命是一个从无到有、慢慢成长直至老去、死亡的旅程。总而言之，眼中有人，心中有爱，就会看见"生长"，领悟生命的意义。

（点评嘉宾：张先义，江苏省无锡市教师发展学院院长，心理特级教师）

该课曾获江苏省无锡市心理健康优质课评比一等奖

【附录】

大"富"翁：生命之旅

姓名：_____　　班级：_____　　学号：_____

大"富"翁：生命之旅棋盘

"獾"给世界的礼物

华南师范大学附属龙岗乐城小学　刘璐

【驱动问题】

如何引导学生探寻生命的意义?

【基本信息】

适用学段:五年级

准备道具:礼物卡贴、学案纸

【设计思路】

生命教育对学生的健康发展尤为重要,而小学五年级学生的抽象思维和逻辑思维能力已初步发展,教师应着重引导学生对生命进行感悟和思考,对人生意义进行建构,对自己与他人、社会的联结进行探讨。课堂应遵循"由关照自我到联结他人、由小我体验到自我超越"的方针,引导学生不断从自己与他人的积极联结中,增强自我价值感,获得对自己生命的积极情绪体验。学校是学生接受生命教育的重要场所之一,课程应以学校课堂为载体,以不同年龄段学生的身心发展特点为中心,引导学生不断探索自我和他人的关系联结,从中体会生命的价值,将生命教育进一步落到实处。

塞利格曼的积极心理学倡导人们发掘人的内心潜能,唤醒个体的积极心理品质和内在能量,感受积极的心理体验,建立积极的社会连接[1]。其中,积极社会联结的建立有利于促进个人潜能的开发和积极品质的培养。积极心理学家认为每个个体的身上都存在积极能量,只要唤醒个体的积极能量和积极品质,个体就可以积极健康地成长,充满意义地生活。对积极意义的终极思考必然离不开对生命意义的探讨。20世纪40年代,心理治疗师弗兰克首次将生命意义从哲学领域带入心理学领域,提出了生命意义的理论和概念,并确信人类只要理解生命意义并拥有追寻意义的动机,就会不断地寻找和实践生活使命[2]。

本节课以积极心理学和生命意义为理论基础，以改编后的绘本故事为情境。通过"发现貛""寻找貛""我就是貛"等一系列环节，引导学生逐步思考生命的意义。课程旨在从自我和他人的联结中，使学生感受到亲社会行为所带来的积极体验，并进一步探索生命的意义[3]。首先，通过视频导入让学生感受积极体验。其次，通过改编的绘本故事及陌生人的礼物引发学生思考，使其懂得生命与生命之间是需要联结的。最后，在同伴分享中，培育学生"积极的生命观"，即生命的意义不仅是"小我"，还有"大我"，我们要为他人、为社会创造更多的生命价值。

【教学目标】

1. 情感目标：从自我和他人的联结中，提升自我的积极体验。

2. 认知目标：知道生命与生命之间存在积极的联结。

3. 行为目标：觉察自己和他人之间的积极联结，尝试探寻生命的意义。

【教学思路】

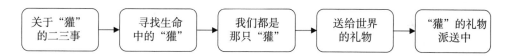

关于"貛"的二三事 → 寻找生命中的"貛" → 我们都是那只"貛" → 送给世界的礼物 → "貛"的礼物派送中

【教学过程】

一、关于"貛"的二三事（3分钟）

老师：老师给大家带来的一位新朋友"貛"，让我们一起来认识一下它吧。

老师播放《貛的礼物》视频，并向学生提问。

视频简介：貛因年岁已高，离开了所有的动物朋友。在寒冷的冬天，大家因为失去貛而感到难过。春天快要来临之际，所有的动物聚在一起怀念貛，诉说它以前帮助大家的种种回忆。貛虽然离开了，但它留下来的"生命礼物"却温暖了有需要的人。

问题1：看完视频，你觉得貛是什么样的动物呢？

问题2："貛"给大家的生命礼物又是什么？

学生举手回答。

教师小结：貛乐于助人、喜欢分享，它与大家相处的美好回忆，在无形中成了彼此的生命礼物。作为我们的新朋友，它也为大家准备了一份礼物。大家根据獾留给我们的线索去领取吧！

设计意图：通过《獾的礼物》视频，创设獾的形象及故事情境，激发学生的兴趣，为下一环节做铺垫。

二、寻找生命中的"獾"（7分钟）

老师：回想一下过往的生活，想必你的亲人、朋友、陌生人、宠物等也像獾一样和你一起完成过许多事情，你们拥有许多美好的回忆，这些回忆会给予你温暖、带给你力量。请问，此刻你的脑海中浮现出什么样的画面？请把它记录下来。

学生完成学案纸相应部分，并进行分享。

老师：这些内容都很令人感动，让我们继续看看獾留下了什么线索。

老师播放獾的语音。

恭喜大家拿到了线索一。当生命与生命之间建立积极的互动和联结时，我们才能获得生命的礼物。

设计意图：通过寻找生命中的"獾"，引导学生回忆身边人送给自己的生命礼物，进一步体会生命间建立积极联结所带来的温暖和力量，从而尝试思考生命的意义。

三、我们都是那只"獾"（13分钟）

老师：在生活中，你有没有以类似"獾"的身份在他人的生命中出现过？当时你送的生命礼物又是什么？

学生举手回答。

老师：其实，大家在生活中都给他人送过很多生命的礼物。

老师播放视频（事先录制，视频内容为采访家长、老师，请他们回顾学生在成长过程中做过的、令他们感到最温暖的事情），并询问学生观看的感受。学生举手回答。

老师：原来我们每个人都可以成为那只给他人甚至给世界带来温暖与力量的"獾"！我们在不断与他人建立积极关系的过程中，会感受到更多的生命价值。

老师播放獾的语音，请学生结合自己的思考与感悟，写下想送给他人和世界的礼物。

同学们好棒，恭喜你们拿到了线索二。生命的礼物是需要对他人甚至对社会有帮助的。当我们不断从帮助他人和被他人帮助中建立积极联结时，我们更能感受生命的美好。

学生在便利贴上进行书写。老师邀请学生思考并分享。

问题 1：你想把礼物送给谁？

问题 2：你想送给这个世界一份什么样的生命礼物？

问题 3：说说你的原因。

学生举手分享。

设计意图：通过准备自己的生命礼物，引导学生思考自己可以在有限的生命里为他人、为社会做些什么，激发学生探索自己生命价值的动力。

四、送给世界的礼物（15 分钟）

老师组织学生开展组内活动，所有人将写着生命礼物的便利贴贴到卡纸上，并投票选出最温暖的那份生命礼物，将其贴到卡纸中间，并由小组代表将卡纸粘贴到黑板上。学生进行组内分享，组员相互点评（从礼物的创意、温暖程度等方面）。老师邀请小组代表进行分享。学生进行分享，其他组认真聆听并进行点评。

教师小结：当生命与生命发生联结和积极互动时，我们会感到幸福和充满力量。我们要做对他人有帮助、对社会有帮助的事情。同时，在收到他人善意时，也要给予他人积极的反馈。让我们在这种联结中不断感受生命的意义。

设计意图：在小组活动及全班分享中，强化学生对生命意义的探索，让学生明白每个人都可以给世界带来美好，带来珍贵的礼物，并传递对生命意义的理解。

五、"獾"的礼物派送中（2 分钟）

老师：其实獾想送给我们的礼物，藏在学习单的最后一句话中：在有限的生命里，只要我们永远用爱、用感受去生活，用心、用努力去创造价值，那么我们每一个人的生命都是送给这个世界独一无二的礼物。

【课程迭代】

本节课经历了四个版本的迭代，最终确定为此版本。最初的版本更多的是对绘本故事的二次理解，缺少对亲社会行为的探索，学生心理体验感受一般。最终版本与最初版本相比，最大的改动之处是课程引入了相关理论作为支持，并拍摄了原创视频。课前，笔者通过进一步查阅相关文献了解到生命意义与亲社会行为具有相互促进的关系，亲社会行为也能够在一定程度上促进个体理解生命意义。因此，为了让学生更加深刻地感受到亲社会行为与生命意义之间相互促进的关系，对"我们都是那只'獾'"这个环节进行了修改。在最初版本中，该环节为让学生描述自己给他人带来温暖的事例，现版本改为播放家长、教师、学校其他职工等的采访视频。这一变化能通过他人给的正向反馈，引导学生真切地感受到自己无意中与他人建立的积极联结，强化学生对自己生命意义的探索。

【教学反思】

本节课以"獾的礼物"为线索，通过收到和送出生命的礼物，探寻生命的意义。课程旨在从自我和他人的联结中激发学生探索生命意义的动力，并获得积极体验。课程通过改编的视频故事，创设引人入胜的情境，引导学生探索自己和他人的联结。而事先录制的采访视频和定制"生命礼物"的活动，又让学生回归真实生活，切实体会到自己与他人的联结，培育学生积极的生命观。

当然，本节课也有需要进一步完善的地方，如在讨论他人令自己感动的事和自己做过的让他人感动的事情时，可以进一步探索哪种形式更有价值，也可以让学生用不同粗细的线条表达自己的不同心理感受。此外，在收集视频时，可以增加校医、保安等多种社会角色，帮助学生建立与更多人物角色的联结。

本节课还可以将"生命的礼物"带来的积极感受进行课堂内外的延伸，如在小组分享礼物后，教师可以组织同学到黑板上观看每组的礼物板贴，也可以收集本年级学生的所有礼物板贴，做一个生命礼物的作品展，在更大的范围内传递生命的意义与价值；还可以在课堂结束后引导学生将自己的生命礼物送给想送的人，让课堂得以延伸，将亲社会行为落实到现实生活中。

【专家点评】

这节课的亮点主要体现在以下三个方面。

1. 课前调研充分，理论基础扎实。丰富的文献支持及扎实的理论基础是本节课的亮点。课程从亲社会行为与生命的关系中，形成了生命课的新视角，旨在引导学生建立与身边人之间的积极联结，在收获温暖与感动之际，激发学生思考生命意义的动力。

2. 逻辑脉络清晰，环节循序推进。整节课的问题设置从整体性出发，层层递进，不断聚焦核心问题。课程利用符合小学生学情的绘本故事和访谈视频，分别设计了"寻找生命中的'獾'""我们都是那只'獾'""送给世界的礼物"等任务板块，分别回应了"从身边的人中发现生命联结""原来我也曾给他人带来过积极的感受"及"我可以为他人甚至为这个世界带来什么"等问题，在课堂环节编排上逻辑清晰，层层递进。

3.保持开放态度，听见不同声音。本节课最大亮点是教师一直持尊重、平等的态度，允许孩子们对不同观点、不同声音进行自由表达，允许差异的出现，并熟练运用积极反馈、澄清、具体化技术等，让学生在思考和体验中产生积极的心理感受。

（点评嘉宾：王婧，广东省深圳市龙岗区心理学科带头人，深圳市优秀教师）

【参考文献】

［1］Seligman M E, Csikszentmihalyi M. Positive psychology: An introduction ［J］. AmPsychol，2000（55）：5-14.

［2］郑勤 . 生命意义文献综述［J］. 鸡西大学学报，2012（11）.

［3］刘群，赵峰，张姝玥 . 相生相成：拥有生命意义与亲社会行为相互关系的纵向研究［J］. 心理科学，2020（3）：6.

【学案纸】

"獾"给世界的礼物

姓名：_____ 班级：_____ 学号：_____

亲爱的同学们，在我们漫长的人生中，你是否也有亲人、朋友、同学，甚至陌生人像"獾"一样，让你每次想到他／她时都能感受到温暖、充满力量？请你回想你的过往生活片段，分享他们给你留下的"生命的礼物"？

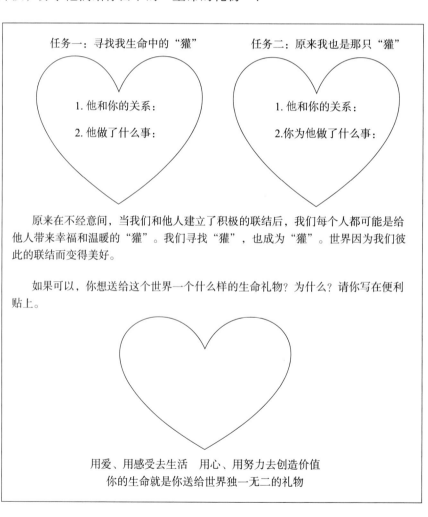

用爱、用感受去生活　用心、用努力去创造价值
你的生命就是你送给世界独一无二的礼物

第八章

经验分享

本章的目标是帮助心理教师了解多种教学设计技术在心理课中的应用，进而促进心理课的创新与个性化发展。通过"心理课 +X"的技术融合，心理教师可以深化对心理课教学设计的理解，并在教学实践中灵活地选择和运用艺术表达、教育戏剧、隐喻等技术，这将有助于教师设计出更加专业、生动、有趣的心理课，丰富课堂形式，提高教学效果，形成个人独特的教学风格和教学理念。

在本章我们邀请了 3 位在学校心理健康教育领域深耕多年的专职心理教师或教研员进行分享，他们的教学设计与课堂授课水平在当地备受认可，并屡次斩获各级优质课、论文、课题奖项，对自身擅长的技术有独到的见解。在这里，他们从实践经验、理论分析、案例展示等多维度探讨心理课的教学设计思路，力求为教师们详尽地展示某一技术与心理课教学的融合方式，创新心理课的内容和形式，使教师们可以即学即用，提高自身的教学素养。

心理课的设计需要关注学生的心理发展特点，不同时代的学生有着不同的心理面貌，这便要求心理课在素材选取上要不断推陈出新，以满足学生的成长需求。《让心理课"活"起来：心理课堂活动素材的创新》一文从"灵活改编，旧衣新穿""因地制宜，善用校本资源""深入挖掘，小材大用"等角度讲述了如何创新心理课的活动素材。《情境认知促进心理课中的学习真实发生》一文则关注如何在心理课上创设真实问题情境，将心理课的活动改编成具体生活实例，符合《中小学心理健康教育指导纲要（2012 年修订）》中对注重学生的心理感受和体验，积极为学生创造参与社会实践的机会的要求。团体动力是心理课设计的经典理论，但如何用好团体动力则是需要关注的问题，而《团体动力：心理课的暗线规律》一文将这一问题具体细化，以论述团体动力作为心理课设计的暗线规律。

本章呈现了多种教学设计技术与心理课的融合方式，为心理教师提供了灵活、多彩的设计灵感，帮助教师们丰富课堂内容与形式，让心理课更有新意。每一篇经验分享都结合了所在学段的真实课例，以展现某一技术在心理课中的实操策略与应用价值。期待读者能够教有所思、教有所长，了解并找到适合自己的技术，让心理课发光、发热。

让心理课"活"起来：
心理课堂活动素材的创新

福州市晋安榕博小学 何佐钦

一、引言

心理健康教育是一门区别于其他学科的课程。在课程标准方面，心理健康教育学科没有统一的课程标准，主要依托于各省市自主研究和制定的课程标准，例如，浙江省于 2019 年出台了《浙江省中小学心理健康教育课程标准》，具有较强的地域特色。在课程目标方面，心理健康教育课程更注重培养学生的心理素质，关注学生的心理健康发展。因此，心理教师在设计心理健康课程时需要将"治未病、促发展"的理念融入心理课程的教学目标中。因教育部尚未统一组织编写心理健康教育教材，这就要求心理教师"自立门户"，围绕实际工作中学生常见的心理现象和心理问题设计课程内容。

综上，心理健康教育课程往往没有既定的模板，更多的是由一线心理教师根据实际情况、结合心理学理论进行设计，这造成了心理健康教育课百花齐放的局面。然而如何让自己设计的心理课更具特色、更有亮点，是许多一线心理教师努力探索的问题。笔者认为，选择恰当的心理课活动素材并进行创新，可以让心理课迸发勃勃生机。

二、如何活用心理课活动素材

许多心理教师在选取心理课活动素材时，存在照本宣科、生搬硬套的现象。这就使心理课死气沉沉，甚至出现"水土不服"的情况。心理课堂活动素材的使用要警惕"拿来主义"，每位心理教师都应当多维度评估素材的实用性，而后再结合自身的教学能力和教学风格，对素材进行合理的调整和安排。

1. 灵活改编，旧衣新穿

受客观条件影响，在真实的心理课教学环境中能够采用的团体游戏活动类型是有限的，心理教师通常会选择几类经典的团辅活动，因其往往具有规则简洁、活动范围适中的优点，如"大风吹""你说我猜"等。这就可能出现多个主题、多个教师使用同一个团辅活动的情况，导致心理课缺乏新意。在这种情况下，是不是一定要找到一个新的活动才算创新呢？笔者认为并非如此。

以经典的团辅游戏"大风吹"为例。原始的"大风吹"游戏规则十分简单：教师说"大风吹"，学生问"吹什么"，教师说出一个特征，有相应特征的学生就要交换座位。心理教师可以在基本规则不变的原则上，就活动的题目、内容、规则进行相应的调整，从而避免学生因为重复产生厌倦。

结合"新学期适应"这一主题，从题目来说，"大风吹"可以改为"出发啦"；内容和规则可以改为：当教师说"出发啦"，学生问"谁出发"，教师提出与新学期适应相关的特点，如能早起的同学出发、完成作业的同学出发、新学期精神特别饱满的同学出发等，教师也可以要求符合相应特点的同学在起立后做超人起飞的动作，进一步增加活动的趣味性。

经典游戏"抓乌龟"的初始游戏规则为：若干学生围成一圈，右手伸出食指，左手张开手掌，掌心向下，每位同学的右手食指顶住右侧同学的左手手心，左手掌心盖住左侧同学的食指。而后，教师念一段故事，当故事中出现"乌龟"时，学生要迅速抽离右手手指避免被抓，同时要快速用左手抓住左侧同学的手指。故事中，教师会通过"巫婆""乌云"等字眼混淆学生，以达到活跃课堂氛围、导入主题的效果。在"情绪调适"主题下，教师可以将规则改为听到"难过"就要做动作，同时将在故事中加入"南边""男生""喃喃自语"等词语。这样的改编会让学生有这样的感受：尽管先前做过这个活动，但仍然有新鲜感。

2. 因地制宜，善用校本资源

善用校本资源也能够使心理课更灵动、更接地气。有的心理教师会在课前采访本校学生、教师并拍成视频，或者收集调查问卷，作为心理课的课堂素材。例如，在"恋爱"相关教学主题下，教师可以组织学生采访同学和其他教师对谈恋爱的看法，通过呈现不同年龄段受访者的回答，给予学生不同的启发。在"学会学习"教学主题下，教师在课前就某一学习问题进行大范围的调查，找到学生的"通病"，或者邀请学习能力较强的同学作为榜样介绍自己的方法。

有的教师会引入当地或本校的地图、照片，通过学生熟悉的事物令学生产生共鸣，拉近与学生的距离。以"考前减压"为主题的《暂停·正念》一课中，作者希望引导正处于考试焦虑下的高三学生通过关注身边细微的变化来获得心理上的放松。考虑到学生学习任务重、生活总是两点一线，于是教师选用了春天学校门口一棵大树开花的照片，诉说自己的感受，来为学生做示范。学生看到照片后，一边惊叹，一边仔细回忆他们看到这棵树时的感受。在这张照片的启发下，学生纷纷将目光放到了校园、上下学途中、楼下的公园等常常出没的场所，而后明白了一个道理：即使是最熟悉的场景，也会有意想不到的惊喜。

有的教师会结合其他学科的材料，利用学生已有的知识框架配合心理课的教学。例如《初中优质心理课设计汇编》一书收录的《灵感盗贼追踪记》课例，作者使用"举头望明月"这一灯谜来帮助学生理解"知识结构"的内涵，并使用数学学科中的二次函数来进一步强调知识结构对灵感的重要性。"人际交往"主题的《心花"赞"放》一课里，作者组织学生通过翻阅语文教科书来查找有赞美性质的语句，并摘录下来，形成学生的"赞美语库"。相比于心理教师直接呈现赞美的语句可能产生的生硬效果，这样的活动设计，不仅发挥了学生的主体性，更是通过创设情境引导学生走向"最近发展区"，让已有的学科知识和心理知识产生了联系。

3. 深入挖掘，小材大用

正因为匹配的活动素材来之不易，教师在设计时更要细细品味素材，萃取精华。《头脑特工队》是备受心理教师群体青睐的一部电影，电影生动地讲述了一位因为搬家而难以适应新环境的青春期女孩的故事。这是一部难能可贵的电影，值得我们深入挖掘。大多数心理教师使用的是五个情绪小人自我介绍的片段，作为"认识情绪"主题的心理课活动素材。事实上，这部电影还可以应用于青春期、亲子关系、伙伴关系等话题，心理教师甚至可以利用这部影片设计一个新的单元课程，贯穿起不同的主题。

另外，将活动素材解构，析出若干有关联的关键词作为线索，贯穿课堂始终，还能实现贯连课堂逻辑的作用。以本书《送你一朵小红花》一课为例，作者将"小红花"作为赞美的载体，从唤醒、品味到孕育、送出小红花，让学生感受到赞美就像小红花一样美丽、让人喜悦，并鼓励学生在课堂上活学活用，通过送出用来比喻赞美的小红花拉近人际关系。作者巧妙地利用"小红花"串起了整节课，在紧密贴合主题的同时，也让教学思路呈现得更加清晰。

《高中优质心理课设计汇编》一书《点亮你幸福的"火花"》课例中，作者将电影《心灵奇旅》作为背景材料，从中提取出了"幸福火花"这一关键词。作者不仅从心理学的角度解读了"幸福火花"的含义，更设计了供学生填写的"幸福火花图"，引领学生回顾生活中的幸福时刻，最后再用电影片段升华收尾，使整堂课聚焦于学生学习生活中的"幸福火花"，各环节首尾呼应，一气呵成，成功地将《心灵奇旅》这一电影的主旨"关注当下、热爱生活"移植到了心理课中。

4. 营造氛围，增强体验

如今，网络社交媒体上常见的"氛围感"一词，指的是通过营造空间的气氛和情调，给人带来特别的心理体验和感受。教学过程中，活动素材根据其不同的调性，能为心理课营造不同的氛围。例如，"五感品尝葡萄干"的活动，需要充分调动感官，从不同角度品味葡萄干，学生能感受到专注和投入，同时还会有新奇的发现。这时心理课就像在晒着阳光的葡萄架下开展一般——教室里充满葡萄干的香甜气味，学生的脸上洋溢着甜蜜而幸福的笑容。

选定教学主题后，授课教师在选择课堂活动素材时，需考虑这节课的氛围基调。以人际关系为主题的心理课，可以通过竞赛式的游戏营造开放、热情、友善的课堂氛围，为学生相互交流、增强联系提供良好的环境。以生命教育为主题的心理课，则可以结合阅读绘本、冥想、绘画等方式创造相对平静、温和的课堂氛围，并适度留白，给学生体悟、思考留下空间。

当下，许多手工制品都可以成为心理课堂的活动素材，并且能营造出一种疗愈和返璞归真的氛围。在以"校园欺凌"为主题的团体活动课中，笔者结合表达性艺术治疗理论，采用了"拼贴诗"这一方法，为学生提供大量的杂志、贴纸和其他道具（水彩笔、剪刀、固体胶等），在学生观赏完有关校园欺凌的短片后，邀请学生围绕"校园欺凌"主题创作拼贴诗。据观察，学生一改往日心不在焉、无所适从的模样，十分投入地翻阅杂志、裁剪和粘贴，整个教室只有低声交流和翻动纸张的声音。而最后呈现出来的效果更让人惊喜，每个学生都能创作出既贴合心理课主题、又充满艺术气息的作品。

《高中优质心理课设计汇编》一书中《呼吸，情绪的锚》一课，作者设置了多次不同场景下的呼吸练习，练习本身就能舒缓学生的情绪。而在呼吸练习之间，作者还设置了描绘呼吸曲线的活动，让"呼吸"的节奏进一步缓和了下来，让学生去认真关注呼吸，体会呼吸，深刻理解呼吸对身心健康的作用。这样的设计，让整节课平稳、舒缓，给学生带来了良好的情绪体验。

5. 搭建桥梁，连接生活

心理课堂的活动素材作为教学载体，在丰富教学形式的同时，授课教师更要明确其与学生的生活能产生什么样的关联，学生如何从中找到共鸣并将素材内化为心灵成长的养料。因此，找到活动素材与学生当下生活的连接点，巧妙地将活动素材延展，与学生生活建立联系，也是心理课堂活动素材创新的方法之一。

有时，授课教师需要设计一个完整的活动让素材"落地"。本书《王小小的星球梦》一课中，作者展现王小小的故事，结合教育戏剧的教学方式，引导学生以第一视角体验王小小的负面体验，再跳出王小小的视角，通过思考和讨论从客观角度帮助王小小摘掉负面标签，最终将学得的方法运用在自己身上。这样的设计，能让心理课不只是停留在理论层面，而是能够让学生在最接近生活的情境下进行实践，收获新的知识和技能。

有时，只需要一个简单的问题，就能完成素材与生活的联结。例如，《高中优质心理课设计汇编》一书《配好生活的背景音乐》一课中，作者用背景音乐形容内耗时的内心活动，这一比喻形象且生动。在学生认识了内耗是什么、理解了背景音乐和"内耗"的关系后，作者向学生提出了一个问题："生活中，如果听到一首不喜欢的甚至难以忍受的音乐时，你会选择做些什么呢？"意在引导学生发现：当生活里有不喜欢的音乐出现时，我们可以"切歌"；在面对内耗的声音时，我们同样可以调整内耗思维，换成积极的想法。至此，作者完成了活动素材的转化，从他人的故事转向了自己的故事，将课堂推向了高潮。笔者认为，这个问题可以看作是本节课中画龙点睛的一笔。

三、结语

对于心理课堂活动素材的评价，可以说是见仁见智。同样的素材，不同的教师所呈现出来的效果可能大相径庭。因此，我们无法定性某个素材好还是不好，这取决于心理教师对活动素材的使用。这就要求心理教师不仅要理论扎实，从心理学的视角审视活动素材，更要有善于发现生活趣味和美的眼睛，着眼于细微之处，挖掘素材的亮点。这些都离不开教师们日常工作的经验累积和对学生的关心及用心。

可以说，心理教师当为神农，"遍尝百草"择优者而授之，也当如"神笔马良"，化平庸为神奇。心理课的"意味"就生长于灵感积累中，需师生共同浇灌，方能长出"新芽"。

情境认知促进心理课中的学习真实发生

江苏省无锡市梁溪区教师发展中心 周芸婷

心理课教学的总体目标要求学生能够深入理解心理健康的基本知识，掌握心理调适的基本技能，发展自我认知与自我调控的能力，初步掌握解决心理问题的基本方法。笔者在教学过程中常常发现，因为心理知识往往比较抽象，如果教师只是简单地讲解理论，可能难以激发学生的学习兴趣，也难以帮助学生形成直观的认识，更无法让学生将知识转化为实际技能。情境认知理论强调真实情境的创设，注重学生的主动参与和互动合作，关注知识的默会性与实践性，创设合理的教学情境可以让课堂更加生动活泼。本文旨在探讨情境认知理论视域下的心理课教学设计，以期为中小学心理课教学提供有益的参考和启示。

一、情境认知理论的概念和应用价值

情境认知理论强调真实的生活情境在学习过程中的重要性，认为学习是在自然与社会情境中，通过实践共同体进行互动活动，同时获得对事物和知识的理解的过程。学习者应该通过实际的情境来学习和掌握相关的知识和方法[1]。情境认知理论强调教学设计要以学生为主体，教学内容与教学活动的安排最好在真实的情境中，把知识的获得与学生身心发展、社会性建构统合在一起[2]。

情境认知理论的观点呼应了《中小学心理健康教育指导纲要（2012年修订）》（以下简称"纲要"）提出的要求，即注重学生的心理感受和体验，积极为学生创造参与社会实践的机会，也为心理课的教学设计提供了理论依据。

1.强调真实情境的创设。在正式的学习场景和非正式的日常活动中，个人的想法和行为可能并不一致。例如，一个孩子在课堂上能很轻松地回答说遇到困难要求助，但是在现实生活中，当学生真的遇到困难时，却不敢或不知道怎么求助。心理课教学设计者必须精心选择或创设与学生生活实际紧密相连的情境，通过模拟现实生活场景或引入真实案例，使学生能够在具体的情境中感知、体验和理解心理学知识，从而增强学习的针对性和实效性[3]。

2. 注重学生的主动参与和互动合作。情境认知理论倡导学生在实践与合作中学习和成长，这要求心理课教学设计应注重学生的主动参与和互动合作。通过设计丰富多彩的活动和任务，引导学生积极参与，与同伴、教师或专家进行互动，共同解决问题和完成任务。这种学习方式不仅能够激发学生的学习兴趣和学习动力，还能培养他们的团队协作能力和社会适应能力。

3. 关注知识的默会性与实践性。情境认知理论认为许多知识和技能隐含在实践活动中，难以通过言语或符号传授。这要求心理课教学设计应关注学生的实践操作和体验感悟。通过设计实践性强的学习任务和项目，让学生在实践中探索、发现和应用心理学知识，从而加深对知识的理解和掌握。同时，教师还应关注学生在实践中的表现和反馈，及时给予指导和帮助，促进其知识的内化和迁移。

二、情境认知理论视域下的心理课教学设计策略

1. 构建真实的学习情境

为了使学生能够在真实的情境中学习和体验心理学知识，教学设计者需要深入挖掘该年龄段学生生活中的心理现象和问题，将其转化为具体的学习情境。例如，可以通过角色扮演、模拟实验等方式，让学生在模拟的情境中感受和理解心理过程，这样更有可能支持学生将获得的知识迁移到生活中具体问题的解决过程中。以《心理健康教育（五年级）》（江苏凤凰科学技术出版社，2016年7月第1版，2023年6月第八次印刷）《换个想法心情好》的教学设计为例：

老师：大家请看，每个小组的桌子上都有一个小盒子，里面有一些纸条，请每个同学抽取一张。不要读出声音，也不要让别人看到。

学生抽取纸条，默读。

老师：如果让你用一个表情来表示你看完纸条后的心情，你的表情是什么样的？

学生自由表演。

老师：请各小组选一位同学上台展示，大家猜一猜，他们在展示什么情绪？

学生上台展示各自的表情，有的是开心、激动，有的是愤怒、伤心。

老师：大家展示出如此不同的情绪体验。纸条上到底写着什么？请大家大声读出来。

学生大声读："原本周三要春游，可是因为下雨，春游延期了。"

老师：同学们有什么发现？

学生：纸条上的字是一样的。面对同一件事，大家的感受不一样。

这样的教学设计让每个学生的身心都动了起来，参与"抽纸条—演心情—猜心情—找原因"的活动，学生的情绪也经历着"好奇—惊讶—恍然大悟"的变化。在这个活动中，学生真正对本节课要讨论的话题产生了浓厚的兴趣，愿意积极投入其中。有的老师认为创设情境只需出现在教学环节的前期，即教学的导入环节。其实不然，事实上情境创设可以灵活运用在任意一个教学环节，甚至可以穿插在整个教学过程中。

2. 设计多样化的学习活动

认知情境理论强调了参与在学习过程中的核心地位，认为学习并非孤立行为，而是与社会环境、文化背景和个人经验紧密相连的。简单来说，就是要积极参与学习，结合经验和理解，在不同的情境中探索知识的真正含义。多样化的学习活动能够激发学生参与课堂的兴趣和积极性，促进他们在实践中学习和成长。从活动形式上看，可以组织的学习活动包括但不限于绘本阅读、视频欣赏、绘画、教育戏剧、手指操、辩论赛等，还可以进行跨学科的活动探索。以笔者所在地区近期探索的"心理＋科学"融合活动为例，在心理课设计中融入科学小实验，通过双手动一动、眼睛看一看、脑筋想一想活动，激发学生探索心理世界的兴趣，培养学生的动手能力和团队合作精神。

从活动的性质来看，学生掌握知识与技能需要不断练习，因此课堂上学习活动的设计也可以进行形式变换，以促进学生积累经验。常见的有相似性活动，如《换位思考，生活更好》一课中，教师组织了喂水大作战活动，第一轮中一人喂水，一人喝水，第二轮中角色互换，让学生学会站在别人的角度思考问题。

3. 提供支架式学习支持

在情境认知理论下，教学设计者需要提供适当的支架式学习支持，帮助学生逐步深入理解和掌握知识。在提供支架之前，教师需要深入了解学生的年龄、心理发展阶段、学习风格及已有的知识水平，确保支架的设置与学生的实际情况相匹配。支架的设置应恰到好处，既不能过于简单，让学生感觉没有挑战性；也不能过于复杂，超出学生的理解范围。支架的难度应适中，能够引导学生逐步深入，但又不会让他们感到受挫。

以《心理健康教育（三年级）》（江苏凤凰科学技术出版社，2016年7月第1版，2023年6月第八次印刷）《夸夸我自己》的教学设计为例，围绕"通过自己和同伴一起寻找闪光点的过程，引导学生挖掘前进的动力，找到努力的方向"这一教学目标，支架以不同表现形式存在（见表8-1）。

表 8-1 学习支架

内容支架	教师围绕"夸夸我自己"这一主题，设计了"每个人都有闪光点""找找我的闪光点""夸夸我的闪光点""让闪光点更加闪亮"四个板块，循序渐进地帮助每一位学生发现并说出自己的闪光点，对自己更有信心
技能支架	对于有的学生不好意思夸自己的现状，教师通过"夸奖手势做一做""夸奖内容写一写""自我夸奖说一说"等不同的方式让学生模仿和学习，使他们一点点放松身心，越来越大方地表达对自己的赞美
问题支架	面对学生的困难"我觉得自己没有闪光点"，教师可以通过问题"如何发现自己的闪光点？""闪光点是天生的还是可以后天努力培养？"等，引导学生逐步深入思考，最终找到解决方案。这些问题支架能够帮助学生形成批判性思维，提升问题解决能力
情感支架	在心理健康教育中，情感支架尤为重要。教师需要及时捕捉学生们的情感变化，如发现自己的闪光点时的喜悦、帮助他人发现闪光点时的成就感、自己的闪光点没有被认可的失落、对他人闪光点的羡慕等，用语言表达这些情感，用动作（如点个赞，抱一抱等）给予情感回应，帮助学生建立起对情感的觉察和积极面对的态度
合作支架	鼓励学生之间的合作与交流，课堂上的小组讨论非常有意义，学生在一起交流的过程中，发现了"自己身上有，但是自己不知道的闪光点"，甚至消除了一些原本的误解："原来看起来不起眼的同学也有闪光点"
反思支架	在结束环节，教师引导学生绘制"积极自我的甜甜圈"。在绘画中梳理自身已有的闪光点，也写下希望自己未来拥有的闪光点，提升学生自我监控和自我提升的能力，促进长远发展

在实际教学中，教师应根据具体的教学内容和学生的实际情况，灵活运用这些支架形式，为学生提供有效的学习支持。不同的学生有不同的学习需求和进度，因此，教师在提供支架时应根据学生的实际情况进行调整和变化。同时，教师也要鼓励学生根据自己的需要进行选择和调整。

4. 实施持续性的学习评价

情境认知理论下的学习评价应注重过程性评价和表现性评价相结合。过程性评价关注学生在学习过程中的表现和努力程度，可以通过观察、记录、反馈等方式进行；

表现性评价则关注学生的学习成果和实际应用能力，可以通过作品展示、问题解决等方式进行。以《心理健康教育（一年级）》（江苏凤凰科学技术出版社，2016年7月第1版，2023年6月第八次印刷）《挫折伴我高飞》的教学设计为例，可以通过以下步骤将评价方式融入教学设计。

（1）明确评价目标与内容。围绕"认识挫折的类型，了解挫折对于成长的价值，提高应对挫折的能力"这一目标，制定具体的评价内容，如学生对挫折的认知、灵活性、助人自助的能力等。

（2）设计多样化的评价方法与工具。①观察记录法：教师在课堂活动中观察学生的表现，如参与课堂的积极性，在小组讨论中的情绪变化等。②作品展示法：鼓励学生创作挫折主题的绘画作品，通过作品的展示与描述来评价学生对挫折的态度。③自我评价与同伴评价：引导学生对自己的学习进行反思和评价，同时鼓励同伴之间互评，以便学生从多个角度扩展应对挫折的方式。④问卷调查与访谈：通过问卷调查和访谈，了解初中生常见的挫折类型和应对方式。

（3）实施持续性的评价过程。①实时评价与反馈：在教学设计环节，实时对学生的参与给予具体的反馈和建议。②用好学习单：为每个学生下发主题学习单，记录他们在本节心理课中的学习过程、成果和进步，也有助于教师全面了解学生的情况，为个性化指导提供依据。③关注学生的成长变化：重点关注学生在课堂中对于挫折的情感变化，鼓励他们认识到挫折是生活中不可避免的存在，要勇敢面对。对表现出习得性无助的学生，教师应给予更多的关注和支持。

根据评价中的反馈结果，教师可以动态地调整教学策略和方法，以提高教学效果。同时，教师还应更多地关注评价结果中的积极因素，继续发挥优点，完善教学设计。

三、总结与展望

情境认知理论为心理课教学设计提供了新的思路和方法，有效地提升了心理课的教学效果和质量，有助于培养学生的积极心理品质和健全的人格，实现心理健康教育的目标。首先，真实情境的创设能够使学生更好地将理论知识与实际应用相结合，增强学习的实践性和实效性。其次，多样化的学习活动能够激发学生的学习兴趣和积极性，促进他们主动参与和互动合作。再次，支架式学习支持能够为学生提供必要的引导和帮助，降低学习难度，提高学习效果。最后，持续性的学习评价能够及时反馈学生的学习情况，为教学调整和改进提供依据。

如何将 AI、VR 等先进信息技术融入情境认知理论指导下的心理课教学中，也是一个值得研究的方向。

【参考文献】

［1］张振新，吴庆麟.情境学习理论研究综述［J］.心理科学，2005（28）：125-127.

［2］崔允漷，王中男.学习如何发生：情境学习理论的诠释［J］.教育科学研究，2012（7）：28-32.

［3］高文.情境认知中情境与内容的作用——试论情境认知的理论基础与学习环境的设计之一［J］.全球教育展望，1997（4）：15-18.

团体动力：心理课的暗线规律

宁夏回族自治区银川一中 韩婷

心理课是以班级团体为基本单位开展的心理健康教育活动。在老师和学生共同创造的真诚、接纳的课堂氛围中，借助一系列精心设计的课堂活动，老师引导学生就某一个课程主题进行体验、感悟、分享。通过师生之间、学生与学生之间的有效互动推动课程主题的深化，以达成学生"认知有转化、情感有共鸣、行为有落实"的教学目标。班级团体是心理课赖以存在的主要背景，心理课也正是借助课堂上的团体氛围、团体互动等团体动力因素来产生育人效果。

心理学家库尔特·勒温在 1939 年发表的《社会空间实验》一文中首次使用了"团体动力学"这个概念，强调团体中的个体会受到团体的影响甚至支配，团体中各种因素的相互作用以及团体中成员之间关系的不断变化与协调，会形成团体动力[1]。钟志农认为，团体动力标志着团体运作的状况，与心理辅导活动课的操作实务息息相关[2]。笔者将结合自身的实践与反思，从团体动力的视角讨论心理健康教育课程的设计与实施。

一、团体动力视角下的心理健康课程设计

设计一节精妙的心理课是有难度的，从分析设计背景、确定教学目标、梳理教学思路、选取教学素材到形成教学环节，既要环环相扣又要推陈出新，常常令人绞尽脑汁。在设计之初，教师们往往更关注选用的素材是否恰当、思路是否清晰、问题设置是否明确、重点是否突出、时间安排是否合理等。在笔者看来，这些是设计一节心理课时要完成的"明线任务"，回答清楚这些问题，有助于课程完整、有效、富有逻辑、具备可操作性。但心理课不是一个有待欣赏的作品，而是一段有待体验的经历。心理教师在构思课堂时还应思考：教师在课堂上会和学生碰撞出怎样的"教育火花"，又会让学生之间碰撞出怎样的"成长火花"？例如，教学素材能否通过引发学生的参与热

情，让每个学生都"有事可做"，以增强团体活力？需要学生进行分享的内容学生是否乐于分享，如何营造安全的分享氛围，以降低学生的防卫心理？学生互动后可能会经历怎样的情绪变化，如何避免引发学生的负面体验……这些关于团体动力的细节往往容易被忽略，可以理解为我们在设计课程时隐藏的"暗线"任务。以本书收录的林旭老师的《小目标，大成就》课例为例：这节课在设计时，由于担心"目标"这一话题有太重的说教感，因此在合理化目标的特征时，创设了全班同学帮老师制定旅游攻略的任务场景，让学生在探究式的团体互动中对彼此的观点进行补充和修正，不断激活团体动力，持续调动学生参与课堂活动的积极性，为之后"学生完成自己的目标攻略"奠定了很好的动力基础。再如，汪萌霞老师的《王小小的星球梦》一课中，由于在"负面标签"的自我转化过程中会涉及较多学生的个人隐私，因此教师在课程设计时需要特别注意对学生隐私的尊重和保密，以及引导学生保护彼此的感受，避免在课堂上给分享的学生造成心理伤害。

二、团体动力学视角下的心理健康课程实施

笔者在上课、听课、评课的过程中发现，课堂上教师对团体动力的关注其实隐藏在课堂实施的诸多细节中，关于团体动力的细节落实到位，课堂进程就会行云流水般自然流畅。具体来说，在心理课上，团体动力主要表现在 4 个方面，分别是：团体规范、团体氛围、团体凝聚力、团体动力的启动与催化[3]。

1.团体规范

团体规范是课堂上学生和老师共同遵守的行为规则。心理课是学生用亲身体验来参与课堂的过程，团体规范好比边界，目的是为学生建立一个安全区，使其放下顾虑去体验，放下评判去感受，可以为之后课堂过程中团体动力的发展做好铺垫。很多老师都有建立团体规范的意识，如本书中收录的《走进疯狂动物城，开启性格探索门》一课，在课堂的最初，教师借用本节课标题和学生约定——每当老师说"走进疯狂动物城"时，学生立马坐端正，整齐地喊出"开启性格探索门"，以此来实现课堂的"活而不乱"。团体规范有时是老师规定好的，有时是师生共同讨论产生的，大体围绕"尊重、倾听、真诚、分享"等这些方面来约定。团体规范的内容固然重要，但用怎样的方式可以让团体规范内化在学生的心里，外化于学生的行为，和课堂实施过程一样需

要仔细推敲。笔者曾在一堂观摩课上看到教师用下面的方式来约定课堂规范。

老师：今天，在课程开始前，老师想请大家体验一个小游戏。请同学们像我一样伸出自己的两只手并握拳。现在让两只拳头正面碰撞，大家有什么感觉呢？

学生：疼。

老师：下面让我们把其中一只手打开变成手掌。接下来像刚才那样两只手碰撞一下。这次有什么感觉呢？

学生：好多了，没那么疼。

老师：如果我们把两只手都打开，再碰撞一下呢？大家有什么感觉？试一下。

学生：不疼了。

老师：这次大家听到了什么？

学生：掌声。

老师：谢谢大家。其实，刚才这个过程就像我们的心理课堂一样，如果每个人都像握紧的拳头一样，把自己包裹得很紧，不愿和他人分享自己的体验，我们在课堂互动的过程中就会有不舒服或者尴尬的感觉。如果大家都试着打开自己，去感受思想火花的碰撞，我们就能共同营造出美好的氛围。今天这节课，你愿意试着打开自己来体验这份美好吗？

学生：愿意。

上面的过程，教师用心理课注重的"体验性过程"来引入团体规范，使学生在情感上更愿意接受，也更加理解真诚分享的意义。除此之外，有的老师会在每次上课前要求学生清空桌面，只留下课堂过程中必要的物品，以营造不受干扰的物理环境。久而久之，学生一看到心理教师进教室，就会条件反射式地开始整理桌面，做好课前准备，无形之中帮助学生做到了团体规范行为。因此，团体规范的约定如同心理课的过程一样，不只是要从认知上做出改变，也要在情感上有体验，在行为上有落实，这样才真正有助于课程的达成。值得注意的是，团体规范的形成并非一节课之功，需要在长期的心理课堂实践中、在教师始终如一的接纳态度中、在不断发展的团体氛围中慢慢地形成、确立和巩固。

2. 团体氛围

有的老师说，心理课是映照班级氛围的一面镜子。同样一节课，在有的班级课堂呈现或"热火朝天、各抒己见"，或"温情脉脉、其乐融融"，非常活跃；而在有的班级课堂呈现却"死气沉沉"。明明是同一节课，课堂过程和教学效果却差别很大，这在很大程度上是我们所说的团体氛围在起作用。真诚、安全、温暖、接纳、开放的班级氛围是团体动力的基础。在心理课的实施过程中，教师要善于捕捉团体氛围的特点，因"材"施教，对于团体氛围不够安全、不够开放的班级，教师要以接纳的态度潜移默化地引导学生，灵活地调整环节的设置，为团体氛围的烘托搭建脚手架。例如：精心设计学生乐于参与的活动，强化学生的体验后再引导学生分享。对于分享时的冷场，可先让学生在小组内进行交流，再派代表在全班分享，给学生一些时间做准备。总之，教师要注意观察团体氛围的变化，洞察哪些过程会让学生兴趣降低及教师的哪些状态和表达更能调动课堂氛围，不要死守教学设计而忽略了学生及时生成的好奇和疑惑。总之对团体氛围的关注是老师愿意贴近学生的一种表现，也是一堂课能否走近学生心里的关键因素。

3. 团体凝聚力

团体凝聚力是成员亲密度、参与度、归属感的总体呈现。团体凝聚力会让成员之间的关系更加紧密，使成员对团体更加信任，愿意为了团体主动调整自己的行为。一般来说，班级组建之初，学生之间不熟悉，凝聚力较弱，因此对于新生班级、重组班级，心理课要创造合作机会让全班同学充分互动，以培养学生间的熟悉感和学生的归属感。例如：在一节新生人际适应课中，教师用"征集签名"活动让学生在全班范围内寻找 16 个不同的同学来帮自己完成签名任务，在活动的奖惩机制之下，全班学生拿到任务单后，纷纷互动起来。起初学生习惯性地在熟悉的人群中寻找"帮手"，但很快就转向各处，寻找任何能帮助自己的陌生同学。活动结束后，学生还可以发起"寻人挑战"，寻找和自己一样具有任务单上某个特征的同学，并邀请大家站起来相互认识，学生就在这样的过程中迅速了解了自己所在的班级，还意外地发现了和自己具有相同特点的人。从课堂过程来看，这节课在活跃和热闹的氛围中凝聚了人心、促进了联结。心理课如能充分考虑团体凝聚力因素，设计一系列课程来推动班级凝聚力的发展，将为之后的心理课的有效开展奠定动力基础。

4. 团体动力的启动与催化

钟志农根据团体动力"启动—催化—高潮—回落"的内在规律，提出了心理课进行过程中必经的"起、承、转、合"四个阶段，分别对应"团体热身阶段、团体转换阶段、团体工作阶段、团体结束阶段"四个教学过程[3]。本文用表 8-2 来说明教学过程中团体动力的目标和实现的方式。

表 8-2　团体动力

教学过程	团体动力的目标	过程与方式
团体热身阶段（启）	启动、激活团体动力，促进学生的初步互动，使学生的兴趣聚焦课程主题，产生想要继续探索的愿望	用切题的热身活动破冰，既调动兴趣，又直接引题（必要时还可引入团体规范，如青春期情感等敏感话题）
团体转换阶段（承）	承接已经启动的动力，在关于课堂主题的讨论和互动中催化动力，使学生普遍在情感上产生共鸣，在认知上开始思考	通过与主题密切相关、与学生生活实际联系紧密的素材，引发思考，借助讨论、活动等促进个人探索或小组的初步碰撞
团体工作阶段（转）	巩固团体动力，在深度体验和讨论中促进学生的自我开放和观点碰撞，让学生愿意说出自己真实的声音、倾听并接纳与自己不同的声音	创设生动的课堂情境，使学生进一步体验、感悟、思考、表达，在不同声音的碰撞中逐渐澄清自己，解决课程驱动的问题
团体结束阶段（合）	团体动力逐渐回落，调动学生迁移课堂收获的意愿	借助富有创意和韵味的活动和素材为课程主题"点睛"，促进学生总结收获、转化行动

团体动力的启动与催化与一堂课的情感目标的实现息息相关，因此笔者认为团体动力学视角下的心理课的实施要特别重视情感目标的落实。

三、结语

在心理课上，团体动力自然地存在于老师与学生、学生与学生的互动过程中，推动着课堂的走向。课堂上呈现出的团体动力千变万化，有时是助力，有时是阻力。因此教师不仅要在设计课程时充分考虑团体动力因素，明线暗线两头抓，以提高教学设计的有效性，还要在课程实施过程中用心感受每一个当下，敏锐地捕捉团体动力发展的特点，及时地调整教学行为，在实践中逐渐做到收放自如。

【参考文献】

[1] 于超美，叶威惠. 群体动力学视角下新生适应性集体活动的组织与实施 [J]. 高校辅导员学刊，2014（2）：21-24.

[2] 钟志农. 心理辅导活动课操作实务 [M]. 宁波：宁波出版社，2007：30-31.

[3] 钟志农. 探寻学生心灵成长"路线图"：中小学心育活动课程开发指南 [M]. 北京：教育科学出版社，2012：275-279.